征战阿拉曼

北京联合出版公司
Beijing United Publishing Co.,Ltd.

原著◎〔美〕迈克尔·哈林顿　编译◎耿雪峰

图书在版编目 (CIP) 数据

征战阿拉曼 / 原著：[美] 迈克尔·哈林顿；编译：耿雪峰.
－北京：北京联合出版公司，2004.6 (2021.3 重印)
(二战经典战役全记录)　ISBN 978-7-80600-901-7
Ⅰ. 征…　Ⅱ. 迈…　Ⅲ. 第二次世界大战战役 (1939 ~ 1945) － 史料
Ⅳ. E195.2

中国版本图书馆 CIP 数据核字 (2004) 第 029958 号

二战经典战役全记录

征战阿拉曼

THE BATTLE OF EL–ALAMEIN

原　著 / [美] 迈克尔·哈林顿
图　片 / 由 **getty**images 授权出版
编　译 / 耿雪峰
责任编辑 / 箫　笛
出版发行 / 北京联合出版公司出版
（地址：北京市西城区德外大街 83 号楼 9 层　邮编：100088）
印　刷 / 三河市兴国印务有限公司
开　本 / 710×1000mm　1/16
字　数 / 256 千字
印　张 / 19
版　次 / 2004 年 6 月第 1 版　2021 年 3 月第 7 次印刷
书　号 / ISBN 978-7-80600-901-7
定　价 / 56.00 元

目 录

C O N T E N T S

第 1 章　铁骑践踏下的北非大漠 / 5

古老贫瘠的北非，因其优越而敏感的地理位置备受历代战略家们的垂青。二战期间，围绕着这块不毛之地，轴心国和同盟国的军队展开了一场旷日持久的殊死搏杀。墨索里尼，这个历史上赫赫有名的投机分子，本想趁着大英帝国兵败欧洲之际，在荒凉的北非寻找点儿自信的力量，以圆自己的"新罗马帝国梦"，不料那不争气的意大利军队总也无法帮助他们的领袖实现其雄心壮志，战场上传递给他的永远都是被俘与失败的屈辱之声。

第 2 章　隆美尔横空出世 / 37

希特勒一直以厌恶和不安的心情关注着他的盟友在北非的一举一动，面对眼前的不利形势，他终于决定派出自己最信任的将军去收拾残局。隆美尔的到来，使北非的形势以不可思议的速度在逆转。隆美尔的血液里流淌着一种必须迅速实现欲望的"闪电战"精神，正是这种精神使他和他的"非洲军团"取得了节节胜利。在他来到北非沙漠后的第 15 周，德国人就已重新夺回哈尔法牙关，高傲地站在了通往埃及心脏地带的门户上。

第3章　茫茫沙海中的激烈战斗 / 71

为了夺取一次决定性的胜利，韦维尔将军精心策划了代号为"战斧"的进攻战。英军虽实力占优，但终因指挥不得力而难逃失败的命运，韦维尔也告别了在北非的军旅生涯。接替他的奥钦莱克将军不甘示弱，"十字军战士行动"悄然开始，英德军队在沙漠里上演了战争史上最壮观的装甲车火并战。大喜过望的隆美尔仓促地做出了进攻托布鲁克的决定，在英军顽强的抵抗面前，托布鲁克久攻不下，补给不足的"非洲军团"只能无奈地选择全线撤退。

第4章　目标再次锁定托布鲁克 / 103

经过多次激战，隆美尔的"非洲军团"损失惨重。就在英国人自信地等待着隆美尔离去时，希特勒给了他更大的指挥权，要他大胆地向英军采取行动。得到了元首鼓励的隆美尔顿时恢复了昔日的神采，他率领着"非洲军团"以"闪电"般的速度推回到昔兰尼加，接着又迅速攻下了重兵防守的加扎拉防线，最后把目光投向了托布鲁克。随着"一切为了托布鲁克"的呐喊声骤然响起，德军的飞机大炮疯狂地轰炸了那里的环形防线，转瞬间，托布鲁克沦陷。

第5章　誓死守卫阿拉曼防线 / 131

托布鲁克大捷后，已荣升为陆军元帅的隆美尔趁热打铁，又顺势取得了梅沙马特鲁战役的胜利。奥钦莱克将军率领英军在阿拉曼筑起了一道绵延40公里长的坚固防线，隆美尔屡次试图突破该防线，均以失败收场。随着伤亡数字的陡增，一向崇尚进攻的隆美尔终于下令暂停进攻。然而，英军并没有在这一关键时刻发起强大的反攻，历史真实地书写着令盟军深感遗憾的一笔，"非洲军团"在难得的喘息之后，又发起了新一轮猛攻。

第6章　蒙哥马利临危受命 / 161

得以喘息的隆美尔再次选择了主动出击，他计划采用"闪电战"的推进方式直接进攻阿拉曼防线。一时间，冲锋与倒退在同盟国和轴心国军队之间来回转换。奥钦莱克的进攻战屡战屡败，他在给伦敦的战况报告中得出这样的结论："继续对德国装甲部队采取进攻在目前是不可行的。"大英帝国此时最需要的就是在北非的一次胜利，于是，丘吉尔果断地把英国在北非战场的命运交给了他最信赖的人，这就是第8集团军的新指挥——蒙哥马利。

第7章　第8集团军旗开得胜 / 195

蒙哥马利命令英军要坚决守住阿拉曼防线，并伺机发起进攻。英国皇家海军利用"超级机密"得到的信息，轻而易举地破坏了德军的供应线，造成了"非洲军团"物资上的极度短缺。"非洲军团"步履维艰地行至阿兰哈尔法山口，却被早已埋伏在那里的英军坦克和大炮打得溃不成军。蒙哥马利在与隆美尔的首次交锋中便旗开得胜，这使同盟国的军队精神抖擞、士气高涨。在接下来的战斗中，他们愈战愈勇，"沙漠之狐"的处境更加艰难。

第8章　盟军取得压倒性优势 / 221

久经沙场的隆美尔决意要打一场步兵防御战。德军在主要的防御地带建造了一个规模庞大的地雷网，也被称作"魔鬼的花园"，英军屡次进攻均遭败绩。尽管如此，严守阵地的德国装甲部队依然没有摆脱物资短缺的局面，墨索里尼对隆美尔的求助不屑一顾，希特勒的承诺也只不过是张空头支票，刀量对比上的巨大悬殊让隆美尔只能无奈地慨叹。1942年10月23日的夜晚，一轮满月为蒙哥马利照亮了进攻的道路，"捷足"行动在寂静中开始了。

第9章　决战阿拉曼 / 247

英军在阿拉曼战线展开了全面进攻，希特勒命令正在休假的隆美尔火速赶赴前线。蒙哥马利采取"增压行动"，英军数百门火炮和成群的轰炸机对"非洲军团"展开了地毯式轰炸，顷刻间，"魔鬼的花园"已完全落入英军之手。隆美尔企图实施边打边撤的计划，然而希特勒"不成功，毋宁死"的命令只能令他的计划胎死腹中。当生存的希望变得日渐渺茫之时，隆美尔终于下定决心违抗一次元首的命令，幸存下来的部队开始向富卡防线缓缓撤退。

第 10 章 "沙漠之狐"千里大溃逃 / 275

为了不给隆美尔喘息之机,蒙哥马利率领士气正旺的第8集团军对其展开了猛烈追击。然而,令人匪夷所思的是,狡猾的隆美尔每次都能找到机会奇迹般地逃脱。恼羞成怒的蒙哥马利决定从大漠中直插隆美尔的必经之路——扎维尔,无奈之下,被逼上绝路的隆美尔只好悲伤地告别了那块曾给过他无限荣耀的土地——利比亚。随着美军在北非的成功登陆,"非洲军团"的日子更加艰难,连战皆北的命运终于迫使这支队伍以极不光彩的方式退出了历史舞台。

引 言

P R E F A C E

2002年10月20日,第二次世界大战阿拉曼战役60周年纪念活动在地中海南岸的埃及历史名城阿拉曼举行,来自世界各地成千上万的参加过阿拉曼战役的老兵以及在这次战役中阵亡将士的亲属怀着十分复杂的心情参加了此次纪念活动,他们排着整齐的队伍站立在阵亡将士们的墓碑前,用不同的方式表达着同一个主题——寄托对自己战友和亲人的哀思。

时间追溯到60多年前,即1942年10月23日的夜晚,在圆月的照耀下,英国第8集团军司令蒙哥马利率领盟军向"沙漠之狐"隆美尔率领的德意联军"非洲军团"发起了十分猛烈的进攻,经过将近半个月的激烈厮杀,盟军终于在11月4日彻底取得了整个战役的胜利,逼迫隆美尔和他的"非洲军团"踏上了千里大溃逃之路。无疑,阿拉曼战役的胜利是具有十分重大意义的,它不仅在军事上保证了盟军从中东通往苏伊士运河这条供应线的畅通,而且还在精神上对此前屡战屡败的盟军将士起到激励士气的作用。

我们可以听听英国前首相丘吉尔对此次战役的简明扼要的评价,"阿拉曼战役以前我们是战无不败,阿拉曼战役以后我们是战无不胜。"

THE ⬛ BATTLE OF

EL-ALAMEIN 二战经典战役全记录
征战阿拉曼

60多年过去了，那里不仅建立起了阿拉曼战役纪念馆，而且还留下多座阵亡将士的陵园，这其中不仅包括英国和英联邦国家，就连当时轴心国的德国和意大利，也在那里建起了许多阵亡将士的公墓。

阿拉曼战役纪念活动每10年举行一次。2002年的纪念活动是迄今为止规模最大、参加人数最多的一次。埃及马特鲁省省长图尔克代表埃及总统穆巴拉克向在阿拉曼战役中阵亡的盟军将士们亲手献上了花圈。一些国家的领导人和代表也出席了此次庄严的纪念仪式。

当年参加阿拉曼战役时意气风发的年轻小伙子们，现在已是两鬓斑白的80岁上下的老人，对他们来说，能有机会参加阿拉曼战役60周年纪念仪式，当然具有非同寻常的意义。他们郑重地穿上当年的军服，挂上勋章奖章，在儿孙们的搀扶下，甚至坐着轮椅，飞越地中海来到阿拉曼，看望长眠在此地的老战友。

在那里，无论你走进哪一个国家的陵园，尽管墓地大小不一、碑文内容不同，但你却一定会为其庄严肃穆的氛围所深深感染，对那整齐划一的块块碑石肃然起敬，更会对当年那场战役中死去的无数名英勇将士衷心慨叹。

在众多的碑文当中，最令人深思的当属这一个，那是一位阵亡将士的母亲最由衷的表白，其中充满了一个普通百姓对暴力和战争的最强烈的控诉。让我们一起静静地聆听这感人肺腑的话语吧，"对于世界，你只是一名普通士兵；对于家庭，你却是我的全部。"是啊，这里表面上埋葬的只是一个在战争中牺牲的普通战士的身体，但实际上，它却也一同埋葬了一位母亲的全部希望与欢乐。

60多年过去了，当年在阿拉曼交战的轴心国和同盟国早已化干戈为玉帛。然而，战争留在阿拉曼的大片地雷区至今都没有被完全清除。那是1942年轴心国军队在撤退时为避免盟军跟踪追击而布下的地雷，当时被盟军形象地称作"魔鬼的花园"。从埃及官方公布的材料可以获悉，从阿拉曼到埃及边境超过40公里的地中海沿岸地区，总共埋有约1,750万个地雷，而这些地雷不是静静地隐藏在那里，而是在持续不断地害人，至今都没有停歇。在过去20多年里，约有8,000名无辜的埃及

2

人被当年埋下的地雷炸死炸伤。在相当长的时期里，虽然埃及政府在国际援助下，特别是在二战交战双方的技术和财政援助下已经清除了许多地雷，但由于没有准确的埋雷标图和相关资料，加上时间久远、沙漠地区地理和气候发生巨大变化等方面的原因，致使排雷工作变得越来越艰难。

埃及西北部哈里迈、阿拉曼到梅沙马特鲁这一大片地中海沿岸地区，本是埃及地理条件较好、水资源相对充足的地方，完全可以开发旅游项目、农业项目等。但事实上这里的经济建设项目被开发和利用得十分有限，原因很简单，谁也不愿拿生命去那里冒险。

都说和平与发展是当今世界的主流，但一直以来，地区冲突、边界磨擦、局部战争却一刻也没有停止过，巴以冲突、印巴冲突、朝鲜半岛危机、科索沃战争、阿富汗战争、伊拉克战争，这些耳熟能详的名字仍然记载在21世纪的日记里。全世界爱好和平的人民一定会问，"战争带给我们的教训何时才能铭记？"

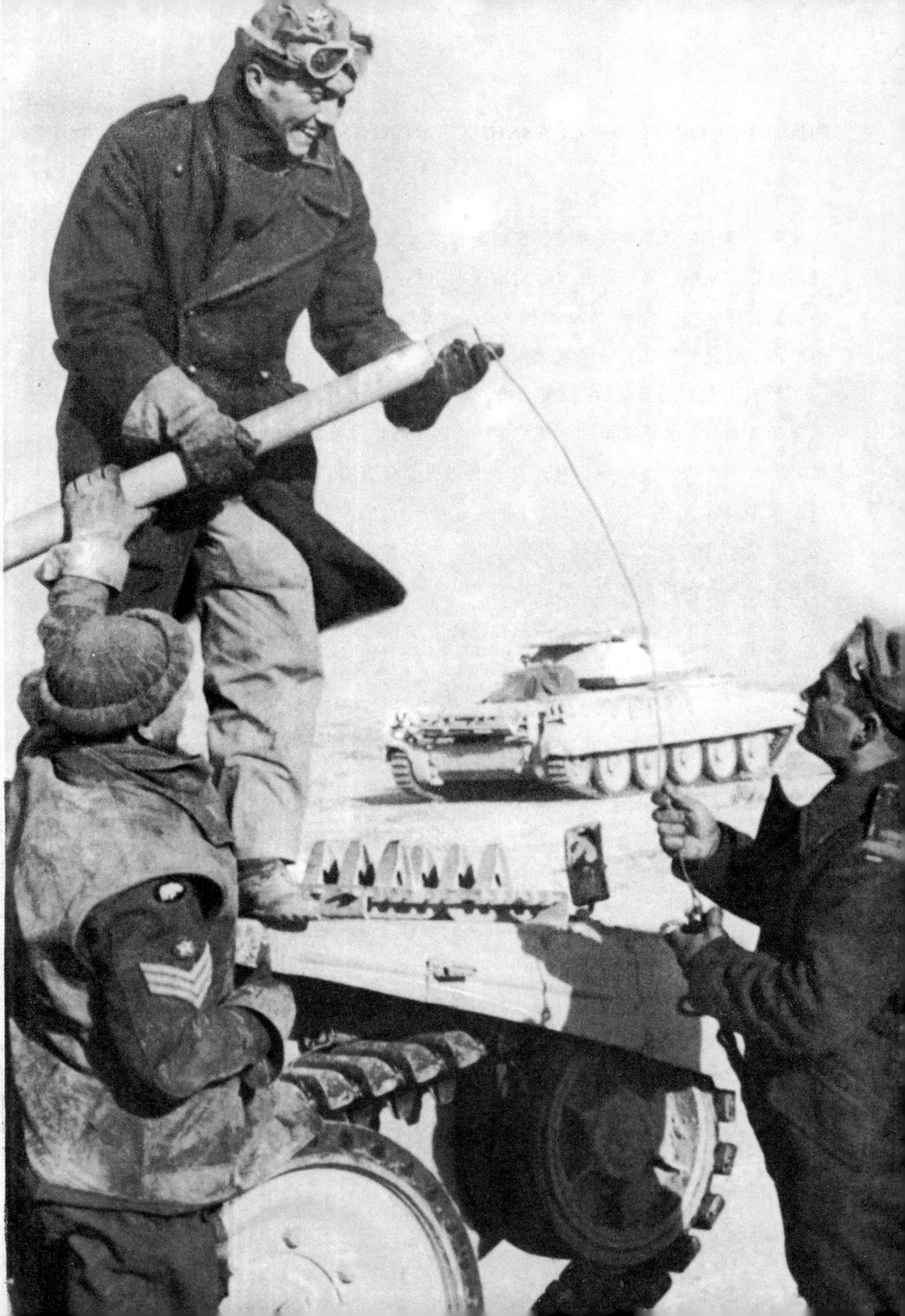

第 1 章　CHAPTER ONE

铁骑践踏下的北非大漠

古老贫瘠的北非，因其优越而敏感的地理位置备受历代战略家们的垂青。二战期间，围绕着这块不毛之地，轴心国和同盟国的军队展开了一场旷日持久的殊死搏杀。墨索里尼，这个历史上赫赫有名的投机分子，本想趁着大英帝国兵败欧洲之际，在荒凉的北非寻找点儿自信的力量，以圆自己的"新罗马帝国梦"，不料那不争气的意大利军队总也无法帮助他们的领袖实现其雄心壮志，战场上传递给他的永远都是被俘与失败的屈辱之声。

☆ "新罗马帝国梦"

在古老贫瘠的非洲大陆北端，有一片浩瀚无垠、黄沙漫漫的不毛之地，它西扼地中海通往大西洋的咽喉要道——直布罗陀海峡，东临欧洲通向中东和近东的必经之路——苏伊士运河，北频有"欧洲腹部"之称的地中海，与欧洲大陆的三大半岛隔海相望。

在这块灼热的土地上，分布着摩洛哥、阿尔及利亚、突尼斯、利比亚和埃及这5个国家，由于其优越的地理位置，丰富的自然资源，加上便利的交通条件，千百年来一直是兵家的必争之地。从古代的腓尼基人、迦太基人、罗马人，直到近代的意大利人、英格兰人和日耳曼人，都曾对它垂涎三尺，必欲得之而后快。

1939年9月，第二次世界大战爆发，希特勒在欧洲率先起兵，在兵不血刃地侵占了捷克斯洛伐克之后，又奇迹般地闪击了波兰，而后又挥师西征，直扑荷兰、比利时和法国，近而威逼英伦三岛。

希特勒席卷欧洲的巨大成功，强烈地刺激着他那位同样野心勃勃的意大利盟友墨索里尼。墨索里尼是一个天性为虎作伥的家伙，英国在北非的殖民地早已令他垂涎欲滴。面对眼前的大好形势，他非常得意地发现，抢夺它们的时机已经成熟，他完全可以利用英国雄师被困欧洲之际来扩张他的"非洲帝国"。于是，他迫不及待地率领着他那貌似强大的意大利军队提刀上阵，准备趁火打劫，一举拿下北非。

其实早在20年代，墨索里尼在意大利掌握了政权后，就已经打起了夺取北非、重建地中海"新罗马帝国"的主意。1935年，他先是出兵东非，一举占领了厄立特利亚、意属索马里和埃塞俄比亚。后来，他在殖民地利比亚屯集了23万重兵，准备伺机夺取东面一界之隔的英属殖民地埃及。1940年6月10日，即法国沦陷前不到两周，这个蓄谋已久的意大利独裁者终于把意大利也拖入了战争，开始正式向英法宣战，北非随即成为了第二次世界大战的又一战场。

墨索里尼之所以选择这个时候向英法宣战，基于他自以为是的两大便利条件：第一，德国的凌厉攻势已使英国陷入了极大的困境。虽然英国控制埃及由来已久，先是作为保护国的身份，随后又根据条约向埃及派驻了军队，但英军此时更为现实的想法应该是如何保持自己的大本营。由于两线作战，英军在人力、物力、财力资源上均已大量消耗，作为次要战场的中东地区，英军不可能再有足够的战争力量用以投入。第二，埃及西临利比亚，埃塞俄比亚又与东非的英属殖民地相毗邻，而这两片小小的国土早已成了意大利的殖民地。如果英军不自量力奋起抗争，意大利军队完全可以展开大量兵力，向埃及实施两面夹击。

据此，墨索里尼制定出了自己的进攻战略：以东非的军队进攻英属索马里，控制红海南部的出海口；以北非的军队进攻埃及，夺取苏伊士运河。战备目的一旦达成，地中海即可成为"新罗马帝国的内海"。

为了早日实现自己的梦想，6月下旬，墨索里尼的军队便侵入了肯尼亚、苏丹和英属索马里。意大利人以10个师的庞大兵力一路高歌挺进，几乎没有遇到任何抵抗就很快向南渗透到肯尼亚，占领了索马里，从而打开了通往苏丹和埃及的道路。意军像一把巨型钳子从南部和西部向埃及步步逼近，这把钳子很快将摧毁驻埃及的英军，那时，意大利就会成为赤道以北的头号势力，墨索里尼对此深信不疑。

从哪里形成西线的包围圈呢？墨索里尼毫不犹豫地选择了利比亚。利比亚作为北非的战略要地，自1911年以来，就一直被意大利占领着。它与西西里岛的海上距离只有483公里，它东邻埃及、西接法国殖民地突尼斯和阿尔及利亚。而就在法国沦陷不久，利比亚两边的这两个法属殖民地国家就明智地采取了中立立场，这样，墨索里尼大可以放心地去重点进攻埃及了。

1940年6月28日，墨索里尼命令他的意大利军队全面入侵埃及，去努力实现

▲ 墨索里尼一副踌躇满志的神态，其身后背景为古罗马竞技场遗址。

▲ 骑在马上的墨索里尼仿佛看到了北非胜利的曙光。

意大利人期待已久的光荣与梦想。然而，他的将军们的表现与他的雄心壮志相比，却显得不那么成比例，他们总是以缺乏足够的装备为由拖延行动的时间。8月份，当墨索里尼听说德国即将入侵英国时,他迫不及待地向意大利驻利比亚总督兼总司令鲁道夫·格拉齐亚尼元帅下达了第三道进攻命令。

有"屠夫"之称的58岁的老格拉齐亚尼元帅，是一个残酷无情且极端狂热的法西斯分子，曾因在镇压非洲土著族反叛运动中功勋卓著，受到了墨索里尼的器重，被晋升为元帅。这位老帅虽经验丰富，但他深知这次面对的是一个强大的对手，况且英军在埃及的防务正在不断增强，任何轻举妄动都将换来不容低估的后果。然而，为了应付领袖的再三催促，情急之下，他只好召开了一次高级军官军事会议，在他的引诱之下，与会的军官们得出了相当一致的结论：目前意军的力量还远远不足，根本无法穿越沙漠发动一场酣畅淋漓的进攻战。

墨索里尼得知此事后像个咆哮的狮子怒吼道："你们怎么能做出这种事来？太不像话了！堂堂一个陆军元帅，竟然与下属进行这种协商，我们罗马帝国的威严何在？"

老格拉齐亚尼元帅像个委屈的孩子老老实实地站在那里，任凭领袖近乎歇斯底里的训斥，也不敢再有任何的只言片语。他知道墨索里尼的脾气，此时哪怕只是再申辩半句，他都有解甲归田的危险。屋内的空气在凝固了足有一刻多钟后，终于慢慢平静下来，领袖呼吸均匀，看来怒火已经泄得差不多了。

老元帅蹑手蹑脚地走到领袖的桌前，他试探着问了一句："卑职有个想法不知当讲不当讲？"

墨索里尼一边拿起酒杯一边说："说来听听。"

老元帅见领袖心有所动，连忙献计道："德国人不是准备近期入侵英国吗？依卑职之见，不如等他们入侵发动之后，再实施您进攻埃及的计划。到那时，英军肯定以本土作战为主，至于北非那些失去主心骨的英军，必定无心进行有力地抵抗，取埃及简直犹如探囊取物，我们何乐而不为呢？"

  老元帅努力地摇动着他那三寸不烂之舌，待说到口干舌燥之时，总算取得了预期的效果——固执的领袖终于动了心。于是，进攻一事再次被搁置起来。

  转眼已到9月。罗马的初秋，天高气爽。尽管正午的阳光还略微有些热，但同烈日炎炎的夏季比起来毕竟柔和多了。阵阵微风送来一片清爽，空气中飘拂着一股淡淡的清香。在这本应心情舒畅的日子，老格拉齐亚尼元帅却觉得仍像过炎热的夏季一样郁闷烦躁。因为他刚刚接到领袖的电话，让他立刻去罗卡古堡——墨索里尼的夏宫，领袖说有要事相商。

  在路上，元帅就似乎闻到了一种不祥的气味。想想这段日子以来，希特勒入侵英国的"海狮"计划一推再推，迟迟不能实现，致使他进攻埃及的所谓策略很明显变成了托词。领袖早已迫不及待地想在埃及的街道上检阅意大利军队了，这次紧急召唤他，少不了又要为此事痛斥他一番。可他转念一想，不管他了，今天反正是豁出去了，哪怕是罢官杀头，也要向墨索里尼力陈进攻埃及的种种不利之处。在沙漠中，一打败仗就必然会引起迅速而全面的崩溃。此事非同小可，他相信领袖应该有这样的远见。

  格拉齐亚尼一路想着踏进了领袖官邸。一抬头，远远就望见墨索里尼双手插腰，怒目圆睁，弯眉倒耸，正在前厅过道里等着他。

  "怎么样？我亲爱的元帅，进攻准备是否已做好？这么长时间了，想必准备得十分充分了吧？"墨索里尼不无讽刺地说道。

  格拉齐亚尼一路上打好的腹稿刹那间烟消云散，不知从何说起了。他镇定了一下情绪，勉强说道："由于意军在北非接连失利，加上英国援军源源不断地从地中海运到前线，埃及防务已大大加强，这不是意军经过一朝一夕的准备便能克服的。而且，意军一点儿机械化作战的经验都没有，在这方面绝非英军的对手。领袖也清楚，意大利拥有地中海上空制空权的种种说法纯属宣传，旨在鼓舞士气。另外，所需的许多摩托化装备都被积压在南斯拉夫边界，不能使用，意军力量分散，如果现在进攻，注定要打败仗……"元帅语无伦次、絮絮叨叨地讲了半天。令他惊讶的是，

▲ 这组图真实记录了墨索里尼在一次会议上的表演。

▲ 1940 年 8 月 14 日，即将开往利比亚前线作战的意大利军队正在接受检阅。

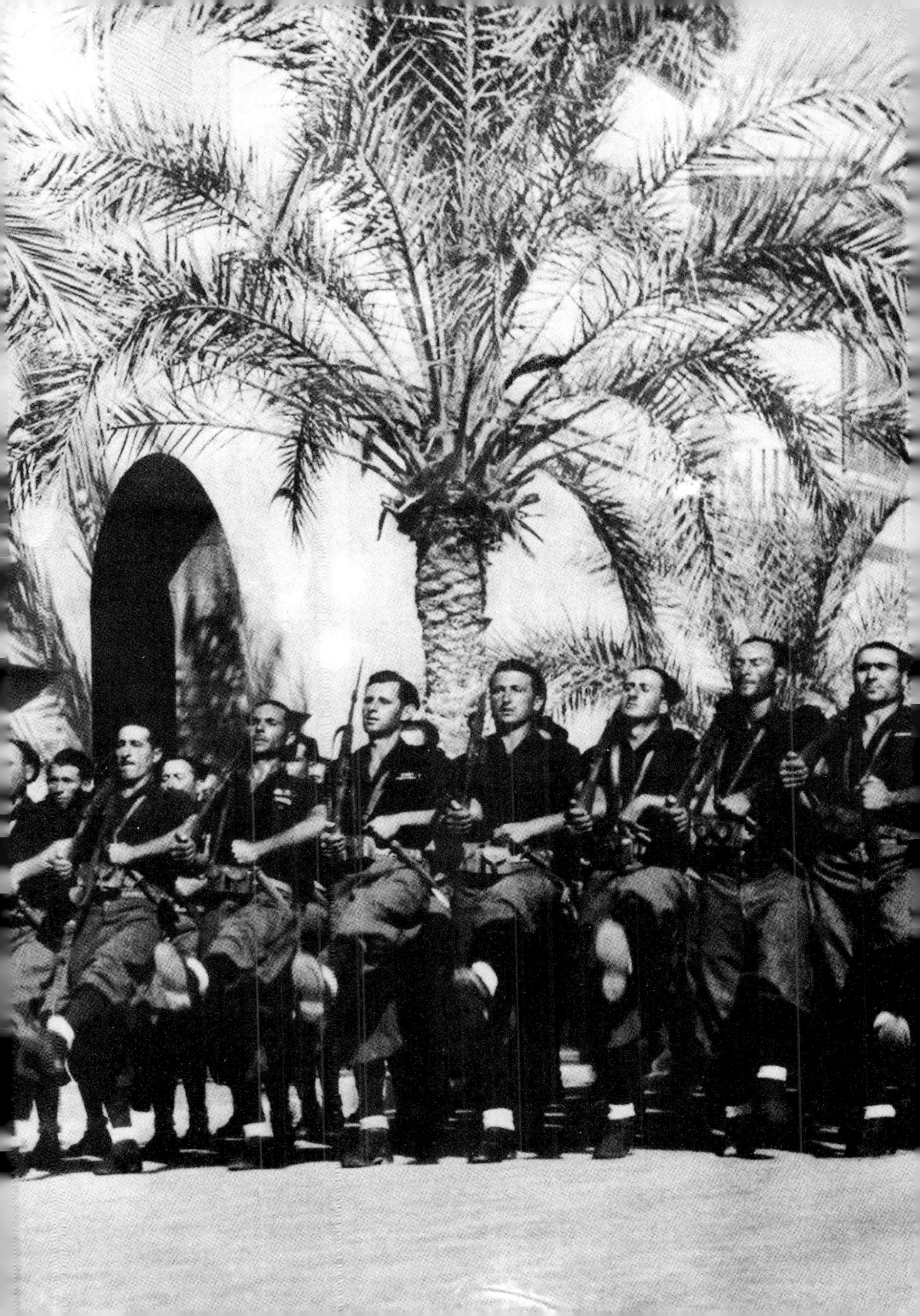

领袖居然没有打断他，只是靠在他那宽大舒适的座椅上闭目养神。格拉齐亚尼本来是准备挨骂的，这样一来，反而弄得他不知所措了。

过了好一会儿，墨索里尼眼皮微抬，喃喃自语道："看来，应该把任务交给那些希望提升一级的人去做了。"

格拉齐亚尼不禁起了一身鸡皮疙瘩，说实在的，他可不愿意冒降级或被编入非现役的风险。不过，元帅还是振作精神进行着最后的努力："亲爱的领袖，我恳请您再宽限一个月的时间……"

墨索里尼像是没听见他的请求，果断地打断他："听着，我在这里向你下达最后的命令，限你在两天之内发动进攻埃及的战斗，不管那个该死的'海狮'计划实行不实行，否则，你这元帅的位置也到头了！"

就这样，在独裁者的横加干涉下，在司令官极不情愿的情况下，9月上旬，意大利驻利比亚军队终于开始了他们拖延已久的行动，纠集6个师的意大利兵力对埃及发起大规模的进攻。9月13日，一支先遣队越过了边境进入到埃及西部的沙漠，紧接着8万大军在200辆坦克的掩护下，以游行队伍的方式从边境以西3公里处的一个叫卡普佐的村庄浩浩荡荡地出发了。

随着一阵嘹亮的军号声的吹响，一支穿着黑色衬衫、装备着短刀和手榴弹的法西斯突击部队趾高气扬地走在队伍的前面。后面，缓缓开动的是装运着大理石里程碑的卡车。这些大理石里程碑是意大利军队用来标示胜利进程的，也许他们自己并没有意识到，对于一支攻不能克、守不能固的队伍来讲，这样的东西显然准备得有些过多了。

意大利的先头突击部队穿过利比亚高原边缘的陡坡，沿着狭窄的海岸平原一路悠闲自得地向前推进，就好像在进行着一次并不正规的长途拉练，用了整整4天的时间，才推进了不足97公里的距离，来到了西迪巴拉尼小镇。格拉齐亚尼元帅一纸命令，部队全部停歇下来，一边安营扎寨、加修工事，一边乞求着元首增派更多的人员和供给品。

▲ 有了希特勒的强力支持，墨索里尼从北非节节失利的阴影中又看到了希望。

▲ 墨索里尼非常喜欢驾驶飞机，这是他和空军部队一起前往希腊。

▲ 满载意大利炮兵的卡车方阵，停在利比亚沙地上等候命令。

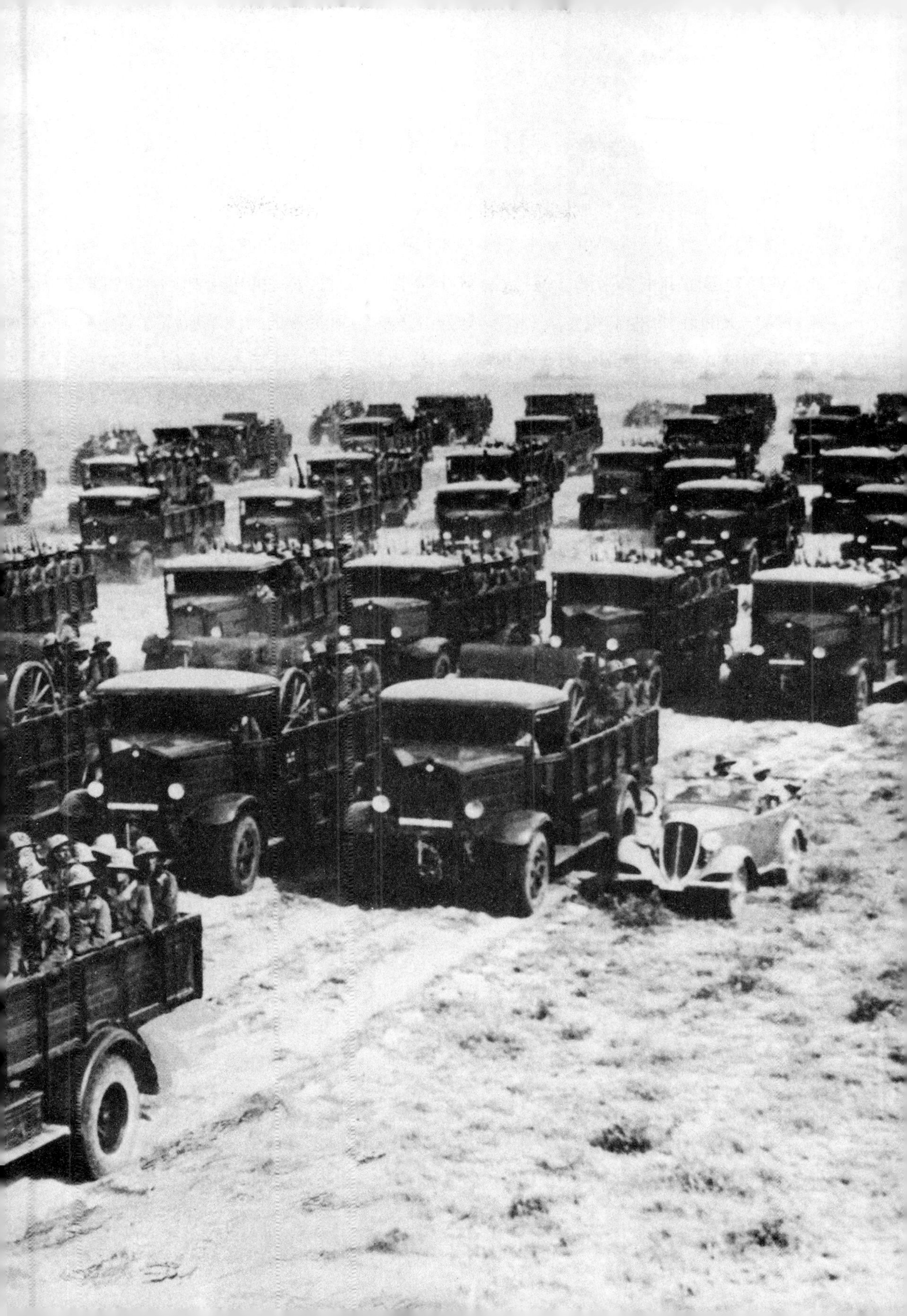

意大利人浮夸、散漫的天性在这一时刻暴露无遗。他们的军队不仅不擅长作战，就连建起防御工事来都拖拖拉拉、不紧不慢。此时，罗马的电台却还在大肆吹捧着前线上的胜利，他们把意大利军队修建的那些简陋而笨拙的泥草房简直美化成了一座钢筋水泥的大都市。收音机里激情飞跃的声音，足以让后方的人们毫不吝惜地为他们前线的军队浪费着感情："亲爱的罗马市民，咱们意大利工程师的精湛技术真是令人叫绝，有轨电车又在西迪巴拉尼的大街上奔跑起来了，这是多么令人兴奋的事啊！"

格拉齐亚尼元帅命令意军修建的是一个由7大据点组成的呈半圆形的防御要塞，这道要塞从海岸边距离西迪巴拉尼以东24公里的马克提拉村开始，向内陆蜿蜒伸进80余公里。令意大利军官们甚为满意的绝不仅仅是这些要塞军营所具有的防御功能，他们更看重的是那些"军官俱乐部"之类的生活便利设施。有了这些设施，高级军官们就可以在战斗间隙听上一曲美妙的音乐，跳上一支华丽的舞蹈，再品尝一下用高级玻璃器皿盛装的冰镇弗拉斯卡蒂白葡萄酒。如果有可能，意大利人甚至想在沙漠上踢上一场精彩的足球比赛，因为只有那个才是他们真正能引以为豪壮的游戏项目。

希特勒对意大利军队这种坐观静待的战术行为深感忧虑，德国空军在英国上空所遭受的巨大损耗与重创，无法让希特勒镇定自若地看着他的同盟在北非战场上无所作为。他担心英军迟早有一天会从设在埃及的基地向意大利军队实施猛烈轰炸，这样一来，轴心国在中东地区的利益必将受到严重损害，更可怕的是，这有可能影响到德军即将入侵苏联的"巴巴罗萨"计划。

10月4日，希特勒在与墨索里尼的一次会晤上，主动提出了愿意提供装甲部队和飞机大炮帮助格拉齐亚尼元帅早日行动起来，但他的这番好意却遭到了他那位傲慢自大的法西斯盟友的冷漠拒绝。

墨索里尼向希特勒表示："强大的意大利军队目前无需任何帮助，我们一定会在10月中旬前重新开始自己伟大的进攻行动。"然而，他也并没有把话说绝，他同时表示："欢迎德国在战役的最后阶段给予意军最强有力的援助。"

10月28日，意大利军队突然入侵希腊，希特勒对此事却一无所知，为了教训一下狂妄的墨索里尼，他决定暂缓给意大利军队的任何援助。

☆ 骁勇的不列颠骑士

二战爆发之初，丘吉尔凭着其无可争议的军事才能，重掌海军大印，步入了英国政府的战时内阁。1940年5月，丘吉尔又在民众的一片呼声中临危受命，出任大英帝国的首相。

上任伊始，丘吉尔便大刀阔斧地重组联合政府，一改张伯伦求和谈判、寄希望于法西斯的仁慈的绥靖政策，毫不犹豫地对德意法西斯宣战。他在一次演讲中讲道：

> 我们的政策，就是用上帝所能给予我们的全部能力和力量，在海上、陆上和空中进行战争，同一个在邪恶悲惨的人类罪恶史上还从来没有见过的穷凶极恶的暴政进行战争。我们的目的只有一个，那就是胜利，不惜一切代价去争取胜利。无论多么恐怖，无论道路多么遥远和艰难，也要争取胜利。因为没有胜利，就不能生存，就没有大英帝国的存在，就没有促使人类朝着目标前进的那种时代的要求和动力……

面对德意虎视眈眈的严峻形势，丘吉尔果断确定了在欧洲取守势、在非洲取攻势的战略方针，尽最大可能将陆军投送到中东和地中海地区。其中增调至埃及的部队就有3个坦克团——皇家第2、第7坦克团和第3轻骑兵团。丘吉尔认为，非洲是英国惟一能够和敌人周旋的战场，具有较大的作战空间和防御弹性，他始终坚信，意大利帝国的毁灭将是英国在第二次世界大战中能够获得的第一个战利品。

当时英军在东非和北非一共驻扎部队5万人，由中东英军司令韦维尔将军统一指挥，其中有3.5万人集结在埃及。英国皇家陆军第7装甲师是这支队伍中惟一的装甲部队。1940年6月16日，英军一支小分队秘密地越过埃及和利比亚的边境，采取偷袭的战法一举摧毁了意军的一个边境哨所，从此揭开了长达两年之久的非洲鏖战的序幕。

装7师在师长克雷少将的指挥下，义无反顾地走向了大战的最前沿。面对意军部署小而散的特点，克雷大胆地把部队分成多路奇袭分队，频频越境袭扰，并屡屡得手，载誉而归。该师第11轻骑队战绩尤为突出。他们神出鬼没，经常大胆迂回，深入意军防线后方，以快速灵活的机动战术设埋伏、拔据点，搅得意军寝食不安、无所适从。

9月上旬，恼羞成怒的墨索里尼纠集6个师的兵力对埃及发起了大规模进攻，很快就占领了西迪巴拉尼城，然后安营扎寨，加修工事，并沿线筑起兵营为盾牌，与东面的英军设在梅沙马特鲁港的防线形成对峙。

面对数量明显占优势的意大利军队，韦维尔将军不是坐以待毙，而是主动出击。虽然他性情孤僻、不善言辞，在第一次世界大战中左眼不幸被流弹击中而失明，佩戴的黑色眼罩似乎增添了几分神秘和狡黠，而且独断固执的性格，常使他对丘吉尔的建议不屑一顾，但他具有丰富的作战经验，对指挥协同、摆兵布阵往往拥有很独到的见解。他认为：意军步兵数量虽多，但坦克质量老化、火力薄弱，应该充分发挥英军的装甲优势，兵分两路，果断反击，避敌锋芒，直插西迪巴拉尼，然后视情况攻占巴迪亚。

无边无际的北非大漠，宛如一片黄色的海洋，海洋中，一支长蛇般的队伍正在慢慢地游动。这些英国士兵身体削瘦，面目黝黑，由于经受过严格的沙漠地作战训练，他们在沙漠中行进了60多公里依然步伐矫健。

▲ 战争初期在托布鲁克，意大利士兵向英军投降。
▲ 正在追击意大利军队的英军坦克卷起了漫天黄沙。

▲ 1941 年 2 月，大量的意大利战俘被遣往关押他们的基地。此时离英军发动反攻还不到 1 个月，沙漠西部地区有大约 8,000 名意军士兵投降。

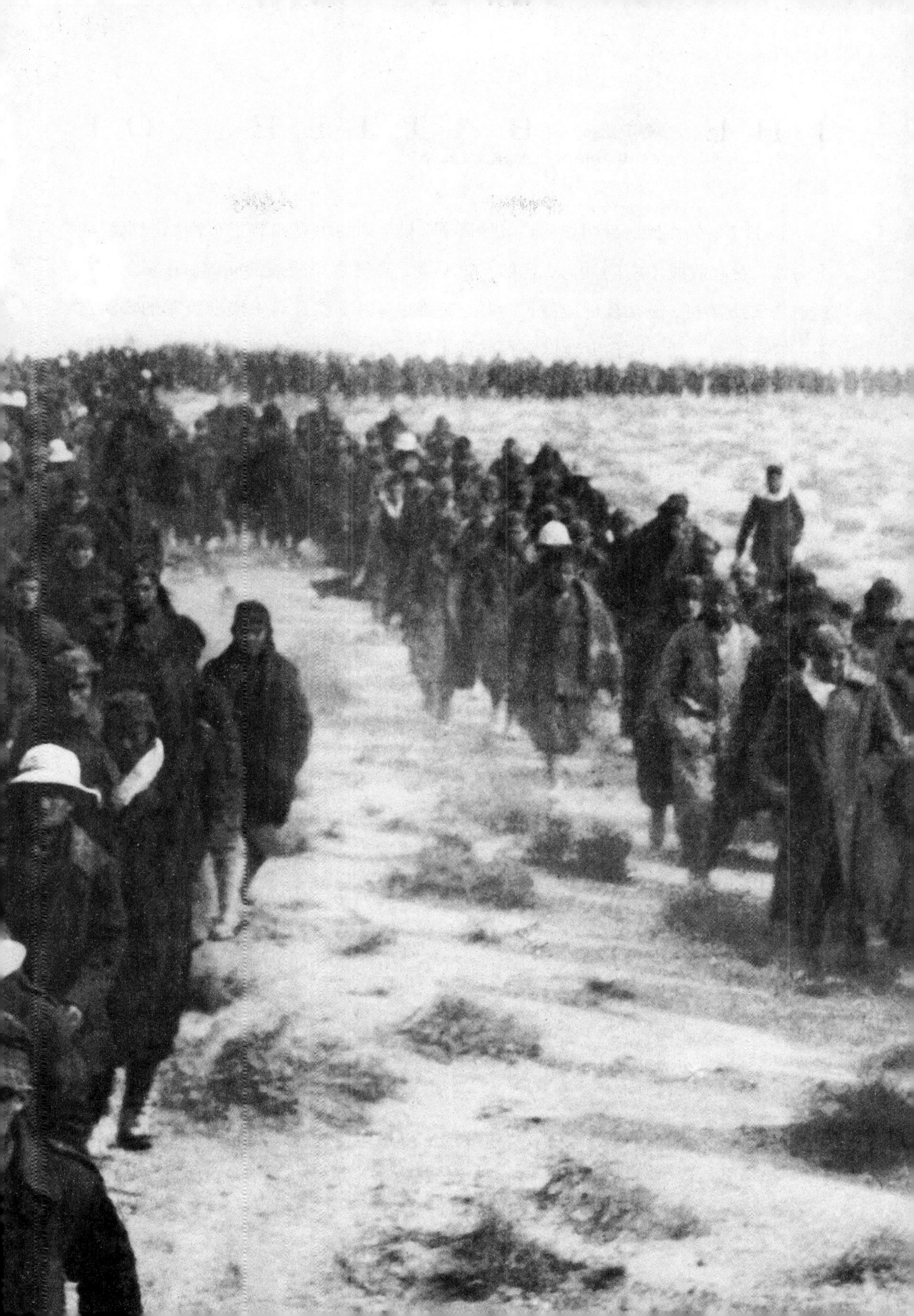

12月7日的夜晚,月明星稀,风沙阵阵。装7师的坦克和装甲车辆如潮水般涌出防线,卷起股股浓密的沙雾,犹如一把利剑,直劈意军防线的间隙。意军急忙调兵遣将实施阻拦,无奈仓促应战,兵力一时难以集中,而且尚未摸准英军的真实意图,不好全力一搏,只有少数坦克在防线上急速射击。出乎意军意料的是,英军坦克并无拼杀之意,只令部分坦克略作抗击,其余则勇猛越障,直向西迪巴拉尼方向穿插。

12月8日晚,一轮明月悬挂在空中,在月光的照耀下,英军开始对意军营地发起进攻。天气奇冷,坦克和卡车的引擎好不容易才发动起来,马上就要投入战斗。营地的意大利军队似乎应该能够嗅到一种不安的气味,但他们什么也没有发现,眼底只有一望无际的沙地。

12月9日早晨刚过7点,尼贝瓦据点的意大利守军还在煮咖啡、烤面包,准备吃早餐。等他们意识到这可能是最后的早餐时,英国的坦克和装甲车辆已进至兵营四周低矮而简陋的围墙,防卫墙上惊呆了的哨兵早被英军装甲车上的布朗式机枪所击倒。

伴随着尖锐的苏格兰笛声,装甲车内的士兵迅速涌出车厢,在"马蒂尔达"坦克的引导下汹涌地冲进了意军兵营。英军坦克里射出的炮弹击毁了20多辆停在营地外的意军 M－13型坦克。意大利的反坦克炮火予以还击,但炮弹无法穿透英军坦克的装甲。混乱之中,意军骑兵的战马多数受惊,匹匹引颈长鸣、四蹄乱蹬,搅起一片沙尘。

战至上午9时,意军的第一座兵营在3小时内便落入英军之手。此战,意军被俘2,000余人,死伤200余人,部分人员仓皇地四处逃散。当英军控制了尼贝瓦据点后,继续向北朝其他据点进发时,炮火刚刚轰了几下,一面面白旗就举了起来。

火,渐渐地灭了,一个个杂酚油桶爆裂所发出的恶臭随风飘散。战场也渐渐地平静了,一群群意军高举着双手从残缺的工事里缓缓地走了出来。

12月10日,面对失利的战场态势,格拉齐亚尼元帅为保存实力,无奈地放弃西迪巴拉尼仓皇西撤。可刚行至布克镇东侧，就钻进了英军装7师早已设下的伏击圈。一场激烈的短兵相接后，又有1.4万之众的意军成了俘虏，残余人马丢弃火炮近200门，慌忙逃过边境，退守利比亚的巴迪亚要塞。

巴迪亚是一座位于104米高的悬崖上、离边境线20公里的海岸要塞。这座军营里有45,000人和400门大炮，防守线的前面是一道有3.7米宽的反坦克沟壑且遍地埋下了地雷。要塞指挥官安尼巴勒·贝贡佐立中将被认为是意大利军官中最优秀的一位。这位在西班牙内战中脱颖而出的将军，脸上蓄着一把火焰般的红色胡子，这为他赢得了一个"电胡子"的绰号。

1941年1月3日黎明，经过英国皇家空军一整夜的猛烈轰炸，澳大利亚军队在附近海上3艘战舰炮火的协同配合下，向巴迪亚发起了进攻。澳大利亚人在一个将近13公里的战线上敲开了意大利人的防御工事，到次日黄昏时分，他们肃清了最后一批防守者，这次的战俘又有4万之众。"电胡子"不在其中，他已逃到靠西边113公里的海港要塞托布鲁克。但托布鲁克也绝非一处避难所。装7师很快就包围了这座城市，澳大利亚军队随后赶到。驻守托布鲁克的意军经过36小时的激烈战斗，最后于1月22日投降。

装7师在短短的时间内，连克3城，战绩斐然，仅俘敌就达7万余人。在英军梅塞马特鲁的战俘营内，一队接一队身着布满灰尘的绿色制服的意大利士兵人头攒动，挤满了广阔的操场。战俘营的英军长官只好下发许多帐篷、木头和带刺的铁丝，让他们自己动手建设自己的"美好家园"。

意大利军队在托布鲁克战败后，退守于东利比亚弓形海岸西侧的大港班加西，等待来自罗马的援助。2月3日，当他们获悉英军准备继续西进的消息后，又诚惶诚恐地向西利比亚方向撤退。韦维尔将军收到空军侦察发回的情报后，决定展开千里大追杀。他命令部队兵分两路，一路沿弓形海岸从正面突向班加西，另一路直取班加西南侧，切断意军退路。

4日凌晨，茫茫大漠里出现了少有的宁静，天地一色的天空中变幻着奇妙的海

▲ 英第 7 坦克连队的"马蒂尔达"坦克上，意大利国旗被当作战利品悬挂着。

市蜃楼，一会儿是几头高大的骆驼背着沉重的行李在牧民的吆喝下缓缓而行，一会儿有几只饥饿的沙漠秃鹰盘旋在无名的战场废墟上空，似乎在分辨半掩在沙堆里的人们是否真的死去。但这等绝妙的景色，随着一阵隆隆的坦克声，转眼间便消失得无影无踪。

　　克雷师长率领着第 4 装甲旅和第 11 轻骑队，一头扎进了荒无人烟的戈壁。搅起的漫天黄尘，吹入了他们的眼睛、耳朵和鼻孔，士兵和战车都在浑浊的空气中喘息着。他们日夜兼程，顾不上过多的辛苦和劳累。虽然一路上砂石遍地、颠簸剧烈，难闻的汽油味和汗渍味使士兵们直想呕吐，但他们还是凭着坚韧的意志，如期抵达了班加西以南 161 公里的贝达富姆地区，并迅速构筑起防御工事，建立起主阵地。

6日晨，贝达富姆阻击战全面打响。意大利军队大队人马沿海岸公路向南蜂拥而至，走在最前面的是100辆巡逻坦克。装7师充分利用仅有的29辆坦克，以逸待劳，依托发射阵地，凭借有利地形准确地向意军射击。英军突然而猛烈的炮火，打得意军顷刻间乱作一团，坦克频频被毁，升起股股浓烟。

渐渐地，意军队伍恢复了原有的秩序，排列着整齐的战斗队形，以绝对优势的兵力向英军阵地猛扑。见此情景，克雷急令第3、第7轻骑队派出轻型坦克实施阵前出击，从侧翼以准确的火力支援正面战斗，打乱敌军部署。意军受到两面夹攻，阵脚再次大乱。夜幕降临时，意军已有半数坦克横七竖八地弃在阵地前沿。有的像个大甲虫四脚朝天地静静躺着，有的则伴随着油箱的爆炸声升腾起缕缕火焰。

是夜，急于突围的意军发起了多次凶猛的反扑。战场上爆炸声连续不断，炮弹、曳光弹拖着长长的尾巴来回穿梭，密如织网。一时间，两军打得难分难解，夜幕下的混战时断时续。天亮时分，枪声炮声渐渐稀落，偶尔一两声冷枪再也激不起双方疲惫的斗志，仅仅能够勉强睁着麻木的双眼，漫无目的地观望着。

只见阵前一位跛着脚的意军士兵，从一辆坦克残骸的右侧爬了起来，抖了抖身上的沙尘，在高举双手的同时乱叫着。不久，他的举动像瘟疫一样迅速传开，意军纷纷地缴械投降。队伍中有个军官模样的人竟操着纯正的英语问道："你们能给我面包吗？"

7日，英军顺利地攻占了贝达富姆，并于9日进抵通往利比亚的咽喉——阿盖拉，打开了进攻的黎波里的大门。在这场历时3个多月的反攻战役中，英军以4万兵力击溃了意军第10集团军，俘虏意大利士兵总数达13万，共击毁和缴获坦克400余辆，火炮1,200多门，而英国和英联邦国家军队损失的人加在一起还不到2,000名。同时，英军还向西跃进了1,300公里，夺取了整个东利比亚——昔兰尼加，将意军远远地赶到了利比亚西部，赢得了对轴心国战争的第一个空前胜利。在这场战役中，英国皇家陆军第7装甲师以顽强的斗志和辉煌的战绩，受到了世界的瞩目，他们被誉为"骁勇的不列颠骑士"。

☆ 意军疾呼"非洲军团"

北非的意大利军队被英军打得落花流水，溃不成军，自然同英军的勇猛顽强、指挥得力、擅长沙漠作战等特点有紧密关系。然而，意大利军队自身存在的问题和缺陷更是其惨败北非的致命原因。

虽然意大利军队人数众多，但由于装备陈旧落后，缺少系统训练以及兵力结构不合理等因素的影响，致使它的军事素质和作战能力普遍很弱。

意军的M－13型主战坦克是仿造英国卡登·劳埃德的MARK-VI型坦克制成的，机体太轻，引擎的马力明显不足，且因聚热过快，根本无法抵挡住敌军炮火的攻击，就连他们自己的士兵都戏称之为"缓慢移动的棺材"。虽然意军还有1939年投产的M/11-39型中型坦克，但也仅安装了机枪和37毫米的火炮，攻击能力只处于30年代初期的水平，与英军的坦克力量相比，差距甚远。

同时，意大利军队还缺乏设计新颖、性能优良的反坦克枪炮和反战机火炮。其主要用于作战的野战炮还是第一次世界大战遗留下来的旧设计，是对在凡尔登战役中声名大噪的法国75毫米加农炮的仿造品。它的作战飞机也早已过时，根本无法适应现代战争的需要，只能打一打部落人起义之类的殖民战争。

此外，意大利军队最糟糕的一点是，它庞大的军队主要是步兵，而且没有充足的运输设备，当时北非意大利军队的各种机动车总共加起来才只有2,000辆，还比不上德国军队一个机械化师所拥有的数量，这使得它根本不可能组织起有效的快速作战行动。

除了这些客观缺陷之外，意大利军队糟糕透顶的军事领导班子也是其无法形成战斗力的重要原因。格拉齐亚尼元帅及其手下的主要军官都因缺乏足够的战斗热情而疏忽了对部队的指挥和检查。他们驻守的几个据点相互之间支持不够，防御设施

▲ 握着希特勒的双手，墨索里尼的心里踏实了许多。

▲ 在英军攻陷意军大本营的前一天早晨，统领英国沙漠军的理查德·奥康纳中将与阿齐贝尔德将军商谈作战计划。

的深度也明显不足。在修筑西迪巴拉尼村周围的防御工事时,意大利人在两个主要据点之间居然留下了一处宽24公里的无人防守、甚至无人巡逻的地带,后来正是这个地方成了英联邦军队的突破口。

1940年12月至1941年2月,这个冬天的寒冷对于意大利的独裁者墨索里尼来说,应该是感受得最真切而深刻的。他那不堪一击的队伍在北非的战场上给他丢尽了颜面,偷鸡不成反蚀把米,这是墨索里尼做梦之前和做梦之时都没有想到的。

作为三军之长,墨索里尼似乎从未对自己平庸的指挥能力和决策水平产生过怀疑,即使是最惨痛的失败,那也是临战指挥官的责任,因为领袖的命令永远都是正确的。大为震怒的墨索里尼毫不留情地指责起可怜的老格拉齐亚尼元帅:"6个将军被俘,1个将军战死,你的战果真是辉煌啊!"痛恨之余,墨索里尼以战争失利为由撤销了格拉齐亚尼元帅的职务。

眼看着意大利人在北非的地位岌岌可危,墨索里尼如坐针毡,好不懊恼。情急之下,他已经没有别的选择了,只好暂时低下自己那高贵的头颅,冒着被耻笑的危险去求助他那位纵横欧洲大陆的德国盟友——希特勒。当然,墨索里尼十分清楚,这样一来,北非意军的指挥权就要全部转交给德国人了,可这也是没有办法的办法,毕竟他分享轴心国胜利果实的梦想从目前来看还算不上破灭。

希特勒面对意大利人在北非战场的失败,一方面大为恼火,一方面又有些幸灾乐祸。因为他打心眼里瞧不起那貌似强大、实则弱不禁风的意大利军队。非洲的战略地位不可小视,任何一种准备置非洲于不顾的战略思想都是不明智的,希特勒对这一点心如明镜。但在德国军队踏上非洲大陆之前,他还是希望英国人能够狠狠地教训一下意大利人,自己也好以一种"救世主"的面目出现在墨索里尼面前,让他不敢小瞧自己这个陆军下士。

墨索里尼忸忸怩怩地和希特勒见了面,准备忍受一番希特勒那近乎神经质的嘲笑和奚落,令他难以置信的是,希特勒给予了他最亲切而热烈的拥抱。当墨索里尼不好意思地请求德军增援时,希特勒更是慷慨激昂地表示,北非对意大利,对整个轴心国都至关重要，他无论如何也不会让意大利失去北非。为此，他准备派遣他那精锐的装甲兵团开赴北非，准备和英国人在地中海畔打一场沙漠里的坦克大战。

其实早在12月份，英国重新夺取埃及的时候，意大利的最高指挥部就曾请求过德军的紧急援助。希特勒当时就答应派出100架轰炸机和20架护航战斗机前往西西里岛和意大利南部，用以保护意大利船只和为攻击英国开往埃及的护航舰队。1月11日，也就是在巴迪亚失陷后的第3天，希特勒发出正式指示，命令派遣1支德国狙击部队火速前往北非，全力阻止英国人的挺进。于是，历史上赫赫有名的"非洲军团"很快就组建起来了。

新改编的第5轻型坦克师由约翰尼·斯特莱希担任指挥，它是从第3装甲师中抽调出来的核心力量组成的，是"非洲军团"的第一支部队。刚开始，它只有一个坦克连。第5轻型坦克师按计划本应在2月中旬赶到北非，但由于1月22日托布鲁克的陷落，计划不得不提前了。

失望地看着北非的意大利军队一个劲儿地朝向的黎波里撤退，希特勒决定派人先去利比亚了解一下前线的情况，然后再有的放矢地展开德军的北非行动。他派去的这个人就是一直担任第5轻装甲师指挥的普鲁士贵族汉斯·冯·冯克少将，这位贵族少将也是被希特勒寄予厚望的担任"非洲军团"总指挥的首要人选。

"元首，第5轻装甲师师长冯·冯克少将求见。"秘书的话音未落，冯克少将顾不上保持他那贵族派头，脚步慌乱地闯进希特勒办公室，在红绒地毯上不小心绊了一下，险些摔了一跤。希特勒不满地皱皱眉头："慌什么？什么事这样急。"

冯克赶紧赔罪，接着向希特勒报告了他奉德军总参谋部的委派，去利比亚进行实地调查的情况。冯克将军显然是被沙漠英军势如破竹的攻势吓坏了，前言不搭后语地大谈意军的溃败。最后他说道："我的元首，无论如何必须挑选一支狙击部队帮助意大利人防守的黎波里。我认为，原计划派出的部队太少了，无法挽救利比亚的局势。您知道，意大利人实际上完全垮了，英军一旦对的黎波里发起进攻，等于是进入无人之境。"

听了冯克的介绍，希特勒内心震动也很大，但他表面上依然显得很冷静。"意大利人尽干蠢事，一方面发出惊慌失措的喊叫，把自己军队和装备上的弱点完全暴露给敌人，另一方面又过于妒忌和幼稚，认为一旦投入德国士兵就有损于他们这一行动的光彩。如果德军能穿着意大利军服作战，那墨索里尼是最喜欢不过的了。"

"好了，将军，你的建议值得考虑，你可以走了。"希特勒说着，疲倦地挥挥手。

此刻，希特勒的第一个反应是，必须派出一支更大规模的德国部队前往非洲。希特勒认为，一旦英国人控制了利比亚，那等于是让他们把枪口对准了意大利的胸口，英国人很可能会迫使墨索里尼谈和，这样的结果是德意志所不希望看到的。与此同时，英国军队也可能会转移到叙利亚，威胁即将开始的"巴巴罗萨"行动，这无疑将严重损害到德意志第三帝国的长远利益。

想到这儿，希特勒伸手拿起话筒，"传我的命令，让总参谋部在原定的狙击部队第5轻装甲师动身后，立即再派一个完整的装甲师前往北非。"这样，初具雏形的"非洲军团"规模又扩大了一倍。

放下话筒，希特勒转过身体，依稀望着窗外冯克少将已经远去的背影，心中不禁慨叹道：看来这位将军要撤换了！他对北非的局势过分悲观，显然是意大利军队的崩溃严重地影响了他的情绪。未来的北非战场必将是艰难而残酷的，这样意志薄弱的人无论如何也不能担此大任。看来，需要另找一位有名望的将军来指挥第五轻装师了。

接下来，希特勒想起了埃里克·冯·曼施坦因中将，也就是那位成功策划了入侵法国行动的谋略大师，他有勇有谋，完全可以胜任这个"非洲军团"总司令的位置，倒是有一点让希特勒心存顾虑，毕竟欧洲战场才是德意志帝国的主要战场，即将发起的"巴巴罗萨"行动更需要曼施坦因这样的将军，作为元首，他要让他的将军发挥出最大的价值，看来这个人选也不妥。

最终，被希特勒委以重任的是一位年轻的将军，他在西线战场上出尽了风头，在德国已成为一个家喻户晓的传奇人物，战败的战场上需要他的显赫名声，而且他还知道怎样激励部下，这个人就是曾担任过德国"魔鬼之师"师长、后来被称为"沙漠之狐"的隆美尔。

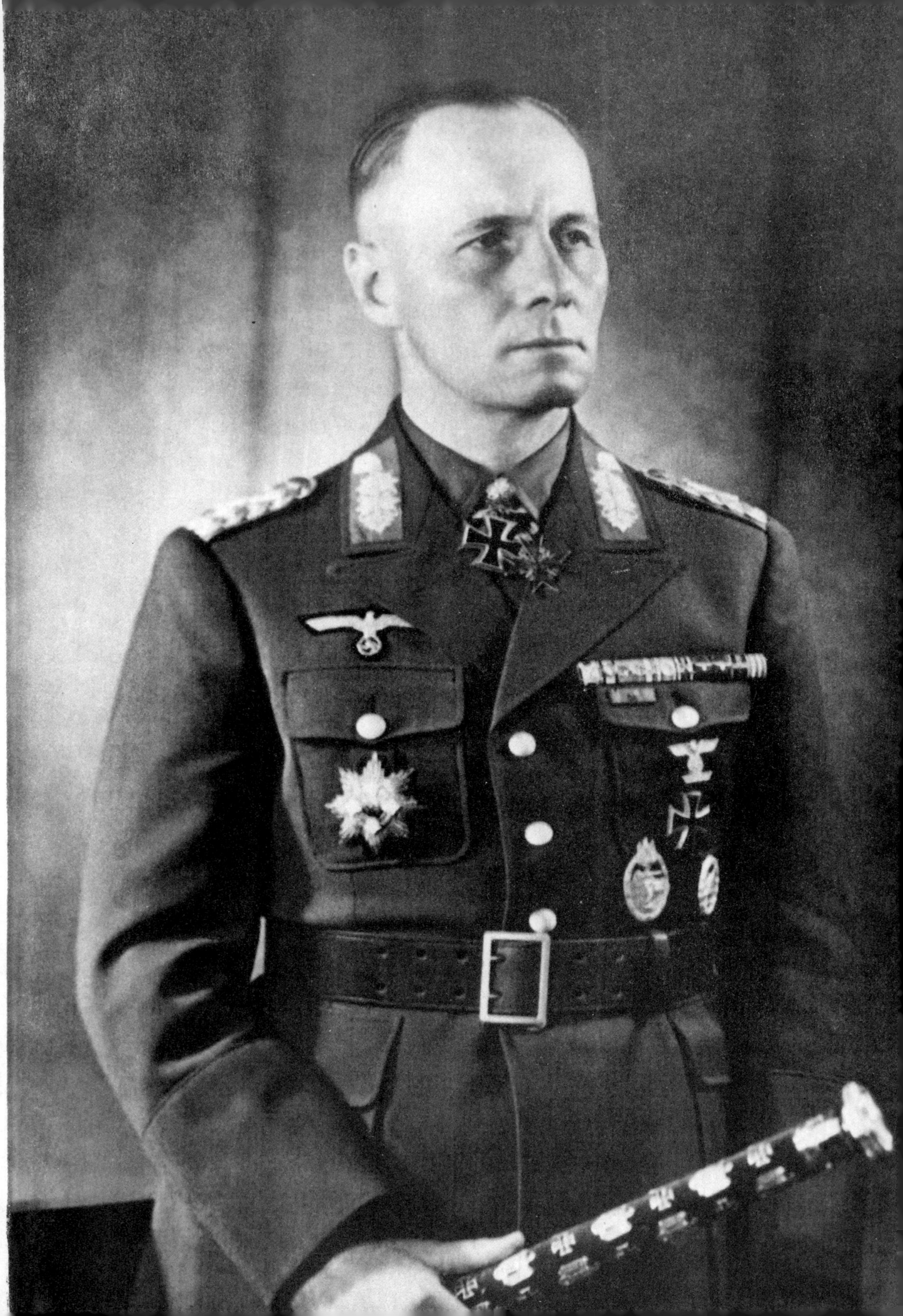

第 2 章

CHAPTER TWO

隆美尔横空出世

希特勒一直以厌恶和不安的心情关注着他的盟友在北非的一举一动，面对眼前的不利形势，他终于决定派出自己最信任的将军去收拾残局。隆美尔的到来，使北非的形势以不可思议的速度在逆转。隆美尔的血液里流淌着一种必须迅速实现欲望的"闪电战"精神，正是这种精神使他和他的"非洲军团"取得了节节胜利。在他来到北非沙漠后的第15周，德国人就已重新夺回哈尔法牙关，高傲地站在了通往埃及心脏地带的门户上。

☆ 隆美尔其人

茫茫无际的北非大漠显然是不太喜欢外人光顾的,尽管他们本身可能充满着无限的热情。漫漫黄沙中隐隐地散发出股股的热浪,简直可以让人窒息。在沙漠的边缘,一群群意大利人带着满脸的疲惫、恐惧和对失败的无奈,朝着的黎波里的方向毫无秩序地撤退。士兵们一个个身穿破烂不堪的军服,瞪着惊魂未定的双眼。稍有职业素养的军人都可以看出,已经没有什么人能够让这支军队重新振作起来,去投入新的战斗了。

这是1941年2月12日的中午。

就在这支溃败的意大利军队上空,油光闪亮的德国"容克"式轰炸机像一只鲨鱼从地中海的那边飞过来,盘旋一圈后降落在的黎波里以南24公里处的贝尼托垦机场。待这架双引擎轰炸机停稳后,舱门立即开启,走下来一位矮个子的德国军官,从他肩章上那耀眼的两颗星可以看出,他是德国军队的一名陆军中将。

这是一位标准的军人,甚至可以称得上是位美男子。他有着健壮挺拔的身躯,轮廓分明的脸庞,宽阔匀称的额头,还有着挺直的鼻梁和突起的颧骨,小巧的嘴巴上有两片绷紧的嘴唇和一剀带有轻蔑之意的下巴,从鼻孔到嘴角有几根严厉的线条,然而,当这些线条舒展开的时候,却显示出了一种近乎狡诈的东西。在那双碧蓝的眼睛里还含有一种清醒、敏锐、善于判断并能看穿一切的气质。

他就是埃尔文·隆美尔,德国陆军中最富传奇色彩的年轻装甲兵指挥官。他这次来利比亚肩负的任务就是阻止英国人把德国的毫无战斗力的意大利同盟军彻底赶出北非。

埃尔文·隆美尔,1891年出生于德国符腾堡州的首府乌耳姆,祖父和父亲都是地位卑下的小学教师，家境一般。按照德国军队的传统，不是贵族出身和军人世家子弟的人是很难晋升到将军的。但隆美尔自己的卓越表现和传奇经历使他攀上了军人生涯的最高峰，他能获得陆军元帅军衔在德国陆军史上被看做是一件不可思议的事情。

受"铁血宰相"俾斯麦倡导的军国主义思想的熏陶，普鲁士帝国时代的人们对军人有着一种近乎狂热的崇拜和向往。女人们热衷于追求年轻的军官，男人们见面则互致军礼，这种"尚武"的风气深深地影响了少年时代的隆美尔，出身卑微的他发誓将来要努力使自己成为一位受人尊敬的将军。

1910年，隆美尔应征入伍，来到本地的步兵团受训，这是那个时代每一个德国青年的必然选择。由于他训练刻苦，素质过硬，颇得上司的赏识，使得他很快就被列入了候补军官的名单。不久，他又进入了军官学校，接受了为期9个月的培训，毕业之后成了一名令人羡慕的少尉军官。

自从穿上军装、踏进军营的那一时刻起，争强好胜的隆美尔就被一种建功立业、出人头地的渴望折磨着，他时时刻刻都在祈求战争的降临，渴望能够在战火纷飞的战场上一试身手。

第一次世界大战的爆发，给年轻气盛的隆美尔提供了大显身手的机会，他凭借自己的献身精神和出色指挥，屡屡在战场上以少胜多、出奇制胜。他曾经率20名德国士兵一举俘虏过400多名罗马尼亚士兵，也曾经以100人的兵力攻占过意大利人重兵防守的战略高地，迫使1,200名意大利士兵举起了双手。更令人惊叹的是，他敢于率一支孤军深入敌后，连续强行军50多个小时，以区区百人的兵力俘虏了150名意大利军官和大约9,000名意大利士兵。战场上的累累战功使得年轻的隆美尔名声大振，勇冠三军，成了全德国家喻户晓的传奇式人物，为表彰他的卓越战绩，德皇威廉二世授予了他最高荣誉勋章。

一战的失败使德国失去了大片的国土和全部的殖民地，也使勇敢善战的隆美尔一下子失去了用武之地。由于有特殊的战功，他被幸运地留在了大规模裁减之后仅

▲ 1912年，身为新兵教员的隆美尔，眼神中透着孤傲和自信。

▲ 一战中，24岁的隆美尔在法国作战。刚刚伤愈的他在战壕中摆出一副永不服输的斗士姿势。

仅保留了 4,000 名军官的陆军当中。

这位战场上的佼佼者在和平年代迅速失去了光彩，以致于当年狂热崇拜过他的人们几乎快把他忘记了。平淡无奇的生活使他的升迁之路变得坎坷而漫长，从 1918 年晋升上尉起，这一军衔竟然整整伴随了他 12 年，这足以使任何一个雄心勃勃的年轻军官变得丧失信心、不思进取。

1933 年，已晋升少校的隆美尔奉调戈斯拉尔任步兵营长。这期间，他将自己在军官学校任时的讲义整理出版，书名叫做《步兵战术》。这本书一经问世，就引起了德国军事专家们的极大关注和推崇，随后几年该书一再重印，并引起了纳粹党魁希特勒的注意。

机会，似乎在向这位上一次世界大战的英雄招手了。

苏台德危机爆发后，希特勒任命隆美尔担任他的领袖警卫营中校营长，不久又晋升为上校。一直到德军大规模入侵捷克时，隆美尔一直担任着希特勒的卫队长，堪称天子近臣。

1940 年 2 月，希特勒决心要在西线发动一场大攻势，一举击败英法联军。希特勒决定放虎出山，让自己肓头的猎鹰去自由搏击长空。

他问隆美尔："我决定让你去当一名师长，你愿意选择哪一个师？"

"亲爱的元帅，我愿意得到一个装甲师。"

大战在即，隆美尔如愿以偿地出任第 7 装甲师少将师长。儿时的将军之梦得以实现，不禁使隆美尔大喜过望。他洋洋得意却又不失幽默地对他的妻子说："装甲师师长这个差事对于那些陆军总部的绅士们来说是不合适的，而对我来说却是如虎添翼。"

在他的领导下，第 7 师的装甲车一路轰隆地开过法国。如果说在一战时隆美尔是靠士兵们的体力和意志来体现他灵活、快速、机敏的战术手段的话，那么现在所进行的这场战争，则要把他极富创造性和冒险性的卓越战术交由汽车轮子和坦克履带来实现了。开战伊始，隆美尔就率他的装甲师一路打头阵。战斗中他灵活指挥，身先士卒。他们行动神速大胆,一天就能开过240公里,经常突如其来地出现在法军防线的背后。

在他凶猛灵活的攻击面前,闻名于世的马其诺防线形同虚设,身经百战的英法联军变得不堪一击。隆美尔的钢铁洪流似一股狂飙席卷着整个西欧大地,他让顽固而保守的英法将军们领教了一种全新的战法——闪电战。纳粹的宣传机器为隆美尔大造声势,把他捧为新德国将军的典范。

装甲7师迅速成为整个西线战役最耀眼的明星,他们仅以伤亡2,000余人的代价,取得了俘虏英法联军近10万人,缴获坦克和装甲车485辆,卡车近4,000辆,火炮数万门的辉煌战果。

埃尔文·隆美尔又一次成了德国公众心目中的传奇式的英雄。卓越的战功使他获得了中将军衔,而他所统率的装甲7师也获得了一个令人恐怖的称号——"魔鬼之师"。

利用西线战争的间隙,隆美尔奉命回到德国小憩。一天,他突然接到元首的副官亲自送来的命令:"隆美尔中将,命你速来柏林与元首会面。"

隆美尔顾不上和久别重逢的妻子告别,匆匆打点了一下行装,便随副官来到了希特勒的办公室。

希特勒见到自己的爱将非常高兴,西线的巨大胜利使得这个战争狂人踌躇满志,仿佛整个世界都在他的掌握之中。他热烈地和隆美尔握手,并对他在战场上所取得的辉煌战绩表示了由衷的祝贺。

寒暄一番之后,一向思维敏捷的希特勒突然话锋一转,对隆美尔说:"将军,你了解北非近来的情况吗?"

"不太清楚,元首阁下,我只是在广播里听到了一些消息,而这些消息似乎都不是什么好消息。"隆美尔很坦白地说。

"是的,我们那位无能的意大利盟友把事情弄得一团糟。"希特勒对隆美尔说,"墨索里尼原本打算趁英军被我们打得落花流水之时,在北非大捞一把,没料想他

▲ 1941年3月，德国第5轻型装甲团的先遣部队在的黎波里登陆。

那支不争气的军队根本就不是英国人的对手，尝到了苦头的他有意让我们和他共享这颗该死的苦果。"

隆美尔全神贯注，聆听着希特勒那极富煽动性的话语。

"意大利人在北非快要支撑不住了，而一旦他们被赶出北非，就意味着我们将失去地中海，这对我们未来的作战计划无疑具有重大的影响。"

"我们又能够做些什么呢？"若有所思的隆美尔轻声问道。

"在成事不足、败事有余的墨索里尼还没有吃到足够的苦头之前，我们什么也不必做。而现在他已经被打得奄奄一息，似乎我们不能再袖手旁观了。"希特勒盯着隆美尔，认真地说，"我准备派你去非洲，去担任我们即将组建的非洲远征军的司令官。北非那令人恐惧的沙漠和恶劣的气候，将会迫使我们不得不在困境中作战，我想我们的军队需要一位意志坚强的指挥官。当然，我不会让你单枪匹马、两手空空地去非洲，你将得到至少两个装甲师和几个人数众多的意大利师。"

隆美尔一听心中大喜，激动地说："多谢元首的信任，我一定竭尽全力，不辜负元首的期望。"

非洲的艰苦是显而易见的，但和能够指挥千军万马的"司令官"一职比较起来，那点困难根本算不了什么。

隆美尔心花怒放，简直认为他是一个十足的幸运儿。

隆美尔的欣然从命令希特勒笑逐颜开："你到了非洲之后，在那里的最高军事长官名义上是意大利的加里波第上将，但对你有直接指挥权的是最高统帅部，你明白我的意思吗？"

隆美尔心领神会，意味深长地点了点头。

勘察完北非的地形，隆美尔期待的就是元首允诺的两个德国装甲师尽快到来。已被失败笼罩的意大利人急需一次胜利来使他们恢复信心，但这个胜利指望他们是不行的，他们已经被英国人吓成了"惊弓之鸟"。

　　1941年2月14日，一艘运兵船在意大利殖民帝国最明亮的珍珠——的黎波里港口处，越过了一艘毁坏的救护艇。隆美尔的先头部队，德国第5轻型装甲师到了，士兵们整齐地排列在甲板上，心情激动地看着这片对他们来说异常神秘的非洲大陆。望着那些熠熠闪光的白色建筑，掌形的植物以及宽阔的林阴大道，有些人甚至开始觉得他们将会爱上这个地方。

　　第2天，隆美尔在的黎波里市中心广场上举行了盛大的阅兵式。身穿新式热带军服、胸前佩戴着令人生畏的骷髅头徽章的德国士兵雄赳赳地接受了他们所崇拜的司令官隆美尔中将的检阅，一辆辆涂上了像黄沙一样颜色的坦克和装甲车隆隆地驶过，把整个的黎波里都震得微微发抖。一连几天几夜，坦克一辆接一辆地驶过，把当地人看得目瞪口呆。

　　其实，这是一向狡诈的隆美尔为迷惑英国人而玩耍的把戏。为了对付英军的侦察，隆美尔命令部下用木头和纸板做了几百辆十分逼真的假坦克，借以刺激一下早已失去了斗志的意大利人，顺便也吓一吓早已严阵以待的英国人。而真正的坦克则为了避开敌机拍照，井井有条地转动着履带开过了茫茫的沙漠。

　　"我们要让敌人猜猜我们的实力，也可以说是让他们猜猜我们的弱点，一直到第5轻型装甲师的其余部队都到达这里为止。"这是隆美尔对坦克团指挥官的指示。

　　然而，还没等"非洲军团"的装甲部队全部到达，崇尚进攻的隆美尔就迫不及待地命令先期到达的第5装甲师发动了进攻。战前的一些欺骗手段使得英军确信隆美尔拥有一支数量惊人的坦克部队，因此他们认为任何抵抗都是徒劳的。在隆美尔半真半假、虚张声势的进攻面前，慑于他善战之名的英国人开始了总退却。

　　名将出马，果然身手不凡，隆美尔似乎天生就是英国人的克星。在接下来的一系列战斗中，英军真可谓吃尽了苦头，他们对隆美尔简直恨之入骨，然而又无可奈何。他们送了隆美尔一个十分不雅却异常形象的外号——沙漠之狐。

☆ 进攻就是最好的防守

在飞机上的隆美尔着迷似的俯瞰着撒哈拉大沙漠这块禁地: 被太阳烤得灼热的利比亚沙漠向东绵延1,930多公里，一直深入埃及。除了意大利人修建的沿地中海公路, 这块从狭窄的沿海平原上升到裸露着鹅卵石的暗紫色高原的土地几乎没有容易辨认出的标志。只有在沿海的城镇附近, 由于意大利军队修建了一些灌溉系统, 才有那么一点点绿色。在其他地段, 碎石路像一条黑色的带子穿过荒芜的原野, 眼睛所望之处, 既看不到树, 也看不到灌木。

令隆美尔惊喜的是, 在靠近北边的海面上, 运输船正运来他的部队。他深信, 用不了多久, "非洲军团"的军官和战士都将成为传奇式人物, 被供奉在纳粹国防军的神殿里。但是现在, 他也很清楚自己所处的是怎样的困境。阿道夫·希特勒的军队没有一支适合在非洲作战, 习惯于北欧温和气候的德国军人将有很多麻烦去对付通常超过华氏120度的夏日高温, 而且, 每当肆虐的沙尘暴从南边的撒哈拉大沙漠刮过来时, 气温还会更高。除了这些, 士兵们必须随身携带每一种生活必需品, 尤其是水, 因为沙漠里除了成群的黑蚊子和沙漠跳蚤以及四处蔓生的带刺灌木外, 一无所有。

然而, 当别人只看到充满敌意的沙漠、毫无准备的部队和遭人责备的盟国军队时, 隆美尔却看到了机会。他不是第一位看出沙漠与大海有类似之处的战术家, 这两种地理环境都浩瀚无边, 只有靠日月星辰和罗盘才能通行。但他认为, 正如大海是海军驰骋的疆场, 沙漠将是坦克的天然舞台, 非常适合快速大胆的军事行动, 这种新战术在他曾经率领德军装甲师征服法国的闪电战中运用过, 他很快将把这一想法再一次大胆地付诸实施。

目前，他最需要关注的问题就是让士气低落的意大利军队重新振作起来。他下定决心："必须马上采取示法使英国人的进攻停止下来。"在贝达富姆大灾难后，英军已沿着公路向西移动了差不多160多公里，到了昔兰尼加与的黎波里坦尼亚交界处的阿吉拉镇。在英国军队与的黎波里之间，只有644公里的路程。

隆美尔很快挑起了肩上的重任，尽管根据希特勒和墨索里尼之间达成的一项微妙协议，他应该隶属于意大利军官。在他的鼓励下，没过多久，德国空军已经开始绕过意大利人，直接向希特勒请示批准对最近失去的班加西港实施轰炸；而意大利人反对轰炸，因为他们的许多军官在那附近地区有豪华别墅。希特勒与墨索里尼斡旋，最终允许德军轰炸班加西的码头。

接下来，隆美尔劝说已经取代格拉齐亚尼的加里波第将军在的黎波里以东402公里的海边村庄塞尔特修筑一条新的防御线。然后，在意大利两支步兵师和装备着60辆过时坦克的"亚丽埃特"装甲师向塞尔特开进时，隆美尔等待着他的第5轻型装甲师其余部队的到来。

2月24日，在诺菲利亚以东121公里处，德军与英军第一次遭遇。第3侦察分队的装甲车队和摩托化队与英国的装甲车队和反坦克炮队交火。"非洲军团"的第一次战斗就取得了胜利，他们击毁了英军的3辆装甲车，抓获了3名英军，而他们自己却毫无损失。

尽管隆美尔认为这是一个"好的征兆"，不过他还是很惊奇英军很少出来活动。他刚来到利比亚时，就期待能在的黎波里会一会那些据说很会打仗的英军，但此时此刻他看不出英军有任何迹象要从他们在昔兰尼加的新基地继续推进。

隆美尔未曾意识到的是，在2月11日，即他抵达非洲的前一天，英国最高司令部已经决定撤走在北非的军队，以组织一支远征队赶赴希腊增援。应该说，对轴心国和同盟国双边来讲，希腊目前的形势都显得异常复杂且充满危险。意大利人的入侵像他们在埃及一样，愚蠢而笨拙，根本没有获得任何成功；希腊人尽管装备很差，人员很少，但凭借勇猛和顽强的战斗精神，反而使罗马军团连遭失败。

▲ 1941 年 5 月，隆美尔在野外指挥部指挥对利比亚托布鲁克的围攻行动。

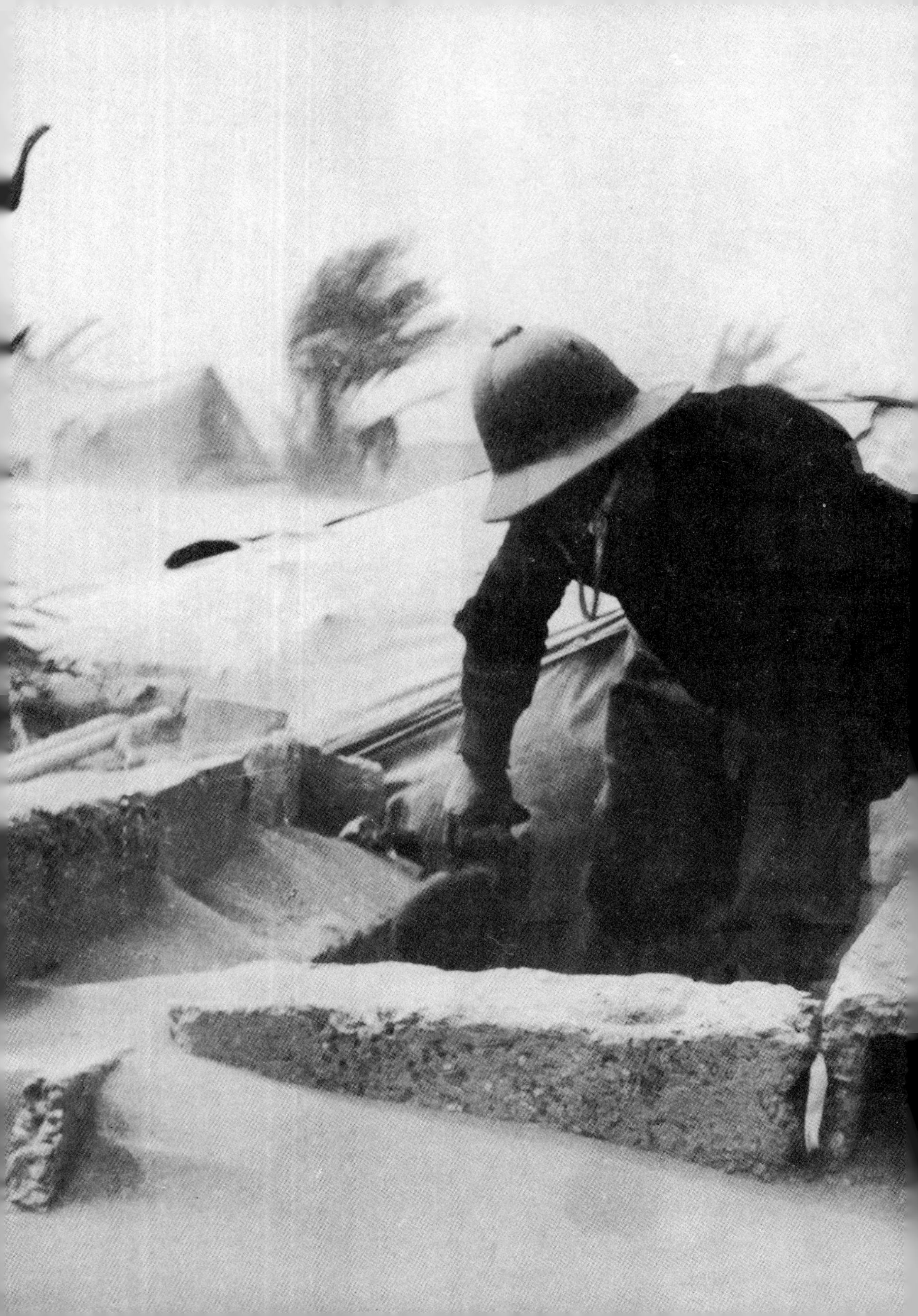

▲ 一名意大利士兵在狂风中奋力前行。

THE BATTLE OF

EL-ALAMEIN 二战经典战役全记录
征战阿拉曼

▲ 进入沙漠的"非洲军团"士兵都戴着严实的防风眼镜。

英国首相温斯顿·丘吉尔本人也怀疑，无论是在利比亚还是在希腊，希特勒都会被迫赶去援救他的轴心国同盟。丘吉尔本人也打算履行他早就对希腊人许下的诺言，即希腊在遭到德国攻击时，英国必须援助。在随后而来的军事冲突中，德国人将把英国人赶出大陆，把战争舞台移到了战略要地克里特岛，在那里展开了大战开始以来最血腥的一次战斗。

然而，眼下让隆美尔感到最要紧的是他的部队竟然出现了延误。第5轻型坦克师中由古斯塔夫·波纳特中校率领的最精锐的第8机枪营于2月25日才到达，这使隆美尔已没有充足的时间来训练他的作战人员。许多天来，除了几次有关热带常见病的令人毛骨悚然的讲座外，"非洲军团"未受到任何专门训练，部队将士们对他们即将承担的使命实际上并没有妥当的准备，这从一件小事上就很容易看得出来。第531炊事连带来了许多个烧木材用的炉子，到了沙漠他们才发现，这里根本就没有树木，燃料必须从意大利用船运来。

部队的沙漠训练课包括连续不断的野外练习和学会如何穿越茫茫戈壁。同时，士兵们不用人教，自己就学会了如何忍受酷热和对付成群讨厌的黑蚊子、贪婪的沙漠跳蚤以及无孔不入的黄色沙尘。隆美尔要求自己和参谋部各位军官与士兵共患难。为了磨练参谋部的意志，他把总部从的黎波里的"文明开化地区"移到了塞尔特的简陋营地。

"非洲军团"在人数上和沙漠知识方面都在增长，但在装甲师到来之前，隆美尔的心里感觉不到舒服。英国人和澳大利亚人一路向西追赶意大利人，他们追了800多公里的那种出色表现，已经毫无疑问地证明了坦克在沙漠战争中的价值。为了造出装甲力量的假象，隆美尔让设在的黎波里附近的车间制作了几十辆木头加帆布的假坦克，装在"大众"车的车架上，即使在期待已久的第5装甲团后来真正运来了150辆坦克时，他仍然采用这一骗人花招。

在的黎波里检阅装甲部队时，为了给当地的间谍密探留下印象，隆美尔故意让那些还未涂上沙漠伪装色的庞然大物围着街区跑了几趟，以造成数量庞大的假象。

隆美尔还非常懂得去抓住士兵的心。他曾宣称："最重要的是，一名指挥官必须与他的部下尽量建立起一种个人的、同志般的关系。通过这样的心理控制技巧，部队的作战能力可以大大地提高。"

为了达到这样的目的，"沙漠之狐"非常注重在普通士兵中走动，与他们一同吃饭，同甘苦，共患难。

一名参谋部军官记录道："将军觉得非常有必要见一见那些直接面对敌人作战的士兵，他愿意跟他们说话，爬到他们的掩体中跟他们聊上一会儿。"这样做的结果使非洲军团的士兵们与他们的司令之间建立起了一种精神上的纽带关系。

隆美尔的作战行动官梅伦廷少校对他评价更高："他知道如何让部队感觉到某种不朽。"

3月19日，隆美尔飞往柏林，他希望为即将进行的大规模进攻赢得上司们的支持和鼓励。希特勒利用这次机会给他授予了"铁十字"勋章，以表彰他在法国的功绩。但是，人人都在忙着准备即将到来的入侵希腊和苏联的行动，根本无暇考虑派更多的部队去支援基本上被视为"穿插表演"的北非战场。

德军最高统帅部以口头和书面两种形式指示隆美尔继续坚持防守，直到5月下旬第15装甲师如期到来，到那时，他才可以进行有限的进攻行动。如果成功的话，他可以长驱直入，一直打到昔兰尼加西部的阿格达比亚，但是，无论在什么情况下，他都不能把"非洲军团"推进至班加西以北地区。

3月21日，隆美尔失望地飞回北非，从来都是自作主张的他决定违背这项命令行事。他同意对英国在塞尔特以东282公里的阿吉拉的先头部队立即采取进攻。

3月24日，由第3侦察大队的摩托车队、装甲车队和汽车队组成的一支混合力量开进了阿吉拉，坦克如潮水般地滚过战场，履带搅起一缕缕浓密的沙土，座舱里的嘈杂声震耳欲聋。随着驾驶员把操纵杆压低或抬起，320马力的引擎时而咆哮时而奔腾，很快，他们几乎不费一枪一炮就攻占了巴比亚峡谷旁边的一座要塞。

英国军队如此快地放弃了阿吉拉，使隆美尔感到奇怪："敌军怎么不像想像的

▲ 虽然没有飞行执照，但隆美尔非常热衷于飞行，并经常亲自架驶飞机在沙漠中进行侦察。

▲ 隆美尔经常乘着装甲指挥车到前沿阵地视察。

那么强大可怕呢？"德国空军的侦察、无线电通讯的窃听、隆美尔自己对战场的敏锐感觉等种种迹象都暗示出英军的软弱。事实上，英军的力量比隆美尔感觉的还要脆弱。在派往希腊的经过重新改编的部队中，有两个在北非击溃意大利军队的战役中表现出色的师已经被经验欠缺、实力不足的另一支部队取代了。

英国在北非的总司令韦维尔将军对这些缺陷很不满意。然而，他认为隆美尔仅仅是在进行攻击性的巡逻战，而不是真正意义的进攻战。韦维尔之所以产生这样的想法是因为他窃听了北非与柏林之间通过无线电进行的高级绝密谈话，这使他很清楚地知道，柏林不允许隆美尔在5月下旬之前采取进攻战。

然而，韦维尔能读到隆美尔的邮件，却读不到他的心。3月30日，即占领阿吉拉一周后，"非洲军团"又攻击了英军在梅尔莎布列加的新据点。

随着第5装甲团向前挺进，站在坦克旋转枪架上的杰哈德·克莱因正要开火，但马上看出那个出现的东西只不过是一头被惊吓的骆驼，在它的后面才是咆哮而来的装甲车。英国人不是那么容易被打败的，德国人的进攻在密集的炮火下无法向前推进。但在下午晚些时候，隆美尔命令用斯图卡轰炸机俯冲轰炸英军炮队，然后他又派出第8机枪营配合攻击。同时，第2机枪营迅速通过山区，从侧翼包围了防守者。当天晚上，英国人放弃了梅尔莎布列加，这座弹痕累累、到处都是白色房子的小镇回响着"非洲军团"的嘹亮口号声。

4月2日，德军在斯特莱克将军率领下追赶了80公里，一直追到海岸公路的下一个城镇阿格达比亚。当天下午3点半，第5装甲团的几支队伍在公路以南进行了一次小规模的战斗，当时他们碰巧撞上一群巧妙隐藏在贝都因人帐篷里的英国巡逻坦克。德军马上从惊奇中反应过来，在威力强劲的88毫米大炮的支持下，他们击毁了7辆英军坦克，而自己损失了3辆。英国军队受不了这样的打击，因为它的第2装甲师现在剩下的坦克还不到50辆。

半小时后，阿格达比亚也被攻下来了。这时的隆美尔比任何时候都更肯定自己的计划。现在刚4月份，他已经取得最高统帅部定在6月初的目标。特别值得一提的是，他只是刚刚开始追击，还没有尽全力地打上一场漂亮仗。接下来，隆美尔决定一直紧追撤退的敌军，争取一鼓作气拿下整个昔兰尼加。

第2天，当隆美尔准备向利比亚进发时，他那位名义上的意大利上司加里波第赶到了阿格达比亚。加里波第很气愤，他咆哮道："你赶快给我停止进攻，罗马和柏林都没有授权这次行动。"

就在两位将军相互生气地争论时，一名传令兵递给隆美尔一份电文。隆美尔大致看了看，便咧开嘴笑了。电文是德国最高统帅部发过来的，隆美尔以胜利者的口吻宣布："柏林给我完全的行动自由。"

实际上，命令刚好相反，电文里给他提出了严厉的批评，并坚持要"非洲军团"停止前进。但是，隆美尔的虚张声势完全起到了作用，加里波第让步了。

☆ 重新夺回哈尔法牙关

在接下来的行动里，隆美尔摒弃了所谓"不得分化部队"的传统军事原则。他把他手下的德国及意大利部队打散分化成4支纵队，每个纵队都有坦克、装甲车和卡车运送的步兵。然后他叫他们保持大致平行的队伍，分别朝北和朝东挺进昔兰尼加半岛。

一直很活跃的第3侦察大队沿着海岸公路向北挺进，占领英军放弃的班加西港，然后向东穿过沙漠，直捣梅智利的英军基地。第2支纵队跟随第1纵队到达班加西后，继续沿着海岸公路向德尔纳进发。在南边，第3支纵队由波纳特的机枪队和赫伯特·奥尔布里奇指挥的第5装甲团打头阵，将穿越沙漠经姆塞斯绿洲向梅智利挺进。最南边的第4纵队将直奔沙漠中心，通过一条古老的商旅小径前往梅智利以南64公里的腾格德尔。隆美尔希望，通过这4支强大部队的快速穿插，可以截断正在撤退的英国部队，并迫使他们参战。

沙漠，使一项本已艰难的计划更加复杂化了。除了海岸公路上的那支部队外，隆美尔的其他几支部队都遇到了残酷的沙漠荒原。汽车的车轴陷入柔软的沙子中，不适应沙漠气候条件的引擎因过热而卡住，其他机器里也塞满了沙尘。一队坦克在穿越一片干涸的盐碱地时，看到前面好像有一个巨大的湖泊，但等到走近才发现原来是海市蜃楼。最糟糕的是，被贝都因人称作"基布利风"的狂猛沙尘暴会突然袭击似的从撒哈拉大沙漠那边随风刮来，它可使温度上升到华氏130度，乌云般的细沙使能见度降到几乎为零。

隆美尔像一只老鹰看着自己的手下人遭受这些考验。当他不在士兵们中间时，他就在头顶的侦察机里，时而四处盘旋看看有没有走失的部队，时而低空飞行，鼓

▲ 1941年，德国"非洲军团"已经做好了与英军一决高下的战前准备。

▲ 德国新式Ⅲ型坦克源源不断地被运往北非战场。

励将士们继续前进。一天早晨,他把一支正在撤退的英军车队误认为是自己的部队,差一点儿停在了他们当中。当飞行员和隆美尔看清了英国兵头上戴的钢盔时,飞行员在最后时刻把飞机拉了起来。

隆美尔甚至经常不让飞机着陆就发号施令。一支机械化部队疲惫不堪地停下稍稍喘息时,抬头看了一下,只见一个小盒子从飞机上掉下来,盒子里的命令是:"你们再不立即前进,我就下来了。隆美尔。"

大批撤退的士兵正在熙熙攘攘地挤进土耳其人当年在梅智利修筑的一处要塞。隆美尔立即命令3支沙漠纵队向那里汇合。不过,说起来容易做起来难,4月6日清晨,隆美尔本人离要塞只有十几公里了,但他身边只有几个人。尽管他做了最大的努力,情况还是很糟糕,他的大批部队还散落在沙漠之中,没有燃料,饱受沙尘暴之苦,不知道确切位置。一些部队,尤其是拥有最多坦克的第5装甲团,根本联系不上,好像整个儿消失了。

气急败坏的隆美尔找到了第5轻型坦克师的指挥斯特莱克将军,"你今天下午3点必须要发起进攻!"

斯特莱克有些顾虑地说:"将军阁下,恐怕不行,因为我的部队大部分人还没有赶到。"

此刻的隆美尔整整齐齐地穿着羊毛长裤和灰色紧身上衣,正站在那儿汗流浃背,而他看见斯特莱克竟然穿着凉爽而舒服的卡其布短裤,隆美尔禁不住大声咆哮:"你简直是个懦夫。"

斯特莱克受不了这种侮辱,他气得一把抓住隆美尔的衣领,愤愤不平地解开自己去年在法国因为勇猛而获得的"铁十字"勋章,大声喊道:"你赶快把你的话收回去,否则我就把它扯下来扔在你的脚下。"

隆美尔一见事态不妙,假惺惺地向斯特莱克道了个歉,心里却暗暗发誓要尽早除掉这个不听话的家伙。

这是隆美尔心情不太好的时候,而即使在心情最好的时候,隆美尔也不是一个容易相处的人。他的一位朋友后来说："他极度地苛刻，不仅对别人，对他自己也是如此，他的身体内好像有一台永不停息的发动机。因为他自己毅力非凡，他也要求他的下属们同样如此，而根本没有意识到普通的正常人都有身体和心理上的限度。"

两天过后，隆美尔才终于集合起来足够的部队，他命令立即攻打梅智利。

那天，隆美尔坐在高高的飞机上观察战斗，有一次竟飞到了46米下的一支意大利步枪营的射击圈内，差点儿被子弹击中。几分钟后，隆美尔又让飞机降落，他想下来跟炮兵们谈谈。疏忽大意的飞行员在降落时不慎让飞机碰到了一座沙丘，结果折断了起落架。隆美尔急匆匆地打着旗号让身边经过的一辆卡车停下，而不走运的是，这辆卡车后来被沙尘暴困住了几个小时。隆美尔气极了："真他妈的是倒霉的一天！"

此时，战斗仍然在进行中。德意军队炮火齐射，使英国和英联邦国家的军队根本无法逃脱。而后，他们在仅有的几辆坦克和防空炮火的掩护下，由步兵向要塞发动猛攻。等到隆美尔以及落五的第5装甲师当天晚些时候终于赶到梅智利时，要塞已被攻下。

4月8日，隆美尔驱车50公里赶到海岸边的德尔纳。在那里，"非洲军团"取得了另一场大捷。两天前，他曾命令波纳特上校的第8机枪营截断英军沿巴比亚谷地的逃亡路线。波纳特及其手下的枪手们为了阻止英国人的一次突围，几乎快要弹尽粮绝，但他们感到很自豪，他们抓获了4名将军。其中一位将军是菲利普·尼姆中将。另一位是尼姆的前任，仅在5天前刚从埃及来监督尼姆的理查德·奥康纳将军。

奥康纳和尼姆被俘一事充分说明了这场奇怪战争的运气可以像沙漠的沙尘一样变化神速。仅仅两个月前，那位精瘦结实的小个头爱尔兰人奥康纳曾率领英国装甲军一路向西横扫昔兰尼加地区。而现在，隆美尔扭转了局面，乘坐一辆缴获来的"猛犸"指挥车滚滚向东而来。具有讽刺意味的是，正是这种指挥车载着奥康纳打

▲ 正在沙漠中行进的德军装甲部队。

▲ 德军坦克隆隆开进班加西。

赢了意大利人。

已经违抗命令横穿昔兰尼加2/3地区的隆美尔于4月10日冷静地告知他的"非洲军团"下一个雄心勃勃的目标：苏伊士运河。作为该计划的第一步，德国必须占领德尔纳以东161公里的战略要地托布鲁克港。该港控制着进入埃及的交通运输线。该城也是班加西以东最好的海港，能够缓解隆美尔的后勤问题。

在对托布鲁克发起攻击时，隆美尔匆忙调集第3侦察装甲车队、第8机枪营和一支反坦克炮兵营组成先头部队。他不用斯特莱克率领这支部队，而选用第15装甲师师长海因里希·冯·普里特维茨少将。普里特维茨急于参战，他已先于他的部队飞到前线。但是，他的第一次沙漠之战就成了他的最后一次，4月10日临近中午时分，在离托布鲁克10公里的地方，他正站在汽车里指挥他手下的一班新人时，一排反坦克弹击中了汽车，这位将军和他的司机当场身亡。

几小时后，当隆美尔正在托布鲁克南边进行侦察时，只见一辆英国指挥车风驰电掣般地向他这边冲过来。这是斯特莱克部队曾经缴获的那种指挥车。隆美尔命令一名士兵架起机枪正要准备射击时，指挥车来了一个急刹车，从车里跳出的正是斯特莱克，他大声叫喊着普里特维茨阵亡的消息。

隆美尔气愤地说："你怎么敢驾着一辆英国车在后面追我？我正要命令向你开枪呢。"

"开吧，如果那样，将军阁下，你一天之内就损失了两名装甲师师长。"

如果说斯特莱克在以前还未完全疏远隆美尔的话，那么他现在开始了。隆美尔愤怒地命令这位将军和他的下属第5装甲团团长赫伯特·奥尔布里奇上校继续向前推进，根本不顾部队将士们想要休整一下和补充给养的要求。

隆美尔始终认为，他面对的是一支准备作敦克尔克式大撤退的弱旅。他先是采取深入穿透的进攻法，结果造成的伤亡比预计的高出许多，然后又发动猛烈的轰击。4月12日，第8机枪营和20多辆装甲车一道发动了一次深入穿透，结果深陷在反坦克沟壑里动弹不得。德国人直到陷进去时才知道上了当，第8营只好在寒风

▲ 躲在掩体后面的"非洲军团"士兵。

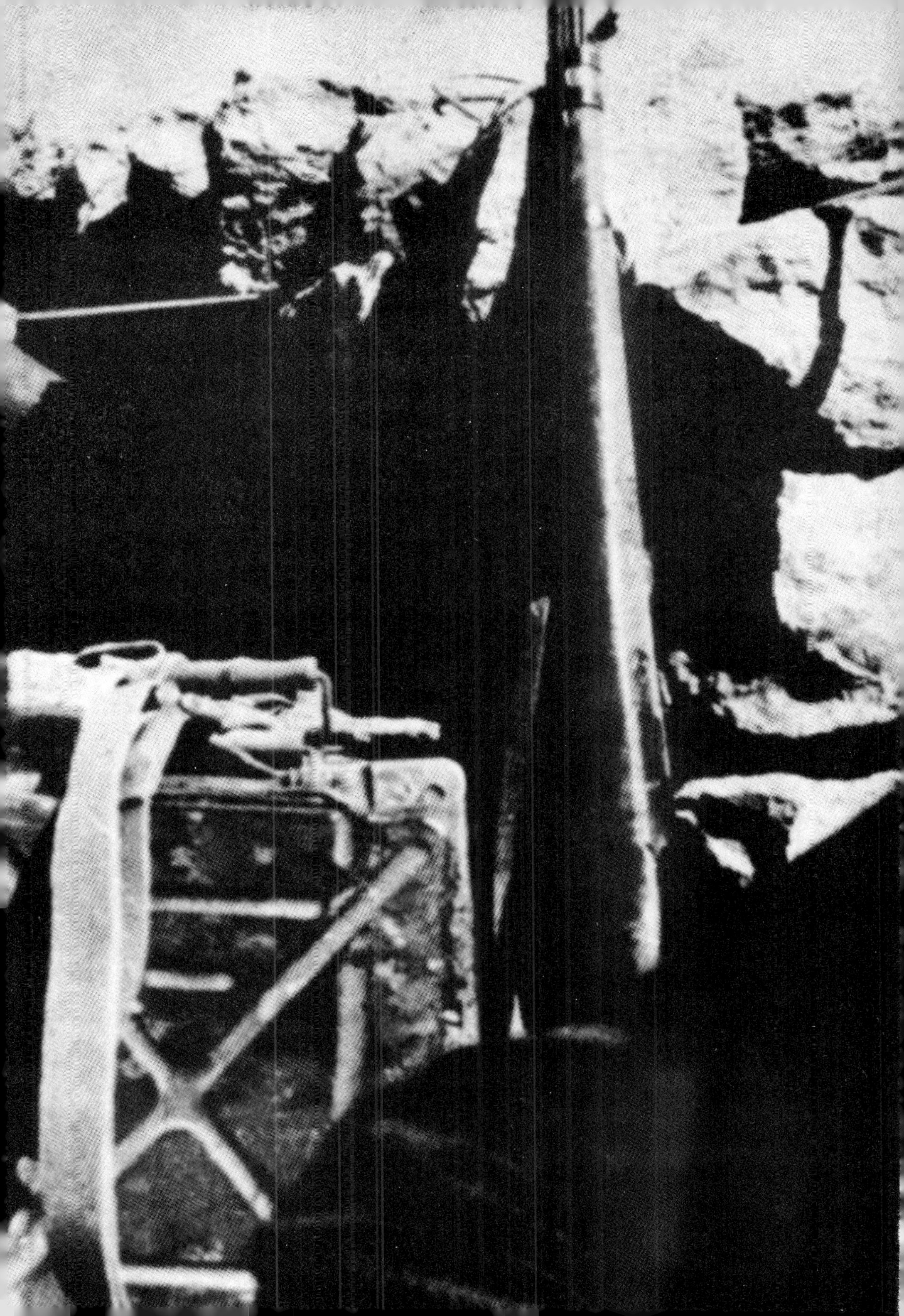

中挖了一个晚上的战壕。

第2天正好赶上复活节，隆美尔在地图上谋划了一次类似于在法国进行的"闪电战"进攻，由步兵和装甲兵共同完成。他是这样描述这一战术的："集中优势兵力于某一点，采取强行突破，攻占两翼，然后在敌人还未来得及反应之前像闪电一样穿透进去，直插敌人的后部。"

这次进攻计划定于4月13日黎明时分开始。为了掩护进攻，波纳特上校派遣他手下的一支机械化轻型高射炮炮队开到铁丝网边缘，然后叫第18高射炮团用88毫米口径大炮在后面支援。

对于隆美尔和他的"非洲军团"来说，在接下来的几周里一直未能攻克托布鲁克这块硬骨头，是一件很痛苦的事。他把复活节星期一的失败归罪于斯特莱克和奥尔布里奇，责怪他俩缺乏果断的决心。隆美尔很坚决地说："我一定要尽早解除他们的职务。"

4月27日，自20年代以来一直是隆美尔战友的保卢斯中将来到北非，他是德国最高统帅部的一名副参谋长，他正在抓紧宝贵的时间策划对苏联的进攻，这次被派往利比亚，是因为隆美尔的作战行动已使参谋长哈尔德上将大为惊愕。

两天以后，他亲眼目睹了自开战以来对托布鲁克最猛烈的攻击。当天晚上6点半左右，在炮兵队和斯图卡式轰炸机的一阵轰炸后，德军坦克和步兵从南北两侧向那座山头发动进攻。他们从山后攻占了209号高地，然后转而攻打托布鲁克。他们排成了一个5公里宽，3公里深的楔形队形冲进环形防线以内。夜间，装备着喷火器的战地工兵冲上前去喷射火焰，使附近据点里的盟军不得不跑出来。

第2天早晨，炮兵还在继续轰击这一地区，隆美尔走到已被攻占的掩体之间，像一位前线步兵一样匍匐前进。尽管隆美尔增加了援军，但双方一直僵持不下。5月4日，为了扩大战线，"非洲军团"付出了这次战斗开始以来最惨重的一次伤亡——1,200多人阵亡、受伤或失踪。保卢斯命令隆美尔停止进攻。事实上，他被伤亡的惨重和战斗的艰苦吓倒了，他在回柏林前，坚决要求隆美尔保持防守，直到供应短缺的问题得到缓解。

5月15日黎明时分，英国派出了55辆坦克和步兵大队参加进攻。意军很巧妙地一边打一边从哈尔法牙关撤退，英军坦克一直深入到利比亚境内十多公里的西迪阿则兹，但在那里，他们遇到了顽强的抵抗。意大利军队终于勇敢地战斗了一次。

第2天上午，德国人掌握了战斗的主动权。由隆美尔派过来支援的第8装甲团第1营和一个高射炮队赶到了西迪阿则兹。只剩下15辆坦克的赫尔夫马上在索卢姆对敌军的侧翼发动了一次突然反攻。损失18辆坦克的英军，于5月16日下午向东南方向撤退到哈尔法牙关，这是战斗的尾声了。代号为"英勇"的这场进攻战持续不到两天，英国人损失惨重，最后只是重新夺回了哈尔法牙关，而这个要塞他们将不会坚守得太久。

如果隆美尔允许他的对手占据哈尔法牙关高地，那他的部队在托布鲁克外围将很容易遭到尾部进攻。同样重要的是，哈尔法牙关高地高达152米的悬崖把埃及的沿海平原和利比亚的沙漠高原分隔开来，它是装甲车朝东西两个方向进攻的主要通道。

所以，5月26日晚上，隆美尔再次派遣汉斯·克拉默上校的第8装甲团及其支援力量从西南方向攻打关隘，同时让第104步兵团的一个营从东北方向发动正面进攻，步兵们冲上蛇形道路，与防守者展开了徒手搏斗。几个小时后，他们到达了关隘的顶部，与相反方向开过来的装甲兵会合。

这一天是5月27日，是埃尔文·隆美尔第一次看见浩瀚的北非沙漠后的第15周。在这段时间里，他的非洲军团挽救了德国的意大利盟军并向东推进了1,600多公里。现在，已经重新夺回哈尔法牙关的德国人站在了通往埃及心脏地带的门户上。

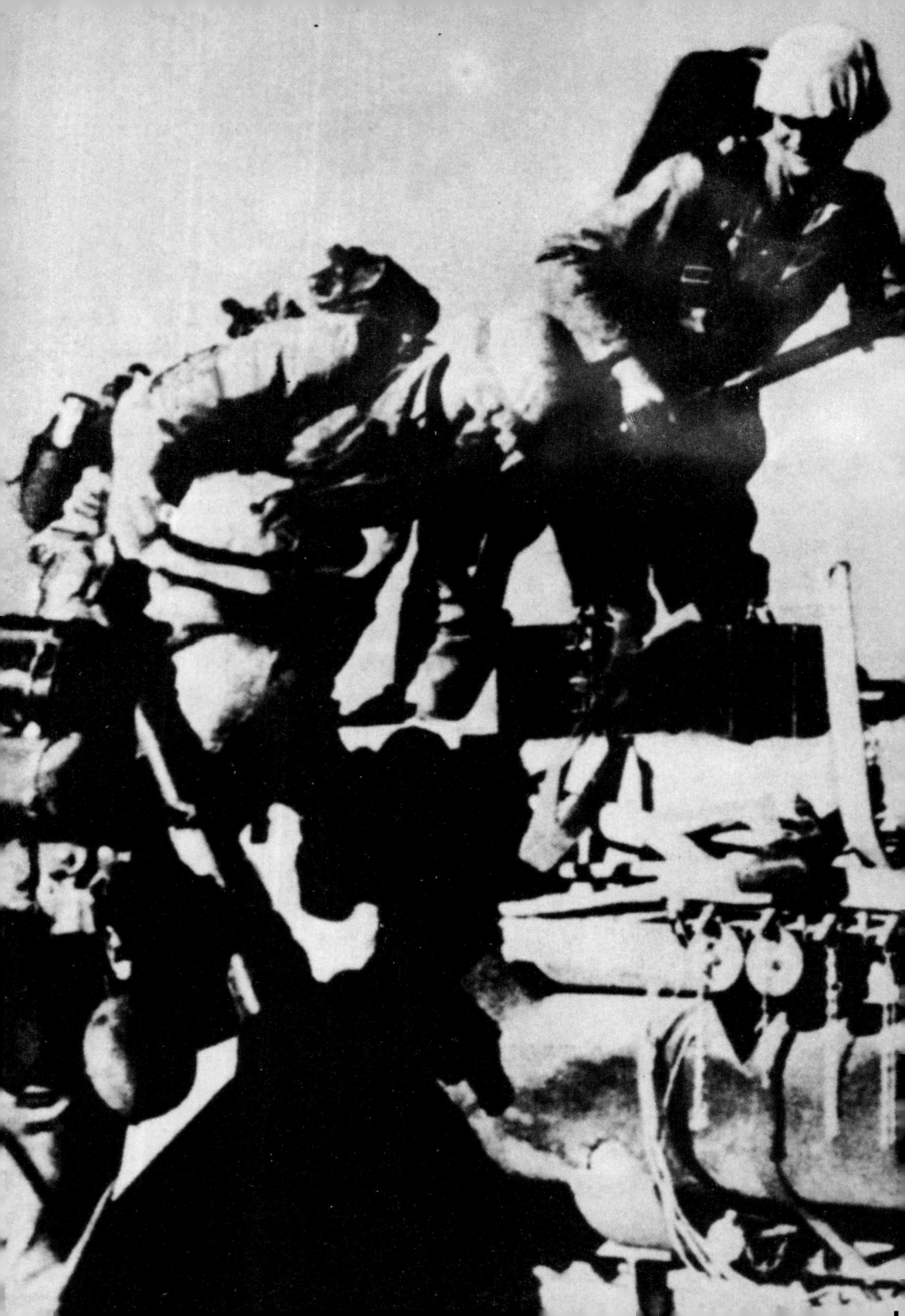

第3章

CHAPTER THREE

茫茫沙海中的激烈战斗

为了夺取一次决定性的胜利,韦维尔将军精心策划了代号为"战斧"的进攻战。英军虽实力占优,但终因指挥不得力而难逃失败的命运,韦维尔也告别了在北非的军旅生涯。接替他的奥钦莱克将军不甘示弱,"十字军战士行动"悄然开始,英德军队在沙漠里上演了战争史上最壮观的装甲车火并战。大喜过望的隆美尔仓促地做出了进攻托布鲁克的决定,在英军顽强的抵抗面前,托布鲁克久攻不下,补给不足的"非洲军团"只能无奈地选择全线撤退。

☆ 韦维尔泪别北非

1941 年的春天，隆美尔过得并不愉快，因为他和他的"非洲军团"屡次对托布鲁克发动进攻，却皆以失败收场。不过，他也从中总结出了一些经验教训，这令他对自己的最终胜利充满信心。

哈尔法牙关既控制着通往索卢姆的海岸公路，又控制着埃及沿海平原和利比亚沙漠之间的交界地区，战略位置非常关键。隆美尔把哈尔法牙关的指挥权交给了威勒姆·巴赫上尉，这是一位曾经当过牧师的狂热的好战分子，他最引以为傲的即是自己曾带领部队参加了 5 月底那次夺回哈尔法牙关的战斗。

隆美尔命令从哈尔法牙关向着沙漠高原修筑要塞防线，这条新修筑的防线有多处据点，其中包括卡普佐村以南 8 公里左右的 206 号据点和俯视卡普佐南翼的哈菲德山梁上的 208 号据点。如果巴赫指挥的德意军队能够守住哈尔法牙关，那其他据点就会形成一个很宽的弧形，逼迫英国装甲部队进入沙漠作战。

隆美尔对后方的安全不屑一顾，也不相信间接获得的报告，他每天都要亲临前线视察，以获得对战场的真正了解，他认为这是胜利的关键。隆美尔的一位军官回忆说："他在视察前线时，能够看到一切情况，如果大炮没有伪装得很充分，如果埋藏的地雷数量不够，如果常务巡逻兵没有足够的弹药，隆美尔都要亲自过问。"

6 月 14 日，隆美尔通过监听敌军电台得知，英军的进攻将于第 2 天早晨开始，他命令所有部队保持警戒。为了预先阻止托布鲁克的英军发动任何入侵行动，他在当天晚上月亮升起时便开始用大炮轰击城里。隆美乐的战斗命令简洁明了、一语中的："哈尔法牙关一定会守住的！敌人一定会被打败！"

英国和英联邦国家的军队则远没有这么充分的准备，当然也就缺乏足够的自

▲ 1941 年，隆美尔正在对他的士兵即兴演讲。

信。由于"英勇行动"计划的失败，韦维尔将军心里承受着来自伦敦上司们的巨大压力。为了在北非挽回些面子，他精心策划了一个代号叫"战斧行动"的进攻计划。该计划由佩尔斯爵士中将具体负责实施，目标是摧毁隆美尔在哈尔法牙关的部队，以缓解托布鲁克的压力，然后把轴心国部队尽可能地往西驱赶。

应该说，"战斧行动"计划的准备是不够充分的。新组成的第 8 军并不是一支训练有素的整体，它的许多队伍都是从正规编制单位中抽调出来的。更糟糕的是，"马蒂尔达"坦克行进的速度太慢了，而且装甲兵和步兵之间又无法进行有效的通讯联络。佩尔斯也不像隆美尔那样喜欢待在战场的附近，他把总部设在离利比亚边境有 97 公里的西迪巴拉尼，这使得他根本无法根据战场上出现的新情况作出及时准确的调整。

　　6月15日拂晓，英军的进攻全面展开。

　　中路的坦克团向着卡普措堡方向前进。由于该团全部装备令人生畏的"马蒂尔达"重型坦克，所以防守阵地的德军第8机枪营对它毫无办法，反坦克炮弹打在装甲上全被弹了回来，这使德军官兵感到一筹莫展。毫无顾虑的英军坦克在德军阵地上纵横驰骋，来回碾压，将一门门德国大炮碾得粉碎，德军炮手们惊恐万分，四散奔逃，卡普措堡被英军顺利攻下了。

　　中路英军攻击得手，但北路的英军则没有那么走运。虽然他们也拥有令人生畏的"马蒂尔达"坦克，但这种坦克的威力被隆美尔在情急之下闪现出来的一个灵感火花给抵消了。

　　目睹了英军坦克在德军反坦克炮面前横冲直撞，隆美尔心疾如焚，他知道这场战役的胜负将决定于他能否找到一种对付这种坦克的办法。突然，这位学生时代的数学高材生将目光停留在了几门88毫米的高射炮上，他立即命令巴赫和他的士兵们把炮管放平，时刻准备着向前来进攻的"马蒂尔达"坦克射击。

　　巴赫上尉和他的手下人穿着汗渍斑斑的衣服在哈尔法牙关上的据点里彻夜等待着，他们忍受着沙漠跳蚤的无情进攻，一有空闲就偷偷打个盹儿。沙漠中的白昼来得很突然，凌晨4点时，月光已变成了阳光。随着一阵马达声的响起，远处出现了缕缕沙尘。当轰隆隆的装甲车队跃入眼帘时，人们的神经开始绷紧了。炮弹的刺耳声宣布了英军又一次攻击的开始。

　　随着盟军的脚步声越来越清晰，久久等待的德军终于忍不住了，巴赫上尉终于发出了开火的命令。88毫米的大炮发出印度军队以前从未经历过的响声。很快，其他反坦克炮火也加入进来，好几辆"马蒂尔达"坦克顷刻间冒出浓烟，停了下来，履带、炮架和金属碎片散落一地。被毁坏的坦克后面的印度步兵拼命地试图往前冲，但在密集的炮火下，这是根本不可能的。英国的大炮瞄准意大利的炮兵阵地一阵猛打，但还是无法压制住。同时，德国的炮队继续轰击，迫使英军节节撤退。

　　巴赫上尉和他的部队顽强地守住了关隘。

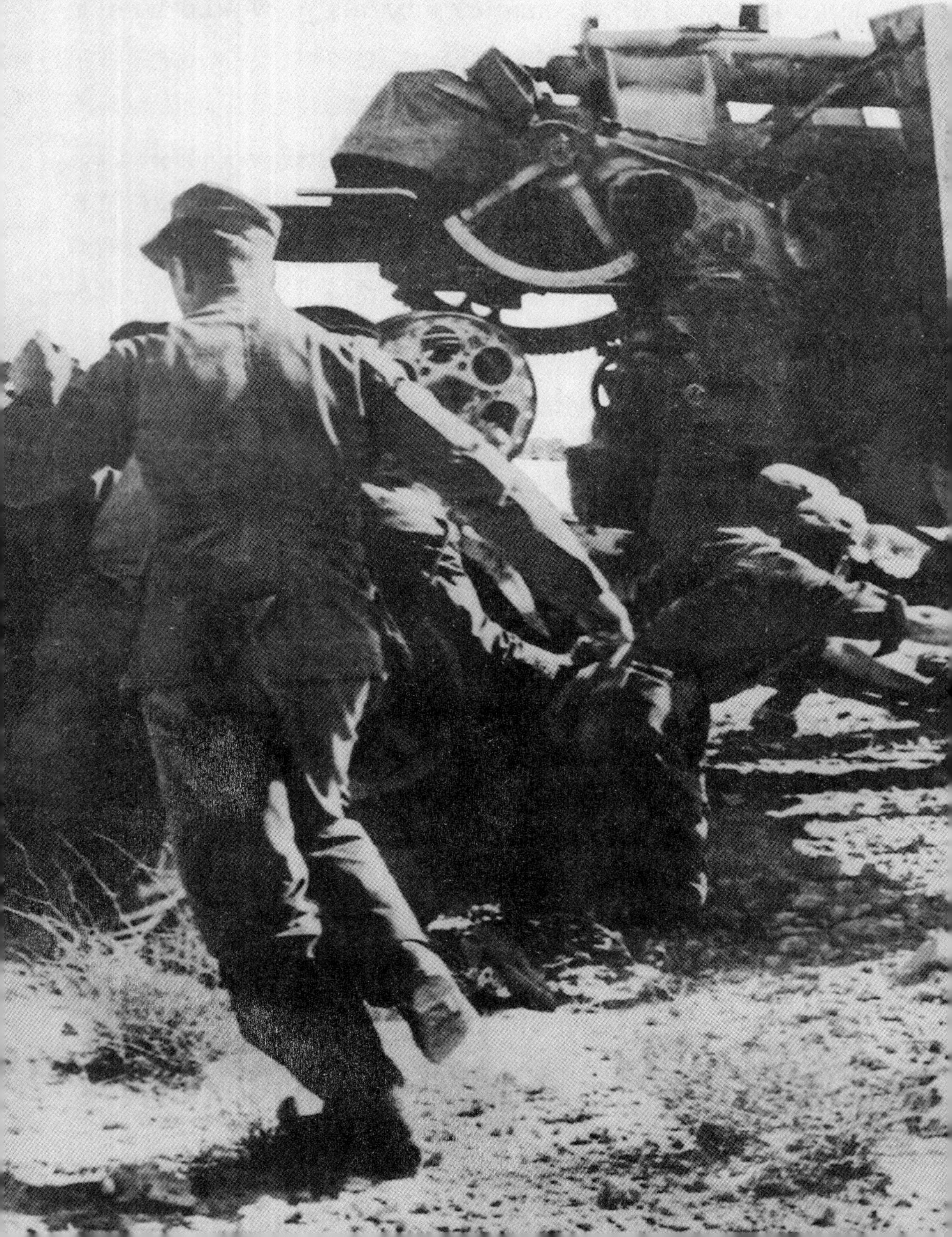

▲ 德国炮兵在沙漠中奋力推一门88毫米高射炮。

▲ 在与隆美尔军队的战斗中被击毁的英军坦克。

▲ 英国军队在撤退中遗弃的损毁的大炮。

高炮低射成了隆美尔挫败丘吉尔"战斧"计划的关键。他马上把仅有的12门高射炮分成两组，一组放在性命攸关的哈勒法山隘口，一组放在了另一个战略要地，即英国人南路进攻的目标——哈菲德岭。这一创举使得进攻哈菲德岭的英军损失惨重，防守的德军第15装甲师几乎没费吹灰之力，就让英国人60多辆灵活的坦克变成了大漠中的堆堆废铁。

到了夜间，疲惫的英国人停止了进攻，这使隆美尔赢得了宝贵的调整部署的机会。一向动若脱兔的他马上命令第5轻装甲师和第15装甲师全部撤出战斗，集中全力于拂晓前插到英军的侧翼，以一记漂亮的右勾拳把英国人赶下地中海。

正在正面战场上聚精会神地准备次日进攻的英军万万没有想到隆美尔从侧面杀来，顿时陷入了混乱之中。隆美尔当机立断，决定来它个乱中求胜，他命令自己的两个装甲师向英军发动坚决的钳形攻势，用他的话说："一直打到坦克的汽油烧完为止。"

当天的战斗结束后，隆美尔把他手下各位军官的报告以及无线电窃听到的情报结合在一起，得出了一套很清晰的作战思路。当晚，他便有了一个大胆的计划：由第15装甲师向卡普佐的梅塞韦部队发动反攻，同时，第5轻型坦克师向西迪欧马进发，然后转到东边攻打西迪苏来曼，最后与哈尔法牙关的德军会合，切断英军的通讯联络线。

6月16日黎明，第15装甲师向卡普佐的英国第22护卫大队和第7装甲大队发动了反攻，但经过5个小时的疯狂战斗，它损失了80辆坦克中的50辆，不得不被迫停止反攻。到中午时分，英军攻克了位于卡普佐和索卢姆之间的穆塞德，威胁着巴迪亚。但在那里，它们的进攻逐渐弱了下来，因为装备精良的英国坦克修理站设在遥远的后方，为数不多的随军修理队人员自然感到十分恐慌。

当夜幕降临时，梅塞韦越来越担心他的左翼。他的担心是很有道理的，他的第4装甲大队在超负荷地抵抗着德军的第15装甲师，而第7装甲大队和各个支援小组在一场猛烈的坦克大战中被德军的第5轻型坦克击退了，这场坦克大战发生在哈菲德山梁和西南方向的西迪欧马之间的沙漠中。

　　除了突然袭击外，德军在随后的许多胜利都要归功于一种大胆的新战术：德军装甲师不采用坦克对坦克的作战方式，而是用反坦克大炮来对付英国的坦克。这种反坦克大炮由一种特别设计的拖车拖运着，一旦碰上敌人，司机马上停车，炮手架起大炮就能立即开火，这凶猛的火力具有足以致命的效果。

　　6月17日凌晨，第5轻型坦克师的先头部队攻进了西迪苏莱曼，那里的英军装甲部队只剩下22辆巡逻坦克和17辆"马蒂尔达"坦克，即将陷入全军覆没的危险。这天的战斗还在进行之中，隆美尔的信号窃听部截获到一则无线电报告："焦躁不安的英国人正在抱怨燃料和军火严重短缺。"显然，英军虽然守住了前线，但他们与后方的联系已被德国人切断了。

　　6月17日中午，佩尔斯和韦维尔一同飞往梅塞韦的指挥部，希望调集第7装甲师发动一次反攻。但是，形势已无法挽救了，梅塞韦早就正确判断出他的部队将在卡普佐和哈尔法牙关被诱擒，所以已经命令印度第4师撤回，他特别强调责任由他本人来负。

　　韦维尔被这消息惊呆了，他取消了要求第7装甲师发动反攻的命令，并要求全线撤退。韦维尔认为梅塞韦的决定是明智的，尽管作出这个决定没有得到上级的同意。事实上，正是这次撤退挽救了第8军。在3天的战斗中，英国和英联邦国家的军队伤亡人数总共不到1,000人，然而，士兵们的生命虽然保住了，但他们的士气却受到了严重的打击，它们的装甲部队更是呈现出一片惨烈的景象。

　　6月18日，隆美尔离开指挥部，驱车看望他那些筋疲力尽的德国和意大利士兵，并向他们致谢。看着这些喜气洋洋的面孔，他不由得感到欣慰，受到鼓舞。在这次战斗中，他仅把每天的战斗情况向柏林做一次扼要的报告，而现在他可要沾沾自喜地宣告自己这一难忘的胜利了。他声称自己的部队摧毁了敌军180到200辆坦克，几天后又把这个数字夸张地修改为250辆。其实准确的数字是，英国共损失91辆坦克。然而，德国损失的坦克加起来只有25辆，这却是不争的事实。

▲ 隆美尔和手下将领视察托布鲁克地区时的情景。

    1941年的整个6月，对于隆美尔来说都是令人愉快的日子。他以卓越的战斗和严格的训练赢得了胜利，以至连盟军将士们每每谈起隆美尔和他的坦克时，都不免流露出敬畏的神情。在国内，隆美尔的声誉也同样达到了顶点。在希特勒的提议下，49岁的隆美尔被晋升为上将。自开战以来，在短短两年时间里，他由一名中校一跃而成了一名德军陆军中最年轻的上将。

    一个只有49岁的人成了一名上将！这就意味着，尽管在托布鲁克的那几个星期有过难堪的争论，但隆美尔确实已经像玫瑰花一样绚丽芬芳了。只是他自己本人好像并没有太多的激动，听到这个消息后，他只是淡淡地说："这当然是令人高兴的事，然而如果有可能的话，我还会将自己的肩章上添上更多的星。"

    初夏的天亮得很早，四下里一片静悄悄的。树叶在晨光中轻轻颤抖，一抹朝阳洒进了中东英军总部。韦维尔将军坐在办公桌后宽大的扶手椅上，收音机里正广播着最新的消息:"今天清晨4时,德国以300多万军队、3,000辆坦克和近2,000架飞机,对苏联发动了突然袭击,苏联军队正在斯大林将军的领导下,奋起反击……"

韦维尔再次拿起桌子上摊着的那张纸:"首相致韦维尔将军:奥钦莱克将军将接替你的职位担任中东英军总司令,而你是一名无与伦比的优秀人才和十分杰出的军官,将填补英印总司令的空缺职位。"

看着"优秀人才""杰出军官"这样的字眼,韦维尔心里不禁阵阵苦笑,这其中的酸楚和苦涩恐怕只有他自己才能体会得到。他很清楚,自己在北非的使命已经结束了,可为什么去印度?难道真的去摇动那些印度榕树吗?传说中那是一种能产生金币的树,能够让人发财走运。韦维尔认为自己无论再怎样摇也不会有什么好运了,北非的失败会让人永远记住他的名字,这样的屈辱连神奇的印度榕树也无可奈何。

对于韦维尔来说,这场失败终止了他在北非的长期军旅生涯。他给英国最高司令部的报告显示了他无所畏惧的勇气:"我不得不遗憾地向大家报告:'战斧行动'失败了,而全部责任都在我……"将一切过失归于自己是韦维尔的一贯作风。将军一夜之间老了10岁,头发全白了,步伐都变得异常沉重。

☆ "十字军战士行动"

使韦维尔解职的这场战役却使隆美尔坐稳了职位,它代表了隆美尔的装甲部队第一次决定性地战胜了同样强大的盟军。另外,还进一步证实了他原来取得的胜利不是纯粹依靠运气,还在于他大胆的战术和亲自督阵指挥的风格。

在这场战役胜利后,隆美尔花了3天时间巡视战场,向他的将士们表示祝贺。在哈尔法牙关,他尤其赞扬了巴赫上尉,并建议给他授予一枚"铁十字"勋章,提发他当少校。这期间,隆美尔的军团在壮大,他的手下也越来越对这位指挥官充满信任。

尽管人员和物资短缺,隆美尔还是准备攻打托布鲁克。他选择了一些进攻点,把大炮瞄准要塞。他不知疲倦地在沙漠里到处巡视,穿梭于封锁线前沿哨所之间,经常事先不打招呼就突然出现,以监视要塞的修建情况,研究最新的形势报告。

频频告急的北非态势,使得丘吉尔不得不再次从极其复杂的战争局势中冷静下来。他后来在《第二次世界大战回忆录》中写道:"北非目前的惨败状况,我是有责任的。不该急于把部分兵力调往希腊,而应该乘胜扩大战果。因为这给希特勒钻了一个不小的空子……当然,韦维尔也是有责任的,他不是一个很称职的指挥员。"

到北非接替韦维尔中东英军司令职务的是一名叫做克劳德·奥钦莱克的将军。奥钦莱克时年57岁,人赠绰号"海雀"。曾先后就读于桑赫斯特皇家军事学院和帝国国防学院,参加过阿富汗战争、缅甸战争和第一次世界大战,就任前为驻印度英军总司令。他意志坚定、精明过人、作战经验丰富,备受士兵们爱戴。在丘吉尔眼里,他是最为合适的人选。但是他也有明显的不足之处,那就是盲目自信,并且缺乏沙漠作战的经验。

上任伊始,奥钦莱克按照丘吉尔的指令,将西部沙漠部队扩编为第8集团军,由在东非肃清意军作战有功的艾伦·坎宁安中将任司令。集团军下辖第13军和第30军,分别是由戈德温·奥斯汀中将和诺里中将任军长。这样,整个北非的英军共拥有4个师3个旅,总兵力达13万人,配备"马蒂尔达"、"瓦伦丁"等坦克710辆,其中200辆为步兵坦克。

面对英军大兵云集之势,隆美尔不敢继续玩弄他那"瞒天过海"的把戏,遂针锋相对地调兵遣将、改编部队。他将第5轻型装甲师改为第21装甲师,并重新组建一个"非洲师",还把麾下的意军从3个师扩编为1个装甲师、5个步兵师。

两虎相争,必有一败,重兵对垒的英德双方究竟谁能赢得这场战争的胜利呢?

▲ 这是一个简单的追悼仪式：在英军对圣纳泽尔的突袭行动失败后，德军在牺牲的英军突击队员的棺木上覆盖了一面英国国旗，其他被俘的英突击队员从棺木旁经过。

　　11月18日，英军在经过4个多月的精心准备之后，主动发起了迄今为止英国在沙漠战场上最大的一次攻势——"十字军战士行动"。其战略目的是拖住并消灭德军装甲部队，解救围困于托布鲁克的守军，重新夺回整个昔兰尼加，并最终占领的黎波里。丘吉尔对这次战役寄予极大希望，他希望"十字军"行动能成为与布莱尼姆和滑铁卢之战相媲美的战斗。

　　奥钦莱克已经仔细考虑过了：由阿兰·坎宁安中将指挥的第8集团军来执行此次行动，作为主要的进攻部队，第30军的装甲部队将穿过马达莱纳附近的埃及边界，然后呈一个大弧形向西北方向进军到一个叫加布沙的地方，奥钦莱克希望在这里迫使隆美尔的装甲兵作战。在击败"非洲军团"后，第30军将继续推进到西迪雷泽周围的一片高地，与托布鲁克守军中的一支突围出来的部队会合。同时，位于第30军北翼的第13军步兵推进到索卢姆－西迪欧马防线，英军将尽力战斗到最后一刻，直到第30军歼灭那两支德国装甲师。

如果说"十字军战士行动"计划书本气太浓，那么英国人在向加布沙利进发前5小时试图采用的计划就带有冒险小说的味道了。

那是一个风雨交加的夜晚，汹涌的海浪咆哮着撞击着礁岩，发出了巨大的响声。一支英军突击队乘坐着橡皮艇驶向海岸，他们的目标是一举干掉岸上的隆美尔和他的总参谋部。突击队员们上岸后迅速整好了队形，然后按照英国特工和阿拉伯人合作者提供的情报采取行动，直奔贝达里托利亚，冲进他们认为是隆美尔总部的地点。然而，接下来的情况是，他们不仅走错了屋子，而且还由于慌乱而误伤了自己人。

暗杀隆美尔的行动注定要失败，因为英军根本不知隆美尔本人当时仍然还在意大利。突击队员们在先后杀死了4名德国人后，有的被打死，有的被抓获。当然，他们攻击昔兰尼加和亚波罗尼亚的目标也就跟着落空了。

英国突击队员门的刺杀行动并没有动摇隆美尔。他把这看做是一次孤立的事件，而不是一次大规模进攻前的序曲。

11月17日，即英军进攻日的前一天，即英军试图直取隆美尔性命的那一天，一场前所未有的大暴雨袭击了轴心国占领的昔兰尼加地区。这场罕见的暴雨使干涸的河床上突然间发了洪水，冲毁了桥梁，淹没了装备，大洪水使他们的机场成了一片泥潭，飞机根本无法起飞降落。一切侦察飞机都暂停了。正因为如此，英军在沙漠中新建立起的好几处供应站都未被德军侦察机发现。

18日晌午时分，英军开始进攻。英国皇家陆军第7装甲师在新任师长戈特中将的率领下，再度领衔主演，活跃在战场的最前沿。左翼装7旅一马当先，沿托布鲁克向西迪拉杰特前进，敏捷地穿过一条横跨沙漠的古老的贩运奴隶的小

▲ 1942 年 10 月 23 日，英军士兵在一处山坡上准备发起进攻。

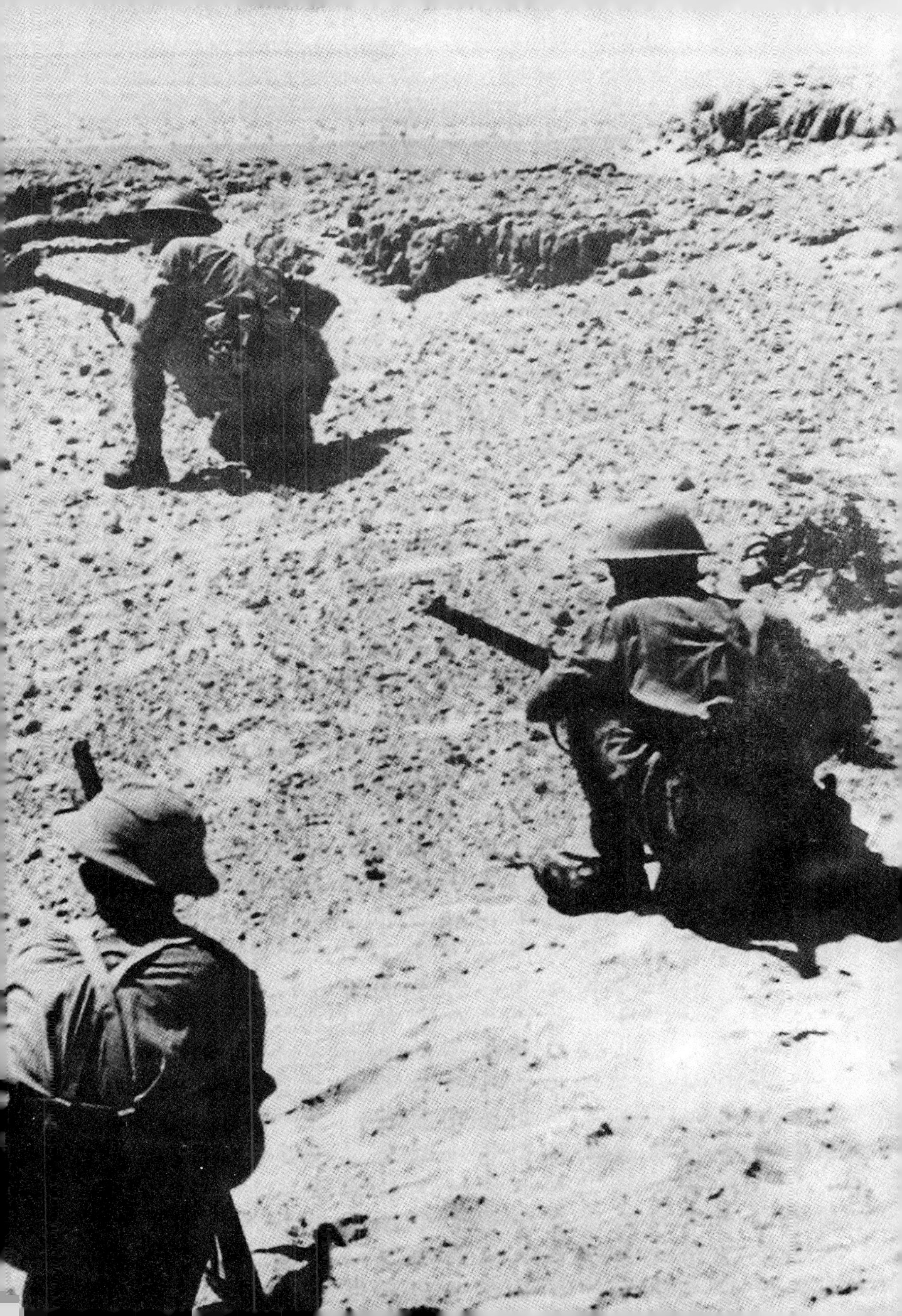

道，顺利地抵达目的地。右翼装4旅正与德军外围的游动侦察分队进行小规模的冲突，第22装甲旅则从另一路快速穿插，在傍晚时分便停顿休整，距目的地仅20公里。

在英军发起强大的攻势时，由于行动隐蔽，计划周密，致使德意军队事先并无丝毫察觉。虽然有消息报告说有一队坦克沿途驶来，但隆美尔误以为只是英军的小股侦察分队，是试探性行动，因此未加理睬，仍一心一意地在拜尔迪耶指挥部筹划对托布鲁克的进攻计划。

"司令阁下，空军已发现众多敌军坦克在前线一带集结，侦察袭击不可能动用这么多兵力，这足以说明英军是在进行一次大规模反攻，所以我们必须给予充分重视。"非洲装甲军新任军长克鲁威尔将军试图说服隆美尔。

"那你说该怎么办？"隆美尔问他。

"我已和拜尔林参谋长商量过了，决定让腊芬斯坦的第21装甲师的一个坦克团派往加布尔萨拉。"

隆美尔显然是生气了："不行，我们不能过早向敌人暴露自己的真实目的。"

18日整个下午，克鲁威尔将军和他的高级指挥官们对侦察部队看到几股分散敌军的报告开始警觉起来。克鲁威尔命令第15装甲师开进沙漠腹地，以对付可能发生的袭击，然后于晚上10点钟赶到隆美尔设在甘布特的总部，向他汇报情况，隆美尔仍坚持认为，英军只是想骚扰一下德军，并嘲讽道："我们千万不能神经错乱。"尽管隆美尔反对，克鲁威尔并没有收回他的命令。这对隆美尔来说真是幸运，德国的"非洲装甲车"与英国的第8集团军即将展开角斗，这是战争史上最壮观的装甲车火并战之一。

19日清晨，英军装7师第22旅向比尔古比发起了猛烈的攻击，这是一支由义勇军骑兵联队改建的装甲部队，是第一次参加沙漠作战，经验相对缺乏，但他们英勇强悍，求胜心切，发扬骑兵冲锋时的作战风格，全速冲击意军阵地。无奈这种勇敢的精神缺乏灵活性和针对性，好像红了眼的赌徒一样容易给精明的对手看出破绽。结果第22装甲旅在意军强烈的反坦克火炮的打击下，伤亡惨重，4个小时之内便有半数以上坦克被毁，另有30多辆坦克因各种故障而瘫痪在沙漠里不能动弹。虽然也有个别坦克侥幸躲过猛烈的炮火，单枪匹马地冲进了意军阵地，但终因后续不力，缺乏步兵协同而退出阵地。

第22装甲旅在付出惨重的代价之后，终于慢慢地进至托布鲁克郊区。与此同时，装7师第2坦克团和第7轻骑兵队袭击了托布鲁克西南侧的西迪拉杰特，抢占了飞机场，焚烧了跑道上的飞机，并以机场为中心，四处扩大战果，对德军空中运输线造成了极其严重的威胁。

有关第7装甲师活动的报告使克鲁威尔将军相信，英国人的确正在准备发动一次大规模的进攻战，征得隆美尔同意后，克鲁威尔从第21装甲师抽调出一支由120辆坦克，12门野战炮和4门88毫米大炮组成的部队，前去支援侦察部队。这支前去增援的部队刚好与盖特豪斯的第4装甲大队迎头相撞，在这场双方坦克数量相同的猛烈战斗中，德国人大占上风，他们把23辆"斯图亚特"坦克打得动弹不得，而自己只损失了几辆装甲车。

11月20日，双方都想更清楚地搞懂对方的意图。克鲁威尔做出了自己的行动计划，他假设敌军分成了三部分：一部在加布沙利，另一部在西迪雷泽，第三部就是曾经把第3侦察分队一直追过卡普佐的那支部队。他决定不采取一系列小规模冲突的作战方式，而应该集中他的装甲力量，全力消灭敌军纵队。

第一次遭遇战将在加布沙利打响。坎宁安的监测器偷听到了克鲁威尔的计划，使得英军的准备相当充分。隆美尔意识到他的部队正面临的危险，决定把"非洲军团"集中在西迪雷泽。当天下午，德国的装甲部队给英国人来了个措手不及。机场周围高地上的88毫米大炮和反坦克大炮重创英国第22装甲大队，迫使它撤退，79辆坦克只剩下了34辆。第7装甲大队情况更惨，只剩下10辆坦克。同时，德军的第15装甲师从对面的西边开过来参加战斗。很碰巧，德国人开往战场的道路要直接经过英国第4装甲大队扎营的地带。夕阳西下后不久，德军装甲师冲进第4装甲

89

大队的指挥部，抓获了 267 人和 50 辆坦克。

　　这次战役使双方都遭受了空前损失。遭到克鲁威尔部队最猛烈进攻的南非第 5 大队作为一支战斗力量已不复存在，它损失了几乎所有的炮兵部队和反坦克大炮，还有 224 名人员阵亡，379 名受伤，2,791 名被俘。在参战的德国 150 辆装甲车中，有 70 辆已失去了战斗力。德军机械化步兵师的大多数军官和军士已伤亡。

　　西迪雷泽的这次坦克大战可能具有决定性的意义，但战斗还远远没有结束。隆美尔认为威胁托布鲁克的大部分力量已被摧毁，现在，必须趁敌军撤退之机最大程度地给予突然打击，尽快把德军的全体部队推向西迪欧马。

　　21 日夜，战场渐渐地平静下来，英德双方似乎有了约定一样，都在利用短暂的时间补充油料弹药和给养。装 7 师师长戈特面对上任伊始的战争惨败，陷入了深深的痛苦之中。这位被称为"扫荡者"的中将，素以勇猛著称，但是他缺乏沙漠作战的指挥经验，对战争的复杂性认识不足，对作战部队缺乏统一的协调，致使部队处于兵力分散，被动挨打的局面。

　　要想赢得胜利，必须先发制人，这是戈特痛苦反思后得出的主要结论。可正当英军厉兵秣马准备于天亮前出其不意发起攻击时，德军已抢先一步。其第 15 装甲师早已趁夜色迂回到英军装 7 师背后，占据了西北侧的有利地形，于 22 日拂晓向装 7 师发起了攻击。戈特一夜冥思苦想的计划化为泡影。正准备披挂上阵的英军遭到了德军猛烈的炮火打击，一时阵脚大乱，只得连连后撤。

　　这一天，恰是德国的"烈士星期日"，是德国人纪念在第一次世界大战中死难同胞的日子。昔日的耻辱似乎唤起了他们誓死雪耻的无穷力量。德国人如愿了，他们把这一天改成了英国人的纪念日，因为英军装 7 师遭受了自沙漠开战以来最为惨重的损失。

　　事后，隆美尔曾洋洋得意地说："那一天，我内心舒畅极了，因为我再次体会了作为一名帝国军人的荣耀而不是过去的屈辱。当然，这得感谢英国人，是他们送来了一个绝好的礼物。"

☆ 无奈的撤退

11月24日，隆美尔的车行驶在第21装甲师的最前面，指挥德国装甲兵开始了一次疯狂追击，完全不顾英国军队对他们侧翼的威胁。当天下午晚些时候，隆美尔到达了边境线一带，他身后的"非洲军团"在沙漠上拉开了长达60多公里的战线。他的大胆行动使第30军陷入混乱。

晚上，在边境线的埃及这一边，载着隆美尔的车抛锚了，隆美尔跳上克鲁威尔的装甲车，亲自驾驶，费劲地沿着铁丝网障碍物缓慢行进，试图寻找一条撤回的路。当德国人在盲目冒险时，坎宁安却感到绝望，因为他的主要装甲力量已被摧毁，隆美尔又在后面追赶，他觉得只能撤退，别无选择。

这一天下午，坎宁安乘飞机去视察奥斯汀所部。在飞机沿前线铁丝网上空返回时，坎宁安漫不经心地向下看去，不禁大吃一惊：只见一场坦克战正在进行中，隆美尔正向第8集团军的水源及补给基地挺进。他停在离基地24公里的地方，还不知道基地就在前面。那是4个师所依赖的水源基地。司令部的人员几乎不相信坎宁安看到的这一切，他们在一起吵吵嚷嚷，议论纷纷。

第2天，奥钦莱克急急飞抵位于马列达蒙娜堡的英军前线指挥部。在听取了冗长的例行性战况汇报后，他极其严肃而又慎重地说："先生们，你们必须清醒地看到，导致我们战争失利的，不是因为德军如何强大，如何坚不可摧，而是因为你们对敌人同样惨重的损失视而不见，而只顾一味地撤退。不难看出，你们完全是败在你们自己手里。"

话虽不多，却使在场的指挥员们抬不起头来。第8集团军司令坎宁安更是无言以对，坐立不安。当奥钦莱克继而宣布首相指令，由陆军少将尼尔·里奇接替坎宁安的职务时，他才慢慢地由不安、迷惑到震惊、失望，最终流出了两行浑浊的眼泪。

坎宁安后来住进了医院，医生发现，他患有严重的精神紧张症。

人们常说，战争是一头吞噬文明的怪兽，对于交战的双方来讲，战争只承认胜利者。

英勇的"非洲军团"席卷北非的壮举，造就了一代名将隆美尔的辉煌与荣耀，同时也造就了他个人性格上的矜持与急躁，这使他无法容忍托布鲁克横亘在他的后勤供应线上。

"对于我们每一个人来说，托布鲁克是英国人抵抗的象征，我们必须彻底摧毁它。"横扫千军，屡战屡胜的良好感觉，使他已经不太在意托布鲁克完备的体系和守卫它的数万名英国士兵，他觉得这个要塞"非洲军团"垂手可得。

在沙漠里，坦克是首要的战斗武器，坦克手必须是精心挑选的勇猛之士。对于步兵来讲，他们将在空旷无垠的沙漠里，处于完全暴露的情况下进行长期艰苦疲惫的战斗，他们将在坚硬无比的土地上挖掩体，将在缺乏水源的地方忍受干渴，将寸步难行地去作战，然后再疲惫不堪地返回。而坦克手的情况却令人振奋，甚至让人感到骄傲。他们指挥的是一个重20多吨，怒吼着喷射出火焰的钢铁怪物，能够很轻易就驶过一道道砖墙或灌木丛，而且只要路面结实，汽油充足，就能毫不费事地跨过茫茫荒野。驾驶员、报务员和指挥员虽然互相看不见，然而坦克里的无线电接收机却把他们紧紧联系在一起。然而，对坦克手来说，也有他们感到痛苦的事，舱里永远是燃料、炮油和汗的恶臭味，舱盖放下时，热气几乎使人窒息。在非洲的阳光照射下，金属烫得炙人，再加上引擎和枪炮的热度，温度上升到使人无法忍受的地步。

隆美尔直接向东推进的决定做得太仓促了，对敌军的动向没有充分地理解，尽管德军的推进使英军出现了大溃退，但一些德国部队也遭到了猛烈的攻击。"非洲军团"的将士们正变得越来越疲惫，并且缺乏食品、水和燃料。这次反戈一击已变成一场噩梦。

▲ 行驶途中的德军坦克。

▲ 一架德军飞机正准备在沙地上降落。

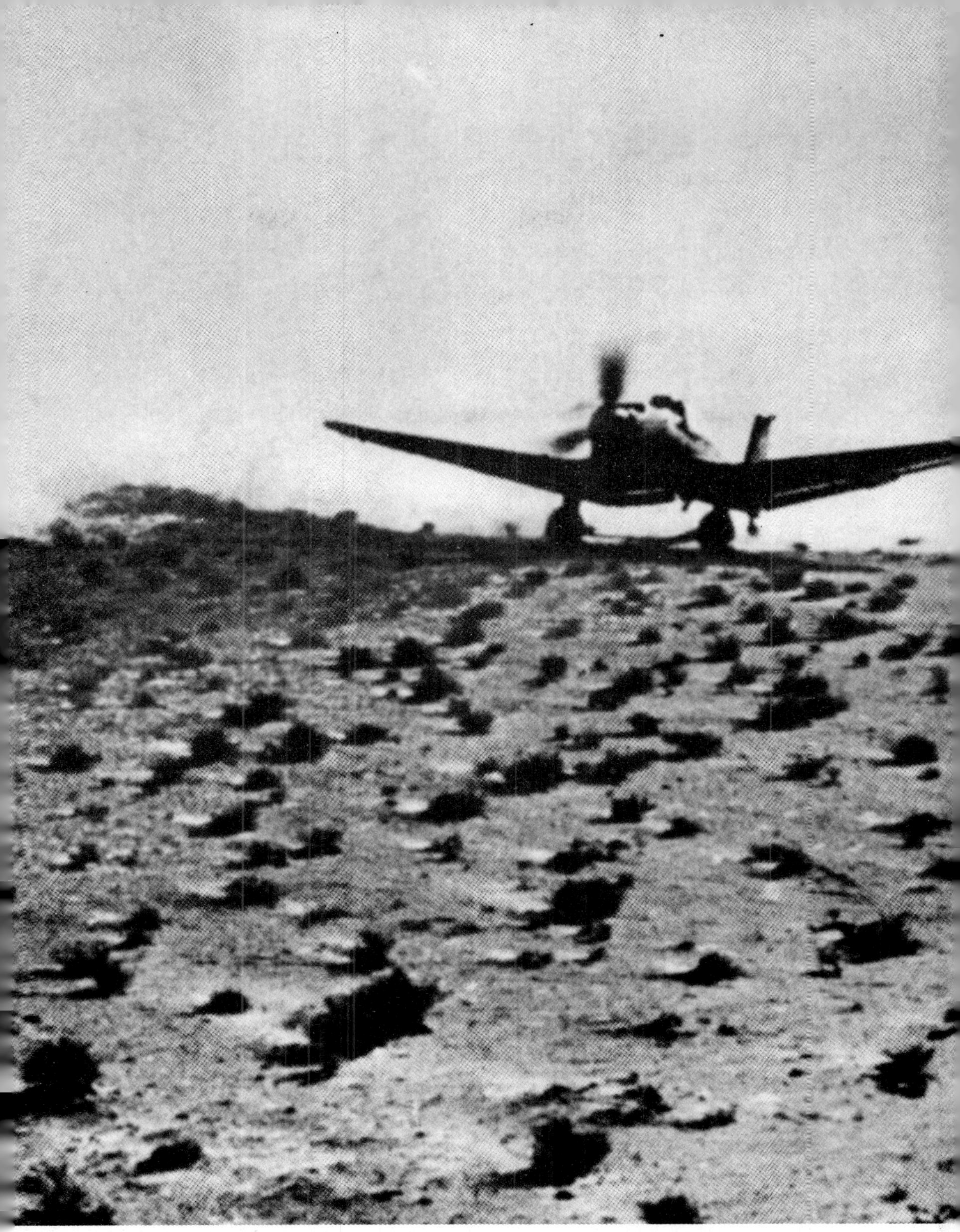

当隆美尔最终带领"非洲军团"开始打回托布鲁克时，已恢复元气的英国第7装甲师从南边进攻他的侧翼。但是，德军的第15和第21装甲师就在那附近位置稍偏的地区，他们准备进攻托布鲁克城外的新西兰军队。11月29日，第21装甲师遭受了一次沉重打击，新西兰人抓获了它的师长约翰·冯·拉文斯坦将军，以及他随身携带的所有地图和文件。

"非洲军团"无法继续向前推进更长的距离。当英国人的前线源源不断地得到增援的坦克时，隆美尔的后备力量却耗尽了。表面上，德国人好像打赢了这场战斗，但付出的代价太沉重了。装甲部队已被拖垮，一切很快明朗起来，只有一条路可走，那就是从昔兰尼加全面撤退。

然而，隆美尔拒绝接受这样的结局。12月3日，他命令"非洲军团"的几支分队向东边的巴迪亚要塞再次提供补给。他仍抱有希望，要把那里的敌军赶入他的各个防守据点沿线的地区。但是，德军小分队的力量太弱，无法通过英军封锁线，结果很快又退回到西迪雷泽。

12月5日，英国第70师攻下了关键的艾尔杜达－贝尔哈默德高地。同一天，意军最高指挥一名乌克兰军官给隆美尔带来了更坏的消息，他的装甲部队在1月份之前无望获得增援力量。又经过两天的激烈战斗后，隆美尔终于决定从托布鲁克地区撤回到意大利人曾修筑的一道防线，位于64公里以外的加扎拉南部。

接下来的战况悲壮而惨烈，自诩一向攻无不克的隆美尔无法面对自己的失败，狂怒之下，他命令第5轻装甲师全部投入战斗，发起了一轮又一轮自杀性的攻击，但在英军的顽强而坚决的抵抗面前，一批又一批德国士兵倒在了守军如麻的火网之下。进攻不得不停下来。

应该说，奥钦莱克的判断是对的。隆美尔虽然征战以来连续得手，但在英军接二连三的攻势行动中，损失也极为惨重。他在向希特勒不断传送捷报的同时，也频频告急，要求补充坦克、增援部队。但是，当时马耳他岛上空的争斗十分激烈，地中海的海上交通线成了双方反复争夺的目标，隆美尔决定于12月7日带着仅存的

60辆坦克向西撤退，在托布鲁克以西50公里的加扎拉，建立新的防线。

狡猾的狐狸终于露出了长长的尾巴，隆美尔薄弱的兵力终于一览无余地暴露在英军面前。

12月13日，奥钦莱克亲自督阵，指挥部队向加扎拉防线发起了猛烈的攻击，企图给"十字军作战"行动画上个圆满的句号。其战略企图是：以第30军大部兵力从加扎拉正面实施突击，以第4装甲旅为快速穿插部队，迂回至敌军纵深，断其退路并协同主力部队对敌形成围攻态势，力求全歼。

正面战场的攻击如火如荼地展开了。第7装甲师与第1南非师并肩作战，直指加扎拉防线。面对英军隆隆驶来的强大坦克纵队，隆美尔感到了从未有过的巨大压力，只有使出全身招数，凭借坚固的防线拼死一战。

该防线以加扎拉为中心，沿其西南方向延伸约64公里，是轴心国部队预先修筑的一道撤退性防线。在防线前沿3公里范围内设置有反坦克壕，其中种植了密密麻麻的扎人的骆驼刺，并利用断断续续的垣壁，构筑了多道反坦克射击工事和暗堡。在防线内，修筑有几十座碉堡、弹药储存洞库和交织的壕沟，且互相掩护，难以在短期内被敌军突破。

面对德军坚固的防御工事，戈特中将陷入深深的沉思。他知道，上任以来的连连失利皆因为他指挥协同的失误，他没有很好地发挥部队的整体作战能力，而是实行条块分割，各自为战，结果屡屡遭到德军的分割包围。在痛定思痛的同时，他认真地研究制定了下一步的战法，更增强了他对德作战的勇气和决心。

战斗打响后，皇家空军先期对德军阵地进行了空中火力突击。在航空兵的掩护下，戈特率装7师进至德军防线前沿，并迅速展开队形，装22旅担任火力掩护和扫残任务，装7旅则先行协同扫残，开辟通路后向敌阵内攻击。一时间，双方炮声大作，狼烟四起，开始了一场突破与反突破的激烈争斗。

战斗中，德军的防坦克障碍在英军空中火力和地面直瞄火炮的准确打击下，砂石纷飞，不断被毁，不可逾越的反坦克壕也被炸开了几个宽宽的缺口。

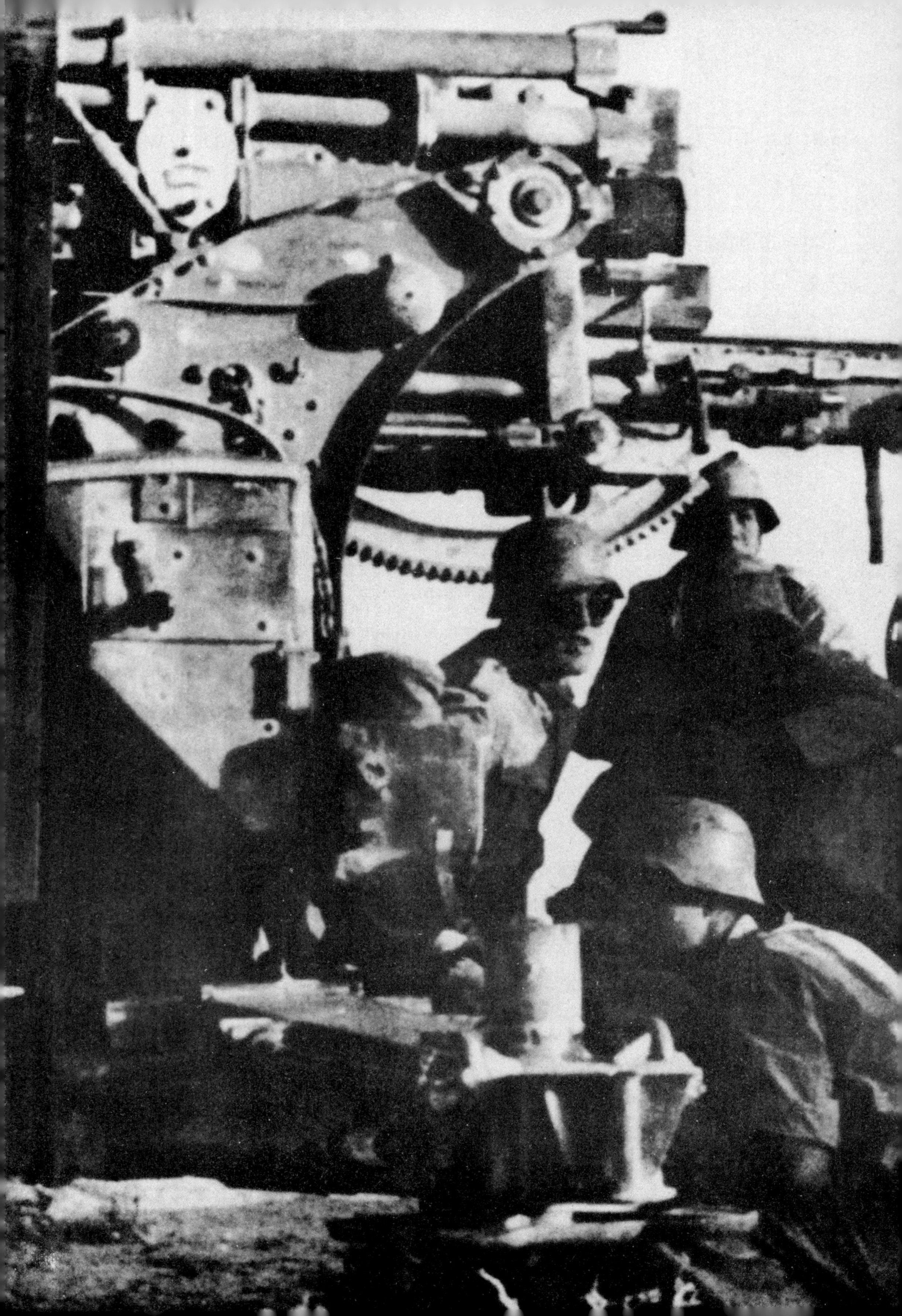

▲ 战斗中的德军88毫米高射炮班士兵。

EL-ALAMEIN 二战经典战役全记录
征战阿拉曼

▲ 在恶劣的沙漠环境中，对行进方向的选择很大程度上决定了德军的成败。

　　见此情景，戈特急令装7师发起冲击，但由于被毁坦克的阻拦和通过路数量的有限，其坦克队伍只能是依次蛇行般地缓缓跃进，没能实现大部队同时突入所形成的巨大震撼力。经几次反复冲击，虽有少数坦克突入阵地内，但大多数还是被阻于阵地前沿，不得突入一步。

　　与此同时，装4旅早已奉命向敌后实施穿插，准备断其退路，围点打援。可是精明狡猾的隆美尔早有准备，未等装4旅到达指定位置，已组织部分步兵先行撤退，担任巡逻和先遣任务，以保证配有装甲车辆的部队安全退却。见此情景，装4旅迅速插入德军队伍当中，将撤退的部队斩为两截。一时间，德军队伍大乱。

　　一向精明过人的隆美尔此时也叫苦不迭，他心里清楚地知道，如果被英军围困，则有导致全军覆灭的危险。他决定主动放弃正面抗击，迅速组织部队突围。

担任正面攻击的装7师，见防线内德军火力突然减弱，人员仓皇退却。装甲22旅在实施迂回追击中，也不幸遭到德军的反包围。在混乱中苦战了3天后，才以损失70辆坦克的代价杀出了重围。

戈特边率部追击，边调整部署，他命令装7师展开3路队形，从3个方向并肩向德军进逼。隆美尔则率部边打边撤，并不时地反身一击。

也许是戈特深谙"归师勿遏，穷寇莫追"的道理，他们对余威尚存的德军的追击格外谨慎，也不大胆贴近追杀，只在德军队伍后面小心跟进，每至傍晚时分便四处设置警戒，安营歇息。就这样追追停停，打打追追，于12月下旬终又打回班加西，大体上恢复了1941年年初的态势。

此次战役，隆美尔的10多万兵力仅存3.5万步兵，30辆坦克和部分车辆，大部分被俘，伤亡的步兵为意大利士兵和德军后勤人员，德军的主力阵容还筋骨未断。而英军则损失坦克500多辆，兵员1.8万，其中不乏受过严格训练的沙漠老兵。

尽管如此，英军还是兴高采烈地打扫战场，据守在班加西地区。远在伦敦的丘吉尔获悉消息后，也大有感触地说："我们确实值得庆贺，因为我们终于获得了一次喘息的机会。"

隆美尔命令全线撤退的决定给轴心国的最高指挥部引来了一场危机。12月16日，他在加扎拉与他的几位上司进行了一系列会谈。放弃昔兰尼加是对墨索里尼的声誉的一次可怕打击，而撤退的命令像一道霹雳闪电击中了意大利人。巴斯蒂柯将军要求无论如何要撤销这一命令，但隆美尔自作主张，他的部队边打边撤，一直持续到1942年1月初，这时候，他们已到了布雷加港和艾尔阿吉拉，当然也得到了新的部队、坦克和补给品。

在遥远的东边，8,800名德意驻军在巴迪亚失败了，接着又是拥有6,300名部队的索卢姆驻军被打败，然而，战斗并没有结束。直到1月17日，一直坚守哈尔法牙关的巴赫上校不得不屈服于这样的结局——投降，从而结束了长达10个月之久的托布鲁克争夺战。

第 4 章

CHAPTER FOUR

目标再次锁定托布鲁克

经过多次激战，隆美尔的"非洲军团"损失惨重。就在英国人自信地等待着隆美尔离去时，希特勒给了他更大的指挥权，要他大胆地向英军采取行动。得到了元首鼓励的隆美尔顿时恢复了昔日的神采，他率领着"非洲军团"以"闪电"般的速度推回到昔兰尼加，接着又迅速攻下了重兵防守的加扎拉防线，最后把目光投向了托布鲁克。随着"一切为了托布鲁克"的呐喊声骤然响起，德军的飞机大炮疯狂地轰炸了那里的环形防线，转瞬间，托布鲁克沦陷。

☆ 来自元首的最大鼓励

进攻托布鲁克的失败,使得隆美尔深感到自己在兵力上的不足,人数众多的意大利军队除了每天消耗大量的本已紧张的供应物资外,几乎难以有所作为。无奈之下,他不得不电请柏林派德军增援。此时此刻,德国正在全力以赴地准备实施进攻苏联的"巴巴罗萨"计划,它的大部分兵力要保证在东线,而此时的北非,只不过是大本营的战略家们饭桌上一碗可有可无的小汤罢了。

得不到大本营的增援,沮丧的隆美尔只能调整部署,暂取守势。对于一个极擅进攻的将军来说,采取防御姿态无疑是痛苦的,但在接下来的对付英国人进攻的作战行动中,隆美尔还是用他的出色表现证明了自己同样也是一个防御的行家。

1942年初,隆美尔在给他妻子露西的信中说了不少鼓舞人心的话,尽管实际情况好像并不像他所预料的那样喜人。他是一名败军之将,已精疲力竭,他手下共有33,000人在过去的两个月中成了俘虏,其中包括在埃及边境线上的哈尔法牙关驻军。

隆美尔此时已抵达哈尔法牙关以西547公里处的利比亚村庄艾尔阿吉拉,正是从这个地方,"非洲军团"在上一年的3月份发动了这次代价昂贵的战役。然而,隆美尔给家人的信中没有流露出任何的绝望之情,反而是充满了无限的乐观。他写道:"形势正朝着有利于我们的方向发展。我脑子里装满了计划,但我对这里的情况不敢多说什么,他们会认为我疯了,其实只有我知道自己没有疯,我只不过是比他们看得稍远一点罢了。"

德国人仍然有机会对围攻他们的英国军队反戈一击,这个机会只有隆美尔和他的其中几位高级参谋官才看得到。

德国特工人员窃听到了美国驻开罗军事参赞发给华盛顿的无线电报告,隆美尔从这些窃听到的报告中得知，英国军队已脆弱得不堪一击。穿越沙漠追击德军过分拉长了他们的供应线，而德国空军对班加西的狂轰滥炸使他们无法利用这个附近的港口。另外，日本于12月7日的参战也迫使英国人把部分飞机、坦克和两个整步兵师从北非派遣到马来西亚和其他受到威胁的亚洲殖民地。

此时，柏林给隆美尔注入了新的活力。在地中海水域的德国潜水艇已增加到20多艘，另外陆军元帅阿尔伯特·凯塞林的空军编队"空军2号"已把总部从苏联前线移到西西里岛，所能提供的保护力量明显加强了，所以坦克、部队和供给能够以不断增长的数目抵达的黎波里。

1942年1月5日，停泊在的黎波里港的一支护卫舰队运来了54辆坦克，这对于在10个月的征战中已损失掉90%装甲力量的隆美尔来说，当然是梦寐以求的一大笔财富。当这些新的兵员和装备抵达艾尔阿吉拉时，隆美尔的情报官员告诉他，他现在实际上比他身后的英军拥有暂时的优势。隆美尔决定趁英国人能够纠集起足够的力量恢复优势之前，在1月21日发起攻势，甚至要把英国人追到埃及内陆。

隆美尔以最严密的安全措施包装着这次具有毁灭性的进攻计划。他只是让他的几位重要下属知道，连他的名义上的意大利上司和他在柏林的真正老板都未曾告诉。他故意散布谣言，说他打算向西撤退，并且通过大胆地把大批运送车队向后方转移来支持他这骗人的谎言。

在原计划进攻日之前的那个晚上，他让他的手下人用火把烧毁了沿海岸线的一些旧房子和附近布雷加港里的已被废弃的船只，顷刻间，火光冲天，明显地表示出他要撤退。正如他所期望的那样，英国间谍看到了这一切，他们当晚给开罗发送无线电信息，这使英国人进一步确信，隆美尔确实是在准备全线撤退了。

然而，当英国人正在自信地等待着隆美尔撤退时，隆美尔却从他的元首那里获得了新的鼓励，要他大胆地向敌人采取行动。

1月21日凌晨，即发起进攻前3小时，隆美尔获悉，希特勒给了他更大的指挥权。他指挥的兵力以前隶属于一个装甲集团，而现在则是囊括了非洲的所有装甲部队。这一权限不仅包括原来的"非洲军团",而且还包括3支意大利军队,全都归隆美尔直接指挥。为了提高隆美尔的身份,希特勒给他授予了带剑的徽章,加在已经缀饰的那枚"铁一字"勋章的栎叶上。

隆美尔当天早晨对他的部下这样说:"我对这一授予感到自豪,它属于我们大家,希望它激励我们继续前进,并且最终打败敌人。"

早晨8点30分,隆美尔派遣的两支纵队在德国空军"俯冲式"轰炸机的掩护下发动了进攻。由隆美尔在前面开路,首先击散了挡在道路上的一支孤立的英军大队,到第2天早晨,德军抵达了离艾尔阿吉拉97公里的阿格达比亚。然后,两支纵队离开公路,深入内地切断敌军的逃路,朝东北方向疾行,再穿过茫茫沙漠到达安提拉特,并于当晚继续推进到桑奴,两天内推进的距离共达160多公里。

隆美尔洋洋得意地说:"我们的对手好像被马蜂蛰了一样,只顾奔走逃命。"

次日,德国人召集了他们的反坦克部队,并很快在一处坑洼地架好了50毫米大炮。大炮吐出致命的火焰。同时,十多辆装甲车朝着英军坦克隆隆地开去,英军坦克马上就撤走了。

在继续推进的过程中,德军坦克和反坦克大炮交替行动,一方提供炮火保护,另一方则全速冲刺。这是一种新的攻击方法,到傍晚时分,德军已把英国第1装甲师的大部人马赶到阿格达比亚以东的一个很危险的地方。为了阻止该师向北撤退,隆美尔当晚在阿格达比亚至安提拉特和桑奴沿线设立了一道武装包围圈,以夹击敌军的装甲部队。

隆美尔的这次大胆袭击正在转变成一次规模庞大的进攻战。意大利最高指挥部本来对这次行动的高度保密就已满怀愤怒,现在则变得大为震惊了。

1月23日早晨,意大利参谋长乌果·卡瓦勒罗陆军元帅和凯塞林陆军元帅从罗马赶来与隆美尔商谈,卡瓦勒罗带着墨索里尼要求坚持防守的指示,对隆美尔说:"只需要突袭一下就行了,然后直接回来。"

隆美尔反驳说:"我打算继续坚持进攻,除了元首,没有人能改变我的主意。"

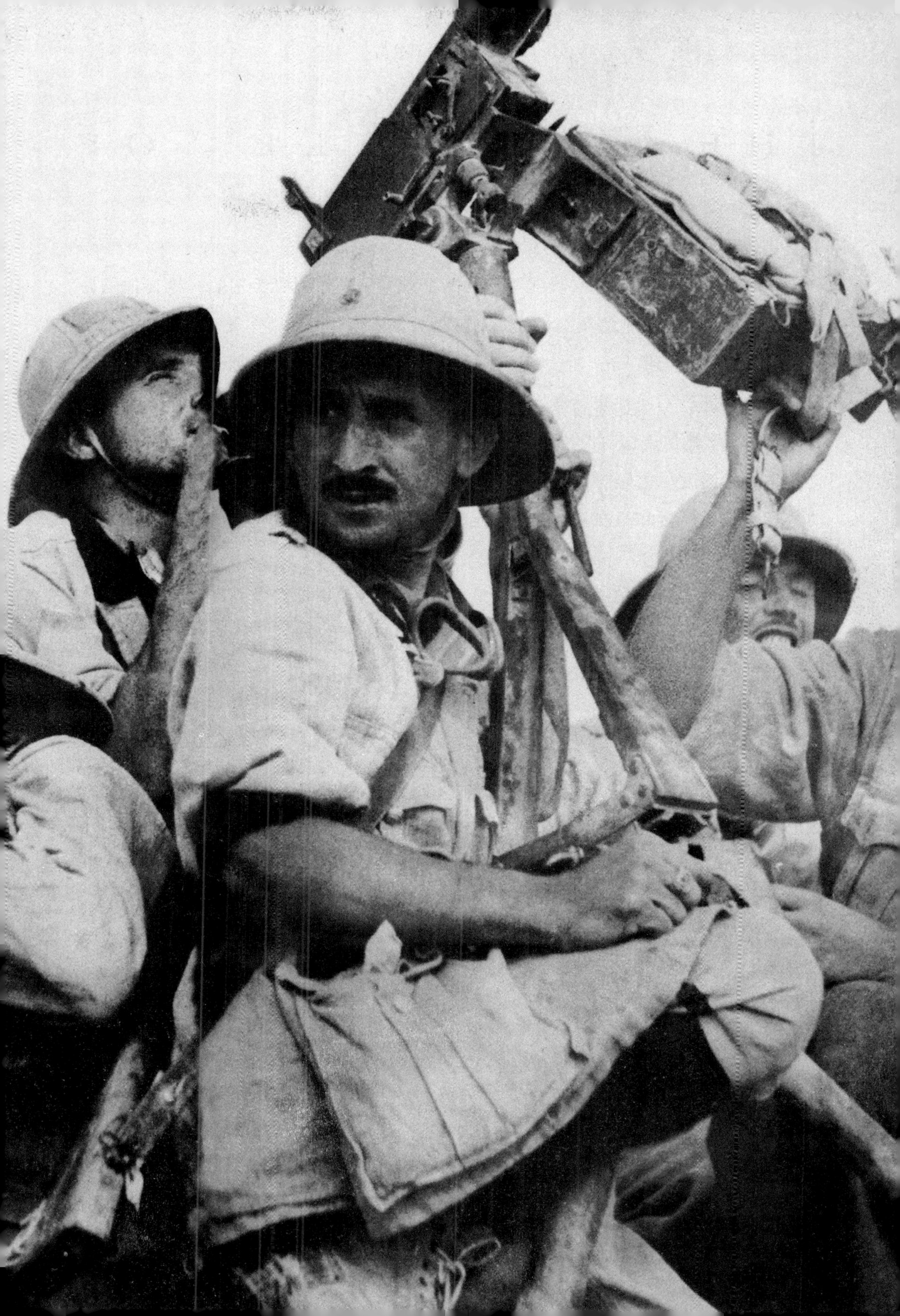

卡瓦勒罗气得嘟哝着离开了。

卡瓦勒罗出于义愤暂时收回了他的两个意大利军，而隆美尔照样推行他的计划，决心要击溃撤退中的英国坦克力量。隆美尔十分清楚，英军第1装甲师由于没有经验，注定将不堪一击，他们是完全地替换部队，不像德国人那样，能够及时向北非的现有部队不断补充兵员，所以英军根本无法有效保证部队作战的延续性。

另外，隆美尔还握有突然袭击的法宝：英国人把他的坦克实力低估了一半，而且认为他的反戈一击绝对只是试探一下实力。然而，令隆美尔震惊的是，在采取行动的当天，英军的大部分坦克已经溜走了，这不仅使他慨叹："在沙漠里包围武装部队是多么的困难！"

尽管如此，隆美尔却不服气。1月25日，他的装甲部队重新开始追击，向北朝姆苏斯方向追去，他们多次追上了行动缓慢的英国坦克编队，把他们打得四处乱逃。由于隆美尔的装甲部队缺乏足够的燃料，无法穿越将近137公里的开阔沙漠地带，所以他最终选择重新攻下西北113公里外的班加西港，这样也可以与德国的运送舰队连接起来。

1月27日晚，他派遣他的装甲部队佯攻梅智利，英国人被愚弄了。他们把装甲力量集中在梅智利，留下班加西没人防守。1月29日，隆美尔的军队攻进了班加西城，在那里，他们得到了英军丢下的1,300辆卡车，这让德国人在接下来的几个月里派上了用场。

此时，隆美尔从希特勒那里得到一份及时的命令，希特勒已提升他为一级上将。隆美尔事前没有给柏林打招呼就发动了这次攻势，看来元首不但没有生气，反而对他的行动表示了肯定，这让隆美尔心中大喜。

接下来，他的部队横扫昔兰尼加半岛，7天以后，更是靠近了加扎拉，这离他的出发点有400多公里，而离托布鲁克只有64公里。隆美尔知道英国人已在加扎拉重新集结，并且正在掘壕固守，于是他便命令部队停止了前进，等待供给品和增援部队的到来。

▲ 德国"非洲军团"的将领们正在一起制订战斗计划。

☆ 在加扎拉的殊死战斗

在隆美尔和托布鲁克之间，矗立着一道坚固的防线，英国人利用前线战火暂停阶段修筑的这条防线从海岸边的加扎拉向南蜿蜒64公里，然后一个急转弯，朝东北方向的长布鲁克又延伸了32公里，加扎拉防御工事布下了最为密集的地雷区，50万枚地雷，护卫着英国人称作"盒子"的一排排的据点。

设计这些间隔距离没有规律的"盒子"是为了用作英军夏季攻势的跳板。另外，一旦隆美尔先发起进攻，也可用作防御要塞。每处"盒子"大约1.6公里见方，周围用铁丝网圈着，布满了大炮。每处"盒子"可以容纳一个大队或更多的步兵，以及被围困时足够抵抗一个星期的补给品。支援这些"盒子"的是里奇的机动后备军，坦克编队可以援救某一个被围困的据点，或者加入进来，穿过地雷区的安全缺口，冲出去发起攻势。

驻守在加所拉防线的英国军队和武器在数量上占有明显优势。大约12,500名英国人面对11,300名德国人和意大利人。此外，英军大约有850辆坦克，敌军有560辆，其中还有228辆是低劣的意大利型号。对隆美尔来说，更糟糕的事情是，英军比轴心国部队多出10倍的装甲车，而且在大炮和飞机上也保持着几乎2/3的优势。

隆美尔在一定程度上可以依靠作战质量来帮助平衡一下他数量上的不足和劣势。在战场上，他的88毫米大炮的威力和他那几支技高一筹的装甲师，可以给英军规模虽大但连贯性较差的坦克部队予以沉重打击。在空中，他的战斗机能够绕着圈子飞过英国皇家空军的战斗机，而且在轰炸的准确性上，英国没有任何飞机能比得过德国的"俯冲式"轰炸机。

在这些有形资产之外，还有笼罩在隆美尔本人身上的威严光环。有很长一段时间，他一直是一位对他的部下能起到激励作用的人物。在隆美尔和他的部下之间，似乎存在着一种无法解释和分析的默契。就连丘吉尔也对他的领导能力称赞有佳："我们遇到了一位很有胆识、很有才能的对手，他是灾难深重的战争岁月中一名伟大的将军。"

隆美尔的一大秘诀是，他不像一名普通的将军那样去思考和行动。英国人以为隆美尔会以常规的方式——正面进攻，去攻打障碍物不计其数的加扎拉防线。但是，隆美尔不会让他的部队去攻打早已有所提防的据点，他只是佯作正面进攻。当步兵牵制住英国装甲兵时，他决定率领坦克纵队和机械化师大胆神速地横扫英军的南翼。一旦赶到加扎拉防线的后方，他马上直奔海边，在英军能够反扑托布鲁克之前先切断他们的退路。然后，他把敌军孤立起来，一个一个地分而击之。他的计划制定得很有自信，要求在发起攻势后的第 3 日攻打托布鲁克。

5 月 26 日下午，隆美尔发起了他的攻势，代号叫"威尼斯行动"。两点钟，一次诱敌深入的行动在沿加扎拉防线北翼和中心地带的 32 公里的战线上拉开了。

隆美尔的大炮在轰鸣，"俯冲式"轰炸机尖声叫着冲向由南非第 1 师和英国第 5 师据守的那些"盒子"。战斗工兵匍匐着前进，穿过地毯式的地雷区清除道路。在他们的身后，是 4 支意大利步兵师和德国第 90 轻型坦克一个大队的步枪和机枪组成的炮火，全部由能干的克鲁威尔中将指挥。在背后远处，隆美尔设计安排了一次蔚为壮观的装甲兵大阵容，事实上，只有几辆坦克是真的，都是模仿得很逼真的放置在汽车上的假装甲车，安装在汽车尾部的飞机发动机搅起阵阵尘土，造成装甲纵队意欲冲来的假象。

然而，由于"超级机密"小组的人员窃听破译了德军电报，英国人知道一次进攻战即将到来，所以已作好充分的反击准备。

他们的数量优势可以对付隆美尔的优势，不过，仅从轴心国的步兵行动来看，还看不出这次大规模的进攻即将进行，而由于下午的一场沙暴，更看不清隆美尔布

▲ 英军士兵正在用机枪扫射前方的德军。

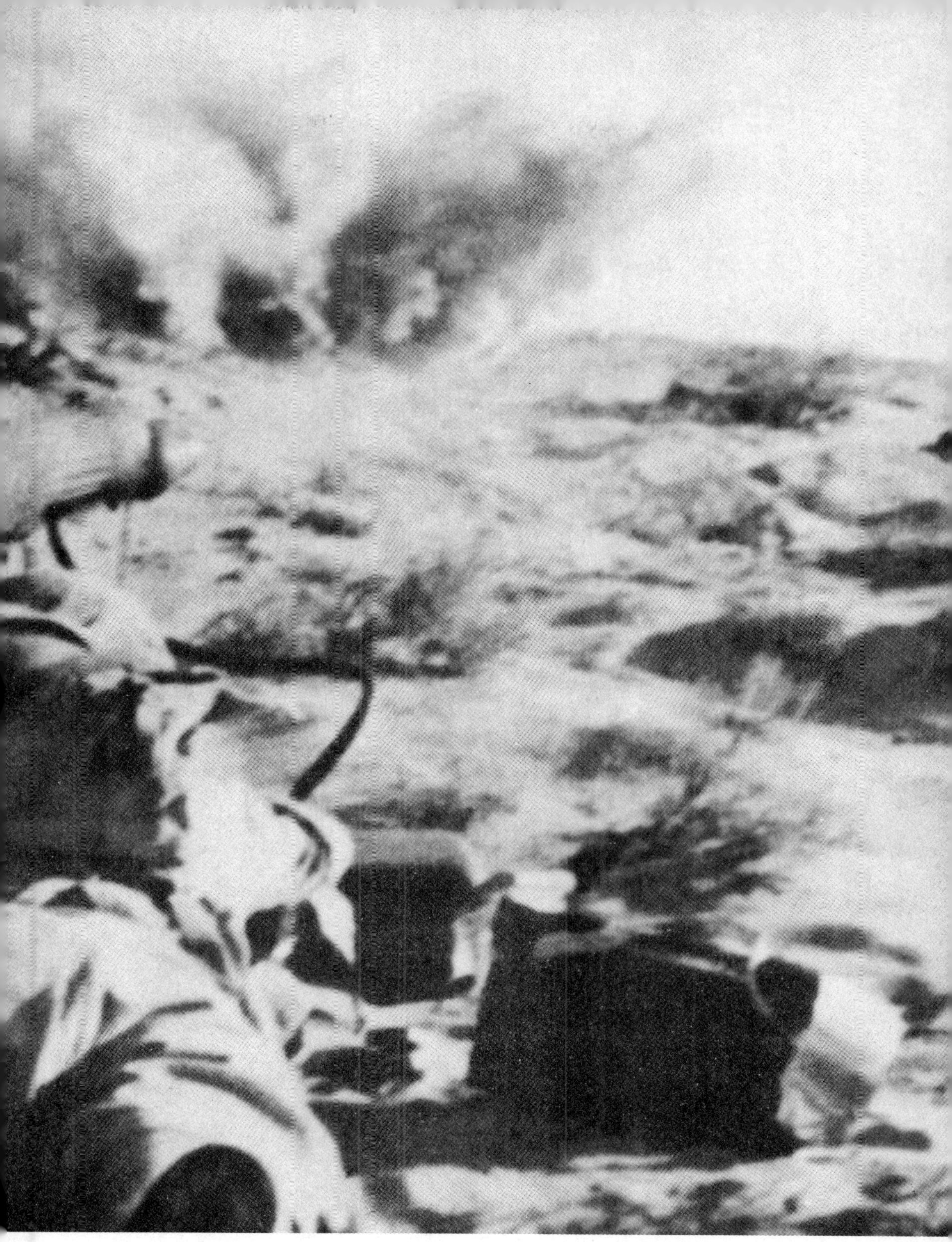

▲ 为了抵御沙漠夜晚的寒冷，一个睡在战壕里的英国士兵把自己裹得严严实实。

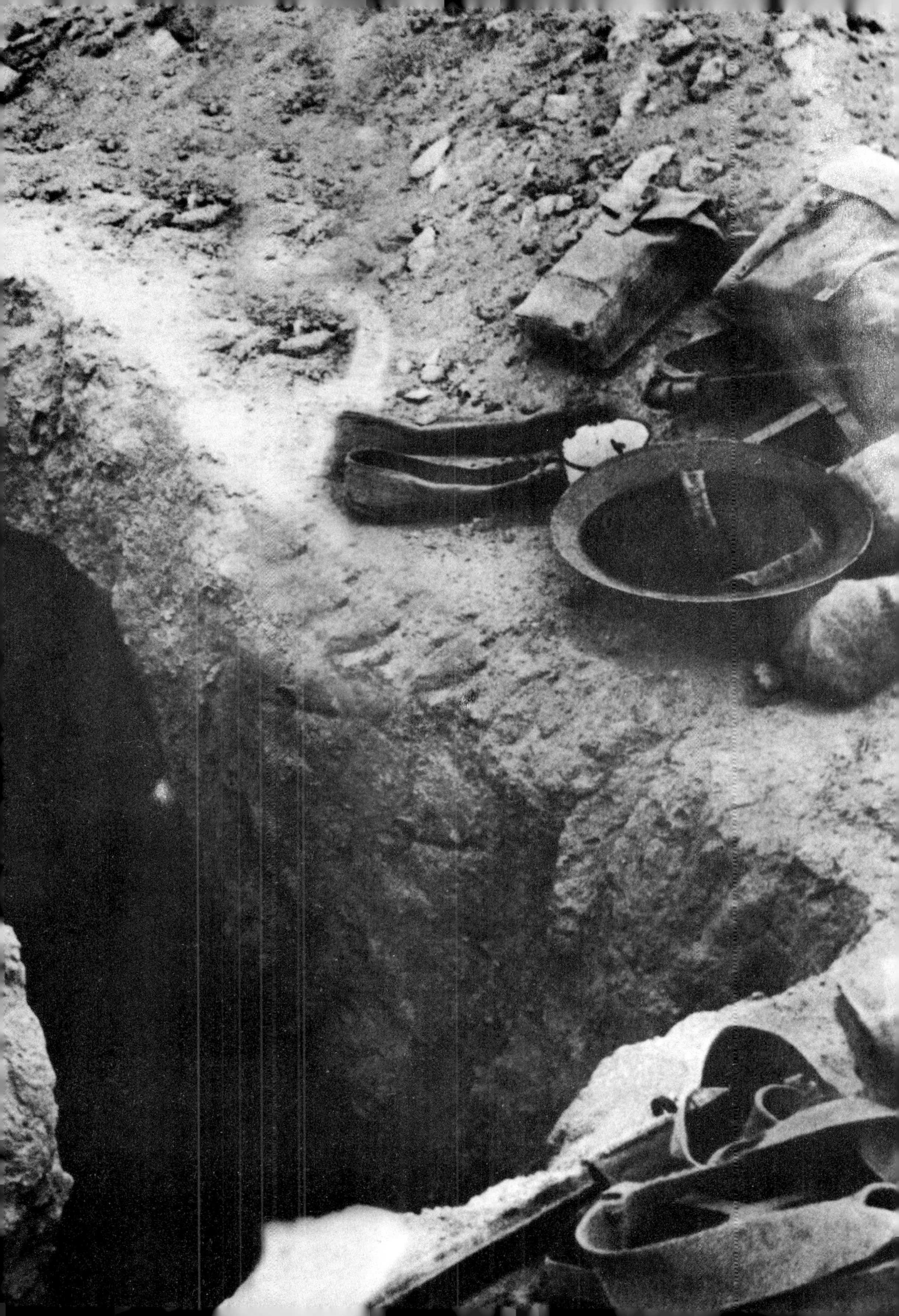

置的装甲车大阵容。这使得英军指挥官们无法采取必要的行动步骤，把装甲车派上前去迎接假想中的正面进攻。同时，沙暴给隆美尔的主力进攻部队提供了很好的掩护，使之顺利地在加扎拉防线中心地带的对面集结。

当晚 10 点 30 分，隆美尔带领他的庞大车队载着睡眼惺忪的步兵和足够 4 天用的食品、水和军火，开始了行动。在与敌军交火之前，隆美尔的纵队得穿越无路可寻的沙漠，对付沙漠中一夜行军的各种危险。

仅一个运动中的装甲师就要占地 4 平方公里，而 5 个师同时在黑夜中的沙漠行动，需要复杂精细地协调配合。隐藏在油箱上的车灯可以帮点忙，天上的月光也可以帮点忙。远处，德国飞机扔下的照明弹可以勾划出加扎拉防线最南端的防御要塞贝尔哈凯姆。由于及时得到了警告，这几支鬼影般出现的德军纵队与这个要塞保持了一段安全的距离。

5 月 27 日将近黎明时分，在行进 50 多公里之后，这支没有再遭遇上什么不幸的军队在贝尔哈凯姆的东南部暂停一个小时，休整和补充燃料。

隆美尔和他的指挥官们几乎不敢相信他们的好运，英国人没有作出明显的举动来应对针对其后方的大规模威胁，这使得隆美尔暗想，他的侧翼行动一直未被察觉。实际上，南非的装甲车一直在悄悄地跟踪隆美尔的部队，已通过无线电向第 7 装甲师的总部做了报告。这些报告对英军的指挥阶层没有多大影响，他们仍然以为会有一次正面进攻，不愿认为这只是佯攻。

天亮后不久，隆美尔的纵队与暴露无遗的英军部队开始交火。德军乘坐卡车和装甲车一路轰轰隆隆地行进，很快向北急驰，攻占了英军第 7 装甲师的指挥所。他们甚至还抓获了该师师长弗兰克·梅塞尔韦少将，不过当时并未意识到这一点，因为梅塞尔韦摘掉了他的军衔徽章，于当晚设法逃跑了。

事实上，在战斗进行过程中，双方都有一段时间很难保持部队的连贯性。在攻占梅塞尔韦的指挥所后，第 90 轻型坦克师向北急驰，中午之前赶到了艾尔阿德姆，但是，不打一仗，英国人是不会放弃通往他们供应基地的这条路的。里奇在这一地区建有一处坚固堡垒，很快，英国装甲部队就上路了，准备抵抗德国人的威胁。与比同时，隆美尔用于进攻的两支装甲师由于没有侦察部队，只能是凑合着作战，侦察部队已被派去增援第90轻型坦克师了。

在上午九十点钟左右，德军装甲师在贝尔哈凯姆和艾尔阿德姆之间的半路上遭遇了英军第4装甲大队的大约60辆重型坦克。在德国人运来88毫米的高射炮之前，英国的这些庞然大物发动了3次快速出击。但德国的大炮向迎面冲来的英国坦克射出雨点般的炮弹，同时，装甲师盯住英军的侧翼，以协调得很不错的攻击方式摧毁了英军将近一半的装甲力量。英军的残余部队朝艾尔阿德姆方向撤退，在那旦，他们报复性地轰炸了德军的第90轻型坦克师。

在这次行动中，隆美尔偏爱走在部队最前面的做法取得了很大的收获，可是，这种直接带领部队穿插的做法给指挥带来了很大的麻烦，在他频繁的突袭行动中，有时他甚至会与他的流动指挥所失去联系，从而与他那些分散在四处的地面部队和空军无法联系，它们的调度派遣全都得靠他的指令。这导致前线指挥所的秩序异常地混乱。

如果说隆美尔喜欢亲临战场的指挥风格有时候得罪了他的高级官员，那么这种风格却鼓舞了部队的士兵，使他们能够很快感觉到前线变幻不定的局势并及时做出适当的反应。

他的装甲部队本来呈一个巨大的弧形包围着加扎拉防线，但现在他确定，防止部队被击溃和分解敌军的惟一办法是完成圆形包围。他要暂时放弃进攻托布鲁克，把他分散的部队集中在加扎拉防线中部的后面，从东至西突破雷区，从而恢复自己的供应渠道，以巧妙的一击切断英军的防线。

这一行动的目标加扎拉防线以内的一个地方，在贝尔哈凯姆以北大约24公里处，在一片茶碟形的洼地周围，英军的防守系统好像有一处宽大的缺口，这是隆美尔的部队最惊人的发现。原来在两边地雷已被清除的洼地中间，蜷缩着一个德国侦察机以前不知为什么没有发现的英军据点，第150大队的好几千英国兵在80辆"马

▲ 在开阔的沙漠战场上，追击敌军的英国士兵在一辆废弃的德军坦克后面躲避袭击。

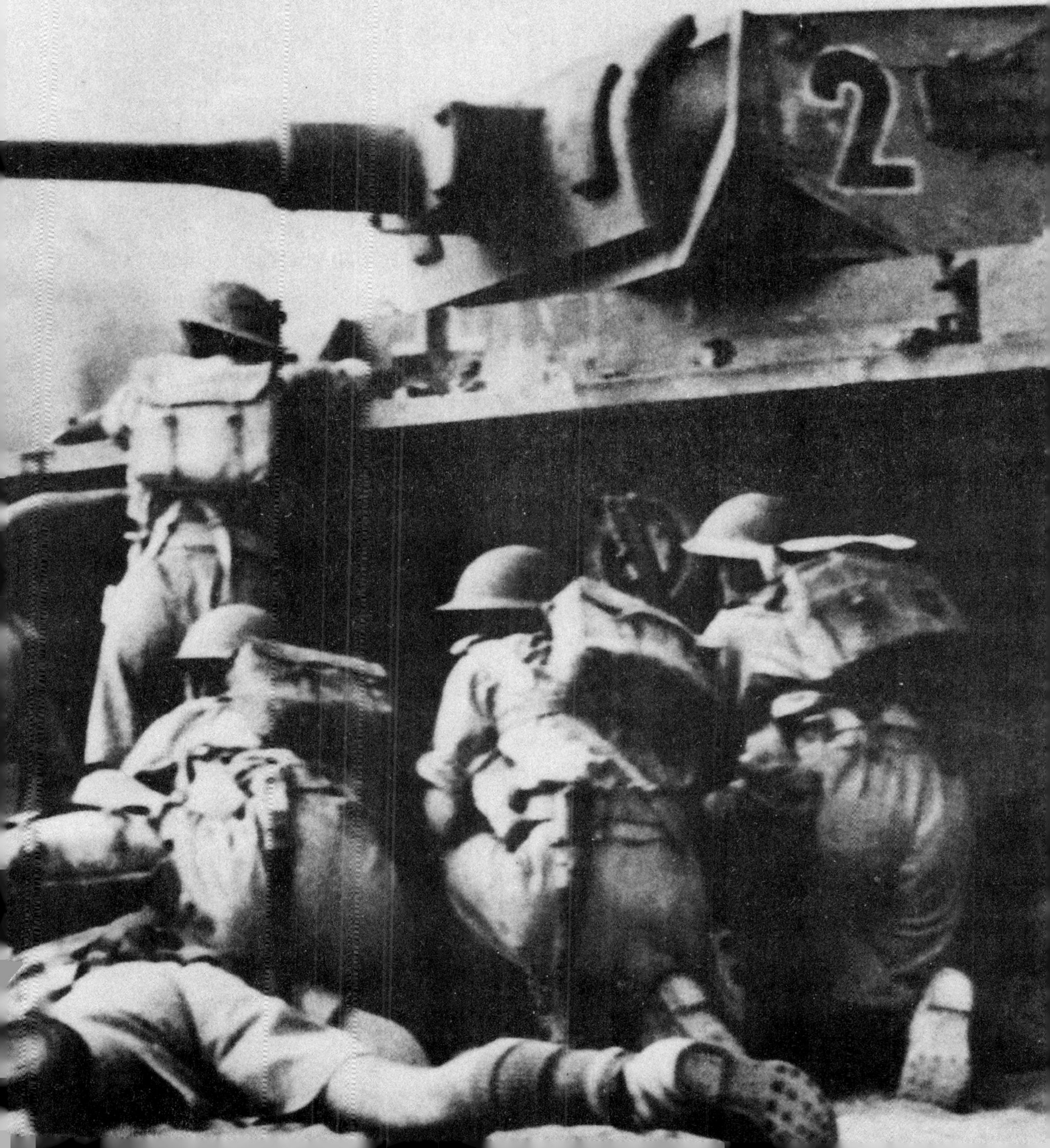

蒂尔达"坦克的支持下驻守着据点。

据点里的大炮直接瞄准轴心国部队的两条通道,以致任何东西要想运过通道几乎不可能。隆美尔义无反顾地要执行他的新计划,所以他下决心要摧毁这座据点。接下来的几场战斗是在令人窒息的尘土和灼热中进行的,激烈的战斗,使这一地区成了有名的"沸腾的大锅"。

在对英军要塞形成包围圈后,隆美尔5月31日早晨命令3个师的兵力发起了进攻。他的炮队发射了一轮又一轮的炮弹,俯冲式轰炸机从空中呼啸而下,装甲车轰隆隆地开上前去,第104步兵团的地雷工兵引领战友们穿过了最后一道地雷防线,进入英军据点。德军挥起一面白旗,对方马上举起手帕和围巾作为应答。炮火渐渐平息下来,当天,有将近3,000名英国军人投降,隆美尔通过加扎拉地雷区的生命线现在有了保障。

把"沸腾的大锅"牢牢控制在手里后,隆美尔挥师南下,攻打贝尔哈凯姆。6月2日,这个位于摇摇欲坠的加扎拉防线南端的坚固据点再一次抵抗住了来自于第90轻型坦克师的大规模进攻。这个据点是英军整个防御工事中地雷埋得最为密集的地区,估计有1,200个炮台供机枪和反坦克大炮使用。而且,它的3,600名将士中绝大多数都有一股抗击敌人的顽强斗志。

他们的顽强让隆美尔吃惊,他自己以前就是一名步兵指挥员,他很自豪自己有能力率领部队攻打英军的据点,他这次要亲自指挥攻打贝尔哈凯姆。他分析在这种多地雷的地区,坦克将不会发挥多大效果,于是他把大批装甲力量留在"沸腾的大锅",另外带了一些步兵,协同已于6月6日恢复战斗的第90轻型坦克师作战。为了给步兵扫清一条道路,隆美尔的炮兵队射出雨点般的炮弹,同时,德国空军出动了几百架次飞机,顶着英国皇家空军的猛烈抗击,轰炸贝尔哈凯姆。

3天过去了,炮击和轰炸几乎没有停过,但防守者仍然拒绝放弃。直到6月10日,经过两周艰苦折磨的防守者已筋疲力尽,没有水和弹药,另外还遭到一支已渗透到他们北侧的攻击小分队的威胁,只好放弃了战斗。

但是，他们的放弃方式与他们的英勇抵抗精神是一致的。利用德军阵线西侧的一处缺口，大约2,700名守军将士趁着黑夜溜了出来，并与第7师的卡车和救护车大队胜利会师。其他500名幸存者，由于大多数伤势太重，无法逃离，被迫投降。隆美尔没有听从希特勒"将他们秘密处死"的命令，而是全部按战俘对待，他很尊重这支顽强的队伍。

☆ "一切为了托布鲁克"

无论是在人员数量、武器装备或者是后勤供应方面都占有绝对优势的第8集团军，竟然在隆美尔的"非洲军团"面前屡战屡败，这不能不使高傲的英国人感到沮丧。但一想到他们所面对是当时世界上最优秀的将军和他所率领的最优秀的军队，他们又感到有点释然，正如丘吉尔在下院对议员们所讲的："第8集团军是付出了努力的，但他们确实遇到了世界上最强大的对手。抛开我们所遭受的战争灾难不说，隆美尔确实是一位军事天才。"

隆美尔就是隆美尔，他不会因为听到了丘吉尔的几句溢美之词而对英国人心慈手软。凭着对战争进程和规律的天才把握和令人惊异的直觉，他认为到了收拾那个在他心中留下痛苦回忆的托布鲁克的时候了。

在6月11日发布的命令中，他说得言简意赅："托布鲁克，一切为了托布鲁克！"

为了全歼挡在他和托布鲁克这个港口之间的剩余障碍，他派遣那几支曾围攻贝尔哈凯姆的部队以扇形运动开向英军在乃茨布里奇和艾尔阿德姆的据点，同时，第21装甲师和"阿里埃特"师从"沸腾的大锅"向东转移。作为回应，里奇撤回了他的左翼，这样一来，被截短的加扎拉防线现在成了一个"L"形状。

和以往一样，隆美尔依旧先用一系列令英国人眼花缭乱的战术手段来展示自己

▲ "非洲军团"的士兵乘坐缴获的英军军车，用望远镜观察前方的情况。

的风采。他命令一部分德军大张声势地向巴尔迪亚推进，做出一付要进攻埃及的样子，而且一路上故意弄得尘土飞扬，黄沙漫漫，等到英国人准备全力以赴地迎击他对埃及的进攻时，狡猾的隆美尔却回马一枪，大部队突然出现在了托布鲁克城下。

德军装甲师疯狂地包抄乃茨布里奇据点，使已经在那里顽强地坚守了两个星期的驻军没有什么选择，只好趁还有机会逃走的时候于当晚撤离了那个据点。当乃茨布里奇据点陷落后，里奇的新防线崩溃了。徒劳无益的坚守使他丢失了将近140辆坦克，只给他剩下了70辆，还不到隆美尔的坦克数量的一半。

6月14日，当他的南部前线彻底崩溃时，里奇终于命令撤走从一开始就坚守在防线北部的两个师。他的这一命令使英军纷纷逃往安全地带，这便是有名的"加扎拉大逃亡"。

6月16日稍晚时分，隆美尔的部队攻下了里奇损失惨重的防线上的剩余一个据点——位于托布鲁克以南的艾尔阿德姆。第2天，最后一批英国装甲部队在又损失了32辆坦克后，跟随撤退的步兵穿过边境进入埃及。6月18日，隆美尔从陆地上的三面完成了对托布鲁克的包围。他说："对我们每一个人来说，托布鲁克是英国人抵抗的象征，现在我们要永远地了结此事。"

隆美尔在上一年曾花了8个月的时间也未能攻克托布鲁克，现在，这座要塞只是在表面上还类似于往年。它的周围仍然有一道长达48公里的保护屏障，由将近35,000名驻军把守着。但是，沟壑已任其淤塞了，许多地雷已移埋到加扎拉防线上去了。

在上一年，成功抵抗住隆美尔围攻的部队是一批英勇善战的澳大利亚人，而现在驻军的组成力量主要是未经过真正考验的南非第2师，以及在加扎拉战役中已被拖垮的两个步兵大队和一个装甲大队。守军既缺少坦克，又缺少反坦克大炮。事实上，英国指挥官们很久以前就决定不再抵抗另一次围攻，但这一决定后来又被弃置一旁，因为丘吉尔下达了最后的训令："一定要不惜一切代价守住托布鲁克。"

对成功充满信心的隆美尔又玩起了他很在行的骗人花招。他让他的机动部队朝边境地区开去，好像要把英军赶入埃及似的。然后，为了迷惑英军，让第90轻型坦克师继续向海岸城镇巴迪亚推进，同时，马上命令装甲部队掉过头来，以破釜沉舟的气势向托布鲁克开进。当他的部队于当晚赶到托布鲁克东南部的战斗地点时，他们找到了上一次埋藏在那里的炮弹，一颗未丢，完好无损。

6月20日凌晨5点20分，进攻战在排山倒海的大炮声和空袭声中拉开了序幕。已经分路到达指定位置的"非洲军团"的装甲部队和意大利的第20军团，在德国每军的助攻下，对这座孤悬已久的濒海要塞发起了猛攻，在经过激烈的炮火准备之后，德军坦克和步兵展开了大规模协同作战。一心想攻克托布鲁克然后好去入侵马耳他岛的凯塞林从北非、西西里、希腊和克里特岛集结了150多架轰炸机。一波又一波的空袭在托布鲁克东南部扔下了将近400吨炸弹，引发了地雷区连锁反应式的爆炸。轰炸进行了一个小时左右之后，步兵开始冲上前去。

▲ 英军在托布鲁克经过浴血抵抗后，最终向轴心国投降，33,000 名英国士兵被俘。

▲ 德意军队攻占托布鲁克，到处是一片被破坏的景象。

    8 点 30 分，隆美尔指挥的第 15 和第 21 装甲师的首批 125 辆坦克轰隆隆地开过了已淤塞起来的防线沟壑。9 点钟时，装甲部队就已渗透进入迷宫似的钢筋混凝土碉堡区，这使隆美尔难得一次这么早就宣告取得胜利，尽管战斗不过才刚刚开始。在身边是隆隆枪声和炮火的情况下，他叫来一名战地记者，为德国电台记录下这一宣告。他拖长声音说道："今天，我们的部队取得了辉煌的胜利，攻占了托布鲁克。"

    让隆美尔感到幸运的是，他的部队没有让他白说这番大话。在德国人的突然打击面前，惊惶失措的英军根本组织不起有效的抵抗，到夜幕降临时，英军这座困守了近两年之久的海滨要塞便宣告易手，要塞司令克洛普将军和他的 33,000 多名下属高举双手向隆美尔递交了投降书，隆美尔和他的"非洲军团"有效地控制了托布鲁克。

    托布鲁克的征服者们惊异地看着降临在他们头上的战利品。这个要塞沦陷得太快了，守军们只来得及毁掉很小的一部分供给品，留下了大量的燃料和 2,000 辆各种不同类型的机动车，这对于在上个月损失掉几百辆坦克和无数其他运输工具的轴心国军队来说，是一笔不小的补偿。除了这些硬件外，还有偶然得到的无以计价的众多物品：香烟、白面粉、听装食品，在中立国葡萄牙购买的德国啤酒、崭新的卡其布制服以及隆美尔的部下非常羡慕的沙漠靴。

    战后，隆美尔的情报官梅欣曾得意地写道：

       在这场我所见到的最壮观的攻击战中，我们的飞机俯冲着轰炸英国人的坚固防线，炮兵也不甘示弱地加入战斗，形成最猛烈的精心配合的强大火力网，使得英军据点上空烟尘滚滚、爆炸声不断。可见，大炮和轰炸机加在一起的威力是极其可怕的。

    望着被硝烟笼罩着的城堡，隆美尔微笑着对沮丧的英军被俘军官们说："先生们，你们像狮子一样战斗，但却被蠢驴们统率着，这不能不说是你们的不幸。"

1942年6月22日，大战之后的托布鲁克显得格外的宁静，身心疲惫的隆美尔终于沉沉地睡了。他有充分的理由安然地进入梦乡，他麾下的这支非洲装甲军团已经久经战火，变得无坚不摧，那些原本是不堪一击的意大利士兵也在战火中得到了锻炼，重新树立了信心。假以时日，他要率这支军队彻底消灭英国人，征服埃及，征服整个非洲。

"司令官！司令官！"勤务兵的惊叫声突然结束了他的美梦。

"司令官，您听！"过度兴奋的勤务兵忘记了礼节，他向隆美尔指了指外面的高音喇叭，喇叭里正播放着嘹亮的军歌。

"元首大本营，6月22日，元首晋升非洲装甲军团司令官隆美尔上将为陆军元帅。"

"陆军元帅，啊！我成了陆军元帅！"大喜过望的隆美尔喃喃自语，兴奋得像个孩子。

隆美尔终于攀上了他军人生涯的顶峰，而丘吉尔的日子却越来越不好过。失败的情绪再一次笼罩了这个孤立无援的岛国。面对反对党议员们尖酸刻薄的质询，一向能言善辩的丘吉尔无言以对，恨不能找个地缝钻进去。

一位议员不依不饶地说："丘吉尔先生过去在辩论中赢得了一次又一次胜利，但在战场上却遭到了一次又一次的失败。今天您在这里的辩论中无言以对，是不是意味着明天的战场上您将能有所作为呢？"

被鲜花和荣誉所包围的隆美尔，按理应见好就收，坐享其荣。可好斗、倔强的个性，使他不忍放弃目前良好的作战态势，他企图深入埃及腹地，以更为显赫的战功，给崭新的元帅徽章添光加彩。

他自信地对士兵们说："我们的目标是跨过美丽的尼罗河，占领整个埃及。"

听到这个消息后，英国上下一片恐慌。

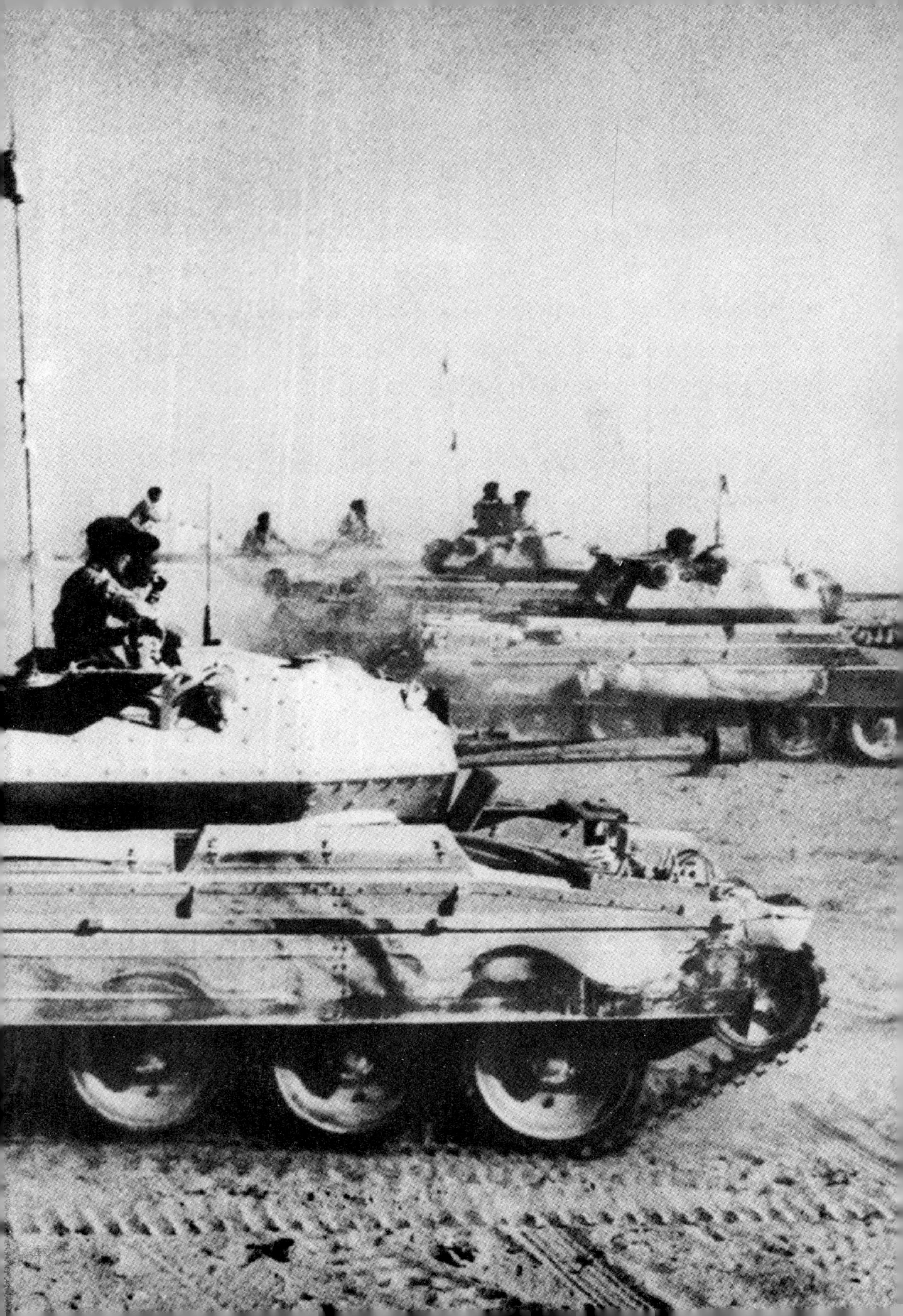

第 5 章　　C H A P T E R　　F I V E

誓死守卫阿拉曼防线

托布鲁克大捷后，已荣升为陆军元帅的隆美尔趁热打铁，又顺势取得了梅沙马特鲁战役的胜利。奥钦莱克将军率领英军在阿拉曼筑起了一道绵延40公里长的坚固防线，隆美尔屡次试图突破该防线，均以失败收场。随着伤亡数字的陡增，一向崇尚进攻的隆美尔终于下令暂停进攻。然而，英军并没有在这一关键时刻发起强大的反攻，历史真实地书写着令盟军深感遗憾的一笔，"非洲军团"在难得的喘息之后，又发起了新一轮猛攻。

☆ 梅沙马特鲁战役

隆美尔要进攻埃及，然而，在开始这次行动前，他首先需要和他的上司们进行辩论，力争改变他们原来的计划。

原计划是在4月下旬制定的，要求非洲装甲部队在跨过边界进入埃及之前先停顿下来，这样德国空军可以从沙漠战斗中抽身出来，去支持对马耳他岛的空中打击。德国在4月份的一系列空袭已使该岛就范，但空袭一旦停止，驻扎在那里的英国皇家空军和皇家海军就很快恢复了活力。

从马耳他基地起飞的皇家空军小分队，复又击沉给隆美尔部队运载供给品的船只，使轴心国部队再一次感觉到汽油和弹药短缺的问题，陆军元帅凯塞林在隆美尔的名义上司巴斯蒂柯元帅的支持下，敦促隆美尔停止追击第8集团军，命令德军按原计划攻占马耳他岛。

隆美尔一心想抓住眼前这一令人目眩的大好时机，所以他根本不听。他坚持认为，对马耳他岛的进攻应该往后拖一拖，这样德国空军就可以支持他打到苏伊士运河。他争辩道："任何延误都会给英国人留下时间来重振军力。"

凯塞林同样坚持自己的主见，支持他的意大利指挥部和德国海军官员。争论进行得非常激烈，两位指挥官都拒不让步。

隆美尔使出他的王牌，他派遣一名副官前去柏林找希特勒支援，结果成功了！

6月23日晚上，轴心国进攻先头部队的坦克和卡车轰隆隆地开过边界进入埃及，隆美尔当晚给他的妻子写信说："我们已经行动了，希望很快能实现下一个宏大目标，现在的主要问题是速度。"

两天后，先头部队抵达了海滨城镇梅沙马特鲁的防区。

德国人的速度太快了，他们很快就用光了供应的物资，第21装甲师的坦克通过用虹吸管抽干供应车的燃料，才得以前进，但却使供应车陷入了困境，装甲车最终也不得不停下，遭受英国沙漠空军的狂轰滥炸。

太阳就快要落山了，红色的余辉穿过银光闪烁的沙丘，投出长长的影子。一架军用飞机在巴古什皇家空军的机场降落。中东英军总司令奥钦莱克将军同他的新任副参谋长多尔曼·史密斯走下机舱，上了一辆灰尘满身的黄色指挥车，向第8集团军司令部驶去。

奥钦莱克下了汽车，站到沙地上，军官们向他敬礼。他们注视着这位身材高大、两肩宽宽的总司令，他独自向里奇的房间大步走去。

总司令的内心十分痛苦。他面对的局势比其他任何一位指挥官在第二次世界大战中所遇到的都令人绝望。更糟糕的是，他个人对里奇怀有深深的情谊，然而却要处罚他。他知道，他必须做出决定，而且是迅速的决定，撤换里奇。在危机中间解除一位集团军司令的职务，这已经是第2次了。这种事情可不能成为惯例。但是，在他视察了巴古什的第8集团军司令部以后，他就再也不能欺骗自己了。

那是在托布鲁克失守的第2天，奥钦莱克来到巴古什。令他惊讶的是，面对灾难，里奇和他的司令部的其他成员已经变得麻木不仁了。笼罩在他们身上的失败情绪就像燃烧在城镇上空的黑烟，久久不散。里奇当时建议，把一切赌注都押在梅沙马特鲁港的最后一仗上，就好像他想让这一切都结束并完蛋一样。如果他真的连胜利的可能性都不相信了，还能指望他指挥打胜仗吗？那么，换谁呢？形势极为严峻，从英国调人来，时间不允许，同时也不能把这副重担让数周来疲劳不堪的下属来承担。于是，奥钦莱克打定了主意。

在屋里，奥钦莱克和里奇，这两位大个子将军面面相视着，里奇外表仍然没有疲乏或者紧张的迹象。这真是一个强壮而不易激动的家伙，总司令暗想，他发现整个司令部都在正常地工作着。

不能再浪费时间了。

▲ 英国克劳德·奥钦莱克将军。

▲ 利比亚战场上，意军士兵正在向前冲锋。

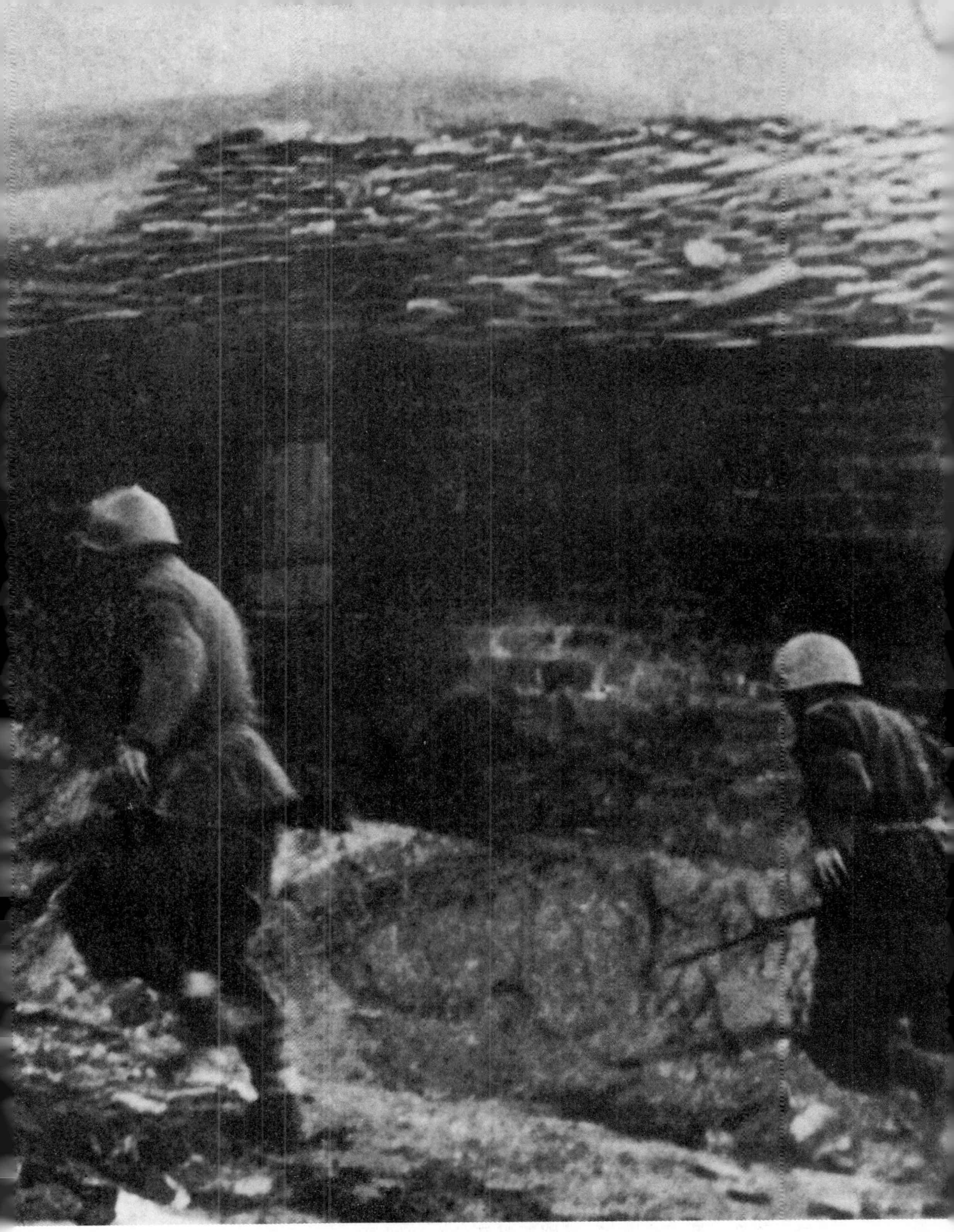

"里奇将军，我想告诉你，形势如此严重，只有我能承担这副担子。因此，从现在起，由我担任第8集团军的总司令。"奥钦莱克郑重地宣布。

"明白，我的司令阁下。"

里奇并没有表现出什么紧张和不安，也没有指责和不满，他冷静地接受了这个消息，他又成为一个称职的参谋官，他把所知道的局势做了一番介绍，尽管没有什么新东西。

简短的谈话结束了，里奇独自走出屋上了车，向尼罗河三角洲驶去。随后，身兼第8集团军司令的奥钦莱克走下奥康纳曾经使用过的地下作战室。已在那里等候的多尔曼·史密斯和参谋人员们看着他。

总司令经常受到别人的注视，他们在观察他是否累了？或者生气了？或者，他是否带来了什么好消息？但是，这一次，在司令部，他们是在看他指着地图讲解敌军的情况。他们郑重地听着，看着，说着。他们知道，能否挽救中东，在于他们这些决策能否很好地贯彻执行。

"报告！第10军军长霍姆斯前来报到，请指示。"军长满头大汗，气喘吁吁地说道。他显然是一路快马加鞭赶来的。

"情况怎么样？慢慢讲。"总司令示意他坐下。

"迹象表明，隆美尔肯定会在明日一早进攻第8集团军。士兵们个个摩拳擦掌，誓与敌人决一死战。"新来的军长还不知道什么叫作失败。

众人的目光转向奥钦莱克，只见他一板一眼地说道："是的，我们当然要在梅沙马特鲁同敌人交战，但不是死战，仅仅是牵制。战斗结局难以预料，没有人知道会发生什么情况。"说着，总司令的声音变得沉重了，"我最担心的是，梅沙马特鲁的部队会被包围。因此，我命令你，霍姆斯将军，在任何情况下都不能被围困在梅沙马特鲁，里奇将军下达的在梅沙马特鲁坚持到底的命令从现在开始作废。如果这场战斗进展不顺利，第8集团军即可以向阿拉曼撤退。"

"是，司令，我明白了。"霍姆斯满怀信心地回答。

在座的众军官不禁为总司令捏了一把汗,他们在沙漠中作战已久,知道退守阿拉曼防线继续战斗,是需要多么大的勇气才能做出的决定。1941年,韦维尔的参谋人员经过论证后提出,如果轴心国军队进抵梅沙马特鲁,英军便不得不放弃埃及了。当时韦维尔将军也接受了这个建议,可是现在……

军官们交换着眼色,似乎在问:这位总司令,他能行吗?

奥钦莱克将军在接下来的表现,似乎给他的部队增添了信心。他把英国和英联邦国家军队部署在一条战线上,这条战线从地中海边的梅沙马特鲁向西南方向延伸了32公里,一直到一个名叫西迪哈姆扎的悬崖边。英军阵地在前面布置了成千上万的地雷。

尽管隆美尔的军队在人数和坦克两个方面都有优势,但他依靠的仍然是他一贯运用得很好的战术:速度、机动性和突然袭击。不幸的是,正是这种快速度意味着实力不济的德国空军无法在沙漠里快速地建立起前沿基地,以提供有效的空中掩护。即使是这样,隆美尔还是于6月26日下午发起了攻击。他的第21装甲师和第90轻型坦克师进攻英军防线的中部,他们惊奇地发现,他们击中的正是防守者的弱点。

奥钦莱克本以为隆美尔会进攻他们的两翼,努力在那里形成包围圈,从而切断同盟国的军队。所以,这位英国将军把他的大多数兵力都部署在两端的防线上。在北边,他布置了第10印度军,由英国第50师和第10印度师组成。在南边,即悬崖边,驻扎着第13军的两个师,他的机动部队第1装甲师和安插在他后边的第2新西兰师,第7装甲师的两个大队也协同防守。在这两个师之间的大约16公里的地带,地雷较少,由分散的步兵和炮兵混合的据点把守着。

进攻中的德国军队一路横扫挡在他们面前的小股分队,直接插入英军腹地。第90轻型坦克师向北攻击海岸公路,第21装甲师朝东南推进。隆美尔第2天亲自率领第21装甲师从北边包抄第2新西兰师和第1装甲师,然后,从后面发起进攻。

与此同时,隆美尔南翼的第15装甲师冲进了英国第1装甲师的正面。隆美尔的大胆再一次得到了回报。只有23辆坦克和600人的第21装甲师却要攻打一支力量强大得多的敌军——仅英军的第1装甲师就有159辆坦克。如果这些坦克协助新

▲ 英军步兵从一辆燃烧的德军Ⅲ型坦克旁边经过。

▲ 一名德军士兵正在用野战电话联络，另一名士兵在一旁记录。

西兰部队发动进攻，那么德国军队第21装甲师就可能全军覆没。

在激烈的短兵相接的战斗中，新西兰部队突破了第21装甲师的防线，与向东撤退的英军第1装甲师会合。第21装甲师转向东北，朝梅沙马特鲁东南64公里的一个村庄富卡进发。这支部队切断了海岸公路，攻击了该村庄西南部的高地，与此同时，在北边，德军第90轻型坦克师抵达了格罗拉附近的海岸公路，切断了英军右翼第10军的撤退路线，第90轻型坦克师准备猛攻格罗拉城及其防守阵地，这里的大多数英军已被切断。

但是，在6月28日晚上一场疯狂的混战当中，英国人突围出来，有一次甚至冲进了隆美尔的流动指挥所，德军参谋部高级军官们迅速抓起冲锋枪扫射，使英军步兵们在帐篷之间乱成了一团，只顾逃命。

6月29日早晨，第90轻型坦克师进入梅沙马特鲁城，标志着隆美尔的军队在两周内取得了第2次显著的胜利。当时，所有没被抓获的英军士兵都仓皇地向东北方向逃跑。德国人抓获了近8,000名俘虏，还缴获了大量的武器和供给品。

隆美尔在给家人的信中表现出了极度的喜悦。"现在，梅沙巴特鲁战役也已取得了胜利，我们的先头部队离亚历山大只有200公里了。我想，最糟糕的日子已经远远地被我们抛到了身后。"

最近几周持续的激烈征战，已经使得隆美尔手下的许多士兵筋疲力尽。他们是多么渴望在湛蓝的海水里游游泳，放松一下紧张的神经，然后再美美地睡上一觉。然而，战争是残酷的，隆美尔不允许他们有丝毫的懈怠和停歇，他始终坚信，在英军获得部队和新的武器装备之前，彻底击败他们是非常重要的。

就在他的部队占领梅沙马特鲁的那一天，他命令乔治·布里尔上尉带领的第606高射炮分队组成一支战斗小组开向亚历山大，一直要开到郊区时才能停下。他告诉布里尔："等我明天赶到时，我们一起到开罗去喝咖啡。"布里尔服从地向前开去，一路没有遭遇到多大的抵抗，到6月30日时，他们小组离亚历山大只有80公里了，靠近了一个名叫阿拉曼的小村庄。

　　无穷无尽的卡车和坦克在海岸公路上隆隆行进，扬起的滚滚沙土，把一切都笼罩起来。车辆两旁，三三两两的士兵跟随前进，他们灰头土脸，衣衫不整，但秩序还算井然，只是神情黯然，精神不振。列兵古迪夫身旁的一辆指挥车上传来伦敦BBC的广播："英国第8集团军已放弃梅沙马特鲁，向阿拉曼防线撤去。"

　　"嘿，中尉，听，我们撤退了。"古迪夫兴奋地拍了拍马斯中尉的肩头，紧跑几步，竖起耳朵听下去。

　　"该防线起自地中海，延伸64公里至卡塔腊洼地的盐碱滩，堪称沙漠马奇诺防线。在这种独一无二的沙漠地带，没有开阔的翼侧可代隆美尔迂回其装甲部队。'沙漠之狐'隆美尔必将在阿拉曼这个铜墙铁壁面前碰个头破血流……"

　　指挥车开远了，古迪夫稚气的脸上满是欢乐。"听见了吗，阿拉曼战役肯定是我们在沙漠里的最后一仗了，多好啊，战争一结束，我就要回到苏格兰看妈妈去了，我到这里甚至没来得及跟她告别呢。"马斯听着，默然一笑，没有回答。

　　"哎，中尉你说，阿拉曼防线是不是很坚固壮观，条件能好一些吧？"古迪夫显然还沉醉在幻想中，不停地问着。

　　"小伙子，不要太天真了，"中尉一撇嘴，"那里同我们以前的几道沙漠防线一样，不过是一片空无人烟的沙漠而已。"

　　看着古迪夫一脸茫然的样子，马斯笑了，友好地拍拍他，说："好了，不要想太多了，你的任务就是保存自己，消灭敌人。其他的事儿都是司令应该考虑的。"

☆ 阿拉曼防线阻敌前进

　　关于英第8集团军向阿拉曼防线撤退的广播，隆美尔也听到了。他对此深信不疑，英军肯定要在阿拉曼决一死战了。于是，隆美尔决定将进攻时间推迟24小时，

▲ 一名德军士兵正在小心翼翼地埋放地雷。

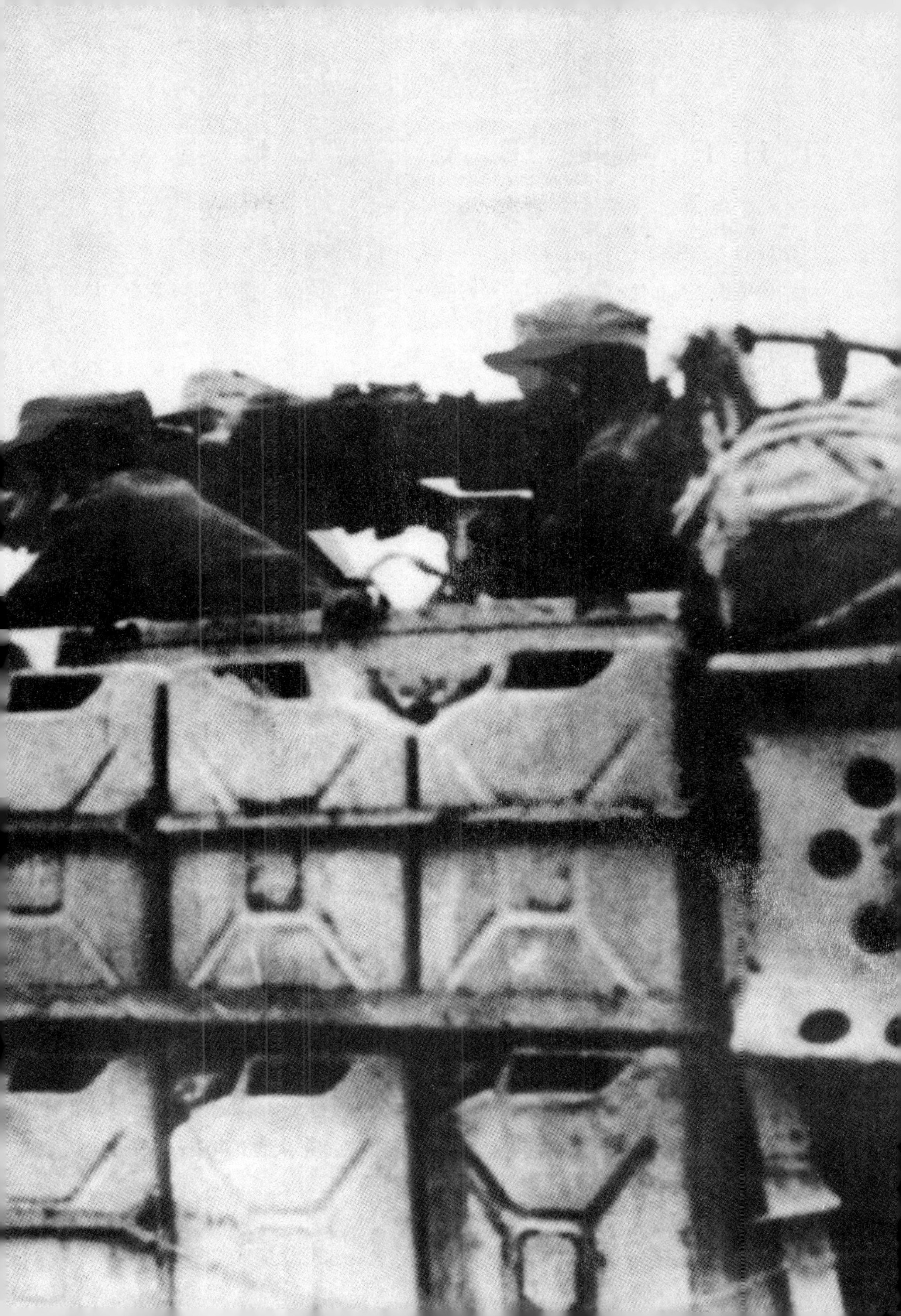

THE BATTLE OF

EL-ALAMEIN 二战经典战役全记录
征战阿拉曼

以便他的"非洲军团"能准备得更充分一些。他也许没有想到的是，正是他的这个决定给奥钦莱克和他的军队赢得了难得的一天时间，此时此刻对于奥钦莱克来讲，时间甚至比坦克更重要。

奥钦莱克用这点时间加强了阿拉曼的阵地工事，还调来了更多的部队。这道防守线有64公里长，由一系列被英国人称为"盒子"的据点组成。这个错综复杂的地雷区由铁丝网紧紧包围着，还有钢筋水泥做的碉堡、防空洞和土木工事。这道防线从蔚蓝色的地中海向南延伸到一排嶙峋的山地，这里是卡塔拉谷地的边缘地带，在海平面208米以下，重型车辆根本无法通过。这使得阿拉曼防线不可能从侧翼包抄，隆美尔就算再怎样神奇也只能从中间穿过。

与此同时，奥钦莱克也在准备应付可能的失败。6月30日，他命令霍姆斯去后方组织尼罗河三角洲的防御，第2天，他发布命令：必要时从阿拉曼撤退。他认为，在目前这种条件下，在阿拉曼下达"不许撤退"的命令，既残忍又愚蠢。毕竟，他除了担任第8集团军司令外，他还是中东英军的总司令，必须从全局考虑问题。第8集团军必须保留下来，因为为了赢得战争的胜利，波斯湾的石油比埃及更重要。

部队部署停当，奥钦莱克在他紧靠前线的司令部里等待着隆美尔的进攻。6月30日晚，他电告伦敦，预料敌人主攻方向将在阿拉曼与巴布尔卡塔腊之间的地带，因此英军配置在中央靠右的地域对付进攻。与此同时，他给部队发报指出："集团军司令估计，今晚敌人如未进攻，它也必定会在明天早晨发动攻势，兹命令所有部队从今天晚上半夜起准备应战。"

当其余的军队赶上布里尔的小组后，隆美尔准备用他在梅沙马特鲁取得成功的那套作战方案来进行一次新的进攻：由第90轻型坦克师在意大利第13军的支持下，直插英军在阿拉曼以南的第30军的防线，然后转向北边切断海岸公路，封锁英军的撤退路线。在较远处的南边，德国"非洲军团"和意大利第20军攻击由英国第13军据守的防线中部，并且扰乱它的后方。在德国侦察部队的支持下，"利托里奥"师将迷惑英军，佯攻南边。

146

隆美尔将开战时间定在 7 月 1 日凌晨 3 点。

届时，德国步兵、机枪手和第 90 轻装甲师的士兵重新爬进自己的卡车，编成宽阔的队形，向阿拉曼发动了进攻，目标直接指向英军防线的右翼。他们计划突破这一地段之后，第 90 轻装甲师便向北扑向海岸，截断阿拉曼英军。然而，一场沙漠风暴使他们迷失了方向。德军像没头的苍蝇一样，慌乱中正好闯入英军的防御阵地，右翼南非旅的猛烈火力铺天盖地而来，打得第 90 轻装甲师抱头鼠窜，溃不成军。

与此同时，在较远处南边展开进攻的第 15 和第 21 装甲师在德尔据点遭遇了未曾预料到的英勇抵抗，经过残酷的战斗，毫无作战经验的印度第 18 大队全军覆没。但是，在交战过程中，德国坦克也遭到英国皇家空军的重创，然后，又遭到英国反坦克大炮的射击，损失也相当惨重。

隆美尔不得不投入仅有的一点后备队，并亲自驱车上阵，重新组织进攻。在隆美尔的威逼下，德军向阿拉曼以东发起了冲锋，英军的猛烈炮火从四面八方袭来。只听一声凄厉的呼啸声，一颗炮弹刚好在离隆美尔小车 6 米的地方爆炸，猛烈的气流将他们掀出车外。他的随从在密集的炮火下，发疯似的挖着坑，在以后的 3 小时里，隆美尔一直躲在这坑里动弹不得，无法前进，也无法下达命令。

接着一场大雨倾盆而下，泥泞的道路使他们的车辆无法开动。不久，无休无止的空袭也随之而来了。

"非洲军团"仅剩下 37 辆坦克，而第 90 轻装甲师只有正常兵力的 1/6。隆美尔仍然命令这个师重新发动起进攻。天亮前一小时，第 90 轻装甲师疲惫不堪的步兵们在没有任何炮火掩护的情况下，又恪尽职守地开始了一次新的进攻，但仅仅前进了一小段距离就被英军势不可挡的炮火和机枪扫射阻止住了。

隆美尔知道，他的部队已经失去了强劲的势头，不过，他还是决定继续前进。

第 2 天，他命令装甲部队重新发动进攻，他们的目标是抢占鲁威萨特山梁，这是沙漠中耸起的一片长达 3 公里的高地，就在德尔防线的东边。在英军第 1 装甲大队的坦克和大炮西侧，德国的两支装甲师没有多大进展，甚至还遭到了反攻，只是

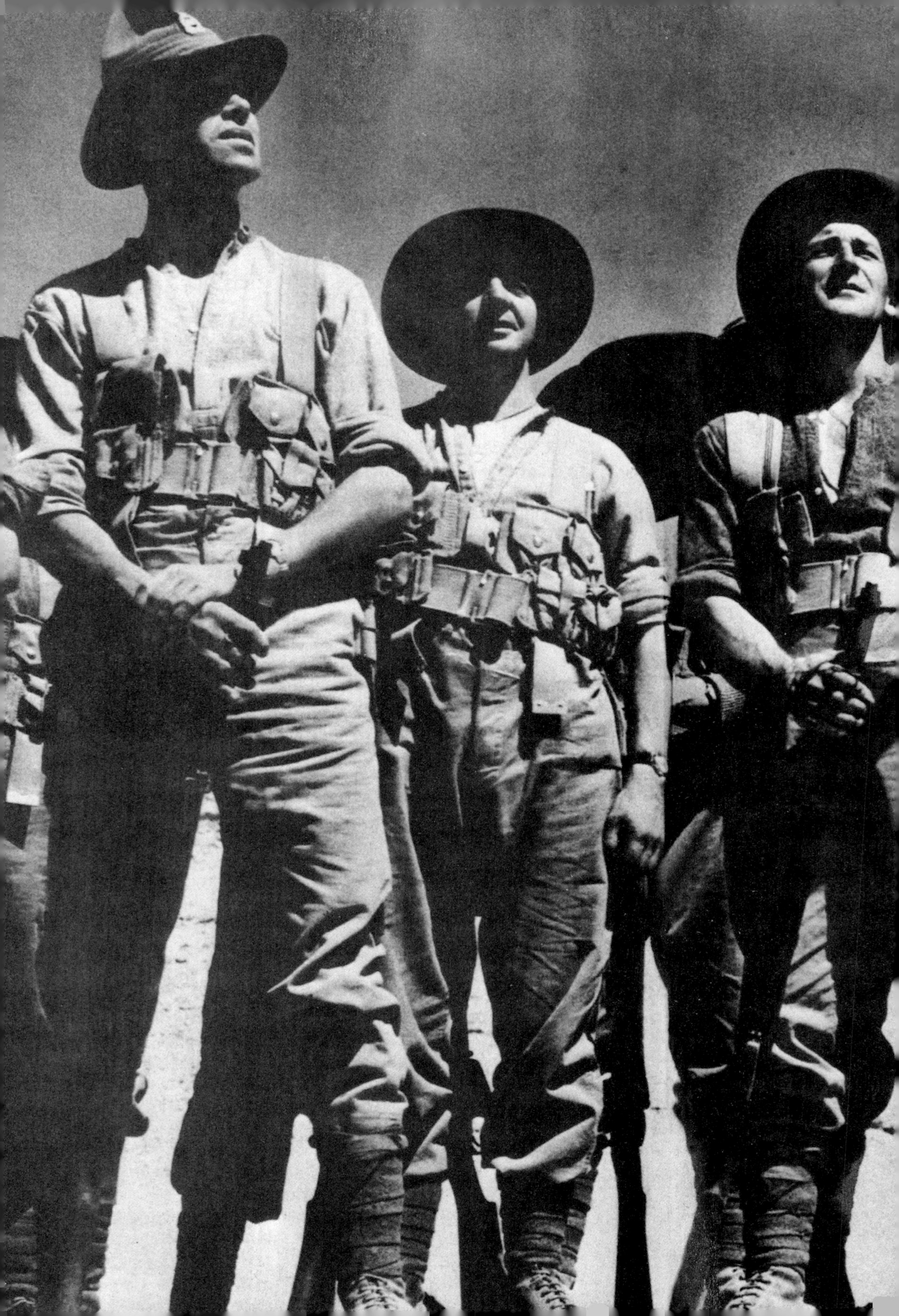

▲ 1941年，参加沙漠之战的澳大利亚和新西兰士兵。

英军反过来又遭到"非洲军团"88毫米大炮的打击。在南边，"阿里埃特"师试图推进，但受到阻止，结果变成了一次意大利人的大溃退。

7月3日，隆美尔在各地的进攻都遭到了挫折。自加扎拉之战以来，隆美尔的部队已持续作战5个星期，期间没有休整，没有补充，战斗力不断减弱。而英军开到阿拉曼之后则补充了两个师的兵力，运达前线的坦克和大炮也越来越多，其抵抗没有垮下去，而是变得更加坚强起来。据此，隆美尔决定暂停进攻，战场的主动权就这样落到英军手中。

当晚，奥钦莱克给部队发了一封电文予以鼓励："从总司令到第8集团军全体将士，干得好！这是令人愉快的一天，只要坚持下去，胜利一定是属于我们的。"

从此，德意军与英军展开了拉锯战，奥钦莱克不断向敌人发起进攻，尤其是进攻意大利人，取得了可观的战果，气得德国人大骂："意大利人应该尝尝皮鞭的味道，6辆英军坦克就围歼了特兰托师的整整一个营。这些家伙在完蛋之前全都变得如此胆怯，这真是一个奇耻大辱，我们为总司令不得不和这样的部队合作感到遗憾。"

英军的这些有限进攻给隆美尔带来极为严重的战术后果。使德军装甲军团失去平衡，并把隆美尔计划用来作为进攻用的库存汽油和弹药也耗尽了。

"俾斯麦将军，我不能让意大利这头蠢驴把我的家当一点点耗尽。不能再等了！我命令你部——第21装甲师于明日中午向英军防线发起进攻。你过来看，"隆美尔将俾斯麦领至巨大的阿拉曼地图前，继续布置道：

"你的任务是切断阿拉曼那个防御坚固的'盒子'，然后加以突破，继而将其全部摧毁。有什么问题吗？"

"恐怕英军的大炮是我们难以通过的一关。"师长小心翼翼地说道。

"这你放心，这就是我选定正午发动进攻的原因。这时沙漠上一切东西的轮廓都在强烈的阳光的照射下和高热中闪烁和融化，再好的炮手也无法瞄准目标。此外，我已同空军指挥官瓦尔道说好，进攻发起的同时，轰炸机也将对英军的炮兵进行轰炸，为你扫除障碍。"

7月13日，俾斯麦和他的第21装甲师按隆美尔的命令开始行动。轰炸机一顿打击，英军的炮兵真的哑巴了。俾斯麦的坦克开始摇摇晃晃地前进。隆美尔手持望远镜，一直目送他们远去。突然，一阵古怪的旋风在灌木丛之间旋转，转瞬间就变成了时速113公里的狂飙，搅起几百万吨滚烫而细小的黄沙，铺天盖地地卷过沙漠，队伍很快就被吞噬了。

隆美尔则亲自动身到了前线，他想掌握战斗的整个进程，只可惜，他什么也看不见。

直到下午5点钟，隆美尔才获悉装甲部队在卡萨巴以南的一个高地停止不前，同时空军也在闲等着进一步的命令和指示。最后，6点30分，瓦尔道第2次派轰炸机发起攻击，坦克才又开始向前推进。

在此之后，战斗被分成了零碎的小块。大约晚上8点，隆美尔打电话给瓦尔道，情绪显得很激动。他宣布："装甲师将在轰炸机出色进攻的掩护下直接插进敌军的防线。"然而严峻的现实，正如第21装甲师一个步兵营的战斗日记所描述的那样，却并非如此：

> 我们正好在敌军的铁丝网前面，由于没有适当的工具，开辟道路的工作毫无进展，只有少数地雷工兵有钢丝钳，为我们清出了一条狭窄的小路。这时差不多已是黄昏了，战场只是靠摇动闪烁的火焰和苍白的月光照亮。随后我们的坦克突然掉转了方向，难道是弹药或者汽油耗完了？我们什么都不清楚。

夜深了，隆美尔正在指挥所里抱头而坐，两眼失神地望着前方。参谋长拜尔林推门而入，轻轻走到他的身边："司令，第21装甲师来电，请求撤退。"说着，他把一份电文放在隆美尔面前，隆美尔无精打采地瞟了一眼：进攻终于失败了。

隆美尔的表情越来越严峻，终于，从紧绷的嘴里蹦出几个字来："我对这次进攻所抱有的全部希望，都令人悲痛地幻灭了，这千载难逢的机会却让他们错过了。"

夜里英军开始反攻了，没用多久，意大利的两个师就崩溃了。

隆美尔后来在给妻子的信中这样写道："敌人正在把意大利军队一个接一个地吃掉，这样一来，我们德国军队的力量将会变得极为单薄，从而无法抵御他们的进攻，为此我真想痛痛快快地大哭一场。"

隆美尔对阿拉曼防线的进攻确实是失败了，连他自己也不得不承认这一点。他承认奥钦莱克"对于兵力的运用颇有技巧，从战术水准上来说，是要比里奇高明多了。"

奥钦莱克以他的战略头脑、大将风度以及出色的指挥技艺终于在阿拉曼站稳了脚跟。尽管他在7月的苦战中也损失了近2万人，但毕竟达到了阻止德军前进的目的。

☆ 非洲军团的喘息之机

英军在阿拉曼成功阻止住了"非洲军团"的进攻，当时的隆美尔的军队物资缺乏，兵力不足，如果英国人在那个时刻能够发起一次强大的进攻，那么这次沙漠战争有可能就在彼时彼地结束了。隆美尔的参谋官梅伦廷少校在回忆录中这样写道："毫无疑问，当时我们已没有力量能顶住第8军的一次顽强攻击了。"

奥钦莱克选择的是暂停重组，这样就给了"非洲军团"一些时间来休息和补充,新兵及供给品，有些是从的黎波里穿过沙漠长途跋涉1,931公里运来的。双方现在沿着一条静止不动的前线面对面地对峙着，这种作战方式是隆美尔极度厌恶的，但他的装备更优良的对手却很喜欢。好在德国"俯冲式"轰炸机重新又出现在同盟国军队的上空，这总算给德军的士气注入了一点活力。

当隆美尔获悉英国人已放弃了防线南线的卡雷特拉布特据点时,暂停的状态结束了。

▲ 英军突击队员深入敌后行动3个月后幸存而归。

他派遣第21装甲师和意大利"利托里奥"师占领了这一地区，英国人令人不解地撤退出了这一重要地区，给了隆美尔一次难得的机会，直捣他认为已快崩溃的英军后方。

然而，当英军的大炮开始向前线的靠海的那一端轰击时，一切神秘顿时明朗起来。

奥钦莱克将军已把主力行动转移到北边，希望先击败那里相对软弱的意大利军队，在接下来的同盟军进攻中，澳大利亚第9师的老兵们从阿拉曼附近的掩体里一窝蜂式地冲了出来，他们向西攻击，战胜了意大利的"萨布拉塔"师，沿着海岸公路一直把这支部队追到了特勒艾莎高地，并且还攻占了这块高地。疯狂逃命的意大利士兵乱作一团，跑进了前线后面几公里的德军指挥所，梅伦廷把这一情景描述为"最后的恐慌和溃退。"

澳大利亚人的进攻使隆美尔丧失了他最关键的情报部门——在监听同盟军通讯

▲ 激战过后，几个德国士兵用担架抬着受伤的战友撤退。

信息方面一直表现卓越的"信号窃听部"。该部的领导和他的大多数部下都已阵亡，他们的密码本及其他装备也被毁掉了。

次日，隆美尔又一次发起进攻，他的意图一直没有变——切过澳大利亚军队在特勒艾莎的突击部队，抵达海边。但是，在一阵猛烈的空中打击后，澳大利亚步兵在火炮的配合下把德国军队再次打得退了回去。

在接下来的几天里，战斗的势头在同盟国军队和轴心国军队之间来回转换，一会是冲锋，一会是倒退。后来，奥钦莱克把他的注意力转向防线的中部，因为那里是不会打仗的意大利军队。这一招果然有效，隆美尔不得不用炮轰才挡住了盟军咄咄逼人的进攻，他还被迫把德军和意大利军队紧紧地捆在了一起，以加强抵抗的力量。

7月底，战斗仍在进行中，但很明显，进攻者不再打算突破了，英军的空中掩护控制着战场。隆美尔在打一场他无法得胜的消耗战；他的兵员和供给品都快要给耗尽了。夜幕降临时，他指示部队原地掘壕固守，然后给凯塞林发电文，说他已暂停了进攻。

始于5月26日，非洲装甲部队原本胜利在望的这次进攻战，最后停顿了下来，有那么一会儿，隆美尔好像已把埃及抓握在手中，但那一时刻已成为过去。

奥钦莱克此时已成为英国最耀眼的明星，就连隆美尔都对他称赞有加，然而，正当奥钦莱克率领第8集团军与隆美尔展开血战并获取胜利的时候，有一个人却对他大为不满。

这个人就是英国首相丘吉尔，他刚刚在议会受到不信任动议的抨击，好不容易才将自己解脱出来，刚才的一幕回想起来一直令这位能言善辩的大英帝国首相心惊胆战。

在美国与罗斯福总统会晤时，丘吉尔就听到了托布鲁克失守的消息，当他迫不及待地飞回英国时，他的私人秘书佩克告诉他："国内情况不容乐观，一定要把问题考虑得严重些为好。"

丘吉尔的表情十分凝重，他问佩克："保守党这边情况怎么样？"

"离您的选区不远的埃塞克斯选区的议席，以前稳操在保守党议员马尔登手中，但现在这位被正式提名的候选人已败下阵来，席位已落入左翼无党派候选人——汤姆·德雷伯格手中。此外，保守党比较有势力的议员约翰·沃德洛提出一项动议，明确表示对中央有关战争的指挥工作不予信任。"

丘吉尔气急败坏地说："实在不行，就让下院再举行一次信任投票。"

佩克放缓了语气："首相，您知道，在托布鲁克沦陷前不久曾经举行过一次信任投票，现在再要求下院投一次，恐怕不太合适。"

丘吉尔轻轻地挥了挥手："行了，我清楚，托布鲁克失守自然会引起他们对政府的不满，但我会处理好的。"

此时的英国议会大厦像个混乱的菜市场。议员们三三两两地聚集在一起，互相窃窃私语着什么。在后座席位上，保守党财政委员会主席沃德洛早早地就在那等待了，他对自己发起的这项不信任动议充满自信。

终于轮到他发言了。

女士们，先生们，我首先要说的是，这项动议并非指向在战场英勇作战的官兵们，而是明确地指向我们的政府。大家应该清楚，迄今为止，英国已经遭到了一连串的失利和溃败，在北非，托布鲁克失守，政府却没有给我们任何解释。我认为失败的原因主要在我们的内阁，最关键的错误就是让首相兼任了国防大臣。

他这开门见山的动议把大家的目光都吸引去了，这不禁使他心中暗喜。接下来的话当然说得更有底气。

我们必须有一位有力的专职人员担当参谋长委员会的主席，我们需

▲ 丘吉尔与几个亲密的军事助手在首相官邸的后花园里留影。

要的是一个有魄力而不受任何方面牵制的人来任命军队的将领。我们之所以遭到失败，从根本上讲，是由于我们尊敬的首相缺乏对国内事务的细致审查，也由于缺乏从国防大臣或其他掌管军队的官员那里得到的应有的指示……

他的话本来已得到了一些议员们的认同，但接下来他却表现得不那么尽如人意了，他突然冒出这样一句话："如果国王陛下同意，任命格洛斯特公爵殿下出任英军总司令的话，那将会得到大家的一致认同。"

本来平静的议会厅里突然一片哗然，议员们最讨厌的就是把王室牵涉到引起严重争执的责任当中来，这是这个民主制国家所不能容忍的，他们再也不想听这位愚蠢的人讲下去了，沃德洛几乎是被叫喊声赶下台去的。

接着由一名工党议员发言，他的意思大概就是说政府对军事指挥干涉太少了，这与以"首相不适宜干涉军事指挥"为由，提出的不信任动议大相径庭，互相矛盾，导致工党内部的议员之间反倒互相指责起来。

这样的局面当然对丘吉尔是有利的，他本来有些紧张的脸上渐渐泛出了一丝笑意。

经过两天的激励争论，最后，丘吉尔开始答辩了。他沉着老练、胸有成竹，相信自己一定能够渡过难关。在这里，他又一次向众人展示了他那无与伦比的智慧和口才。

……我们正在为我们的生存而战，为比生命本身更宝贵的事业而战，我们无权设想我们一定能够胜利，只有我们恪尽职守，胜利才是必然的。严肃而建设性的批评，或者在秘密会议中的批评，均有很大的优点；但是，下议院的责任在于支持政府，或者更换政府，如果下议院不能更换政府，就应当支持它。在战时，没有什么中间方案可以执行。

……我是你们的公仆，你们在愿意时有权来解除我的职务。你们没有权力做的是，要求我负起各种责任而又不给我有效行动的权力，要求我担负起首相的责任，却又如同那位尊敬的议员所说的那样，'在各方面受到权威人士的钳制'。

……我可以证明，在全世界，在美国，在苏联，在遥远的中国，在每一个遭受敌人践踏的国家，我们所有的朋友都在等待着，看看在英国是否有一个坚强团结的政府，英国的国家领导是否会遭到反对。如果那些攻击我的人减少到微不足道的比数，而他们对联合政府所投的不信任票转变成对这一动议的制造者们的不信任票，毫无疑问，英国的每一个朋友和我们事业的每一个忠诚的公仆都会为之欢呼！

最后，下议院举行了表决，沃德格的不信任动议被击败，丘吉尔永远记住了这危急的一天，1942年7月2日，这一天，他以自己的坦诚和威望赢得了大家的信任，然而，只有他自己清楚，这样的结果是多么的来之不易！

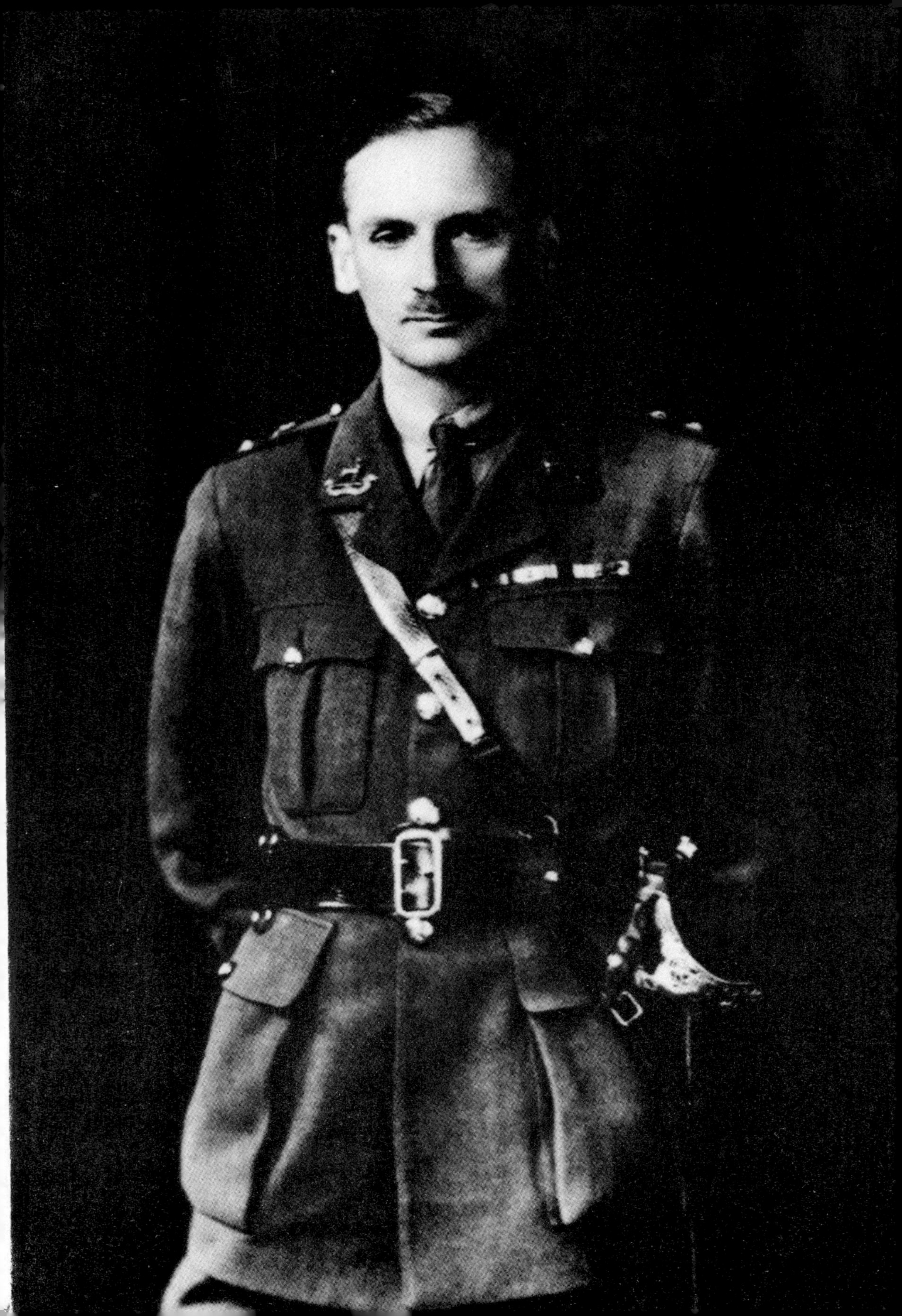

第 6 章

CHAPTER SIX

蒙哥马利临危受命

得以喘息的隆美尔再次选择了主动出击，他计划采用"闪电战"的推进方式直接进攻阿拉曼防线。一时间，冲锋与倒退在同盟国和轴心国军队之间来回转换。奥钦莱克的进攻战屡战屡败，他在给伦敦的战况报告中得出这样的结论："继续对德国装甲部队采取进攻在目前是不可行的。"大英帝国此时最需要的就是在北非的一次胜利，于是，丘吉尔果断地把英国在北非战场的命运交给了他最信赖的人，这就是第 8 集团军的新指挥——蒙哥马利。

☆ 奥钦莱克的伤感报告

当丘吉尔首相还在伦敦为自己的职责苦斗之时,在北非,隆美尔的部队与奥钦莱克的部队正陷入一场僵持的局面。奥钦莱克如此地卖力或许并没有产生什么实际作用,在丘吉尔眼中,阿拉曼防线暂时守住并不能同加扎拉防线失守、托布鲁克沦陷相提并论,当议员们用锐利的眼光、犀利的语言攻击着这位屡战屡败的首相兼国防大臣时,丘吉尔只能把责任全部都推到奥钦莱克将军身上。

丘吉尔尽管用自己一次次才华横溢的雄辩保住了自己的位置,然而,他所遭受的讽刺和嘲笑仍旧无法让他平静,他太需要一场至关重要的胜利了,然而,目前在北非的将军似乎都无法完成这个任务。丘吉尔有时甚至产生了这样一种想法:"若是隆美尔是大英帝国的元帅,那有多好。"可转念一想,这种假设简直幼稚可笑,就在刚才还有一位议员指责英军的失败在于内部存在着按部就班的思想:"在这个国家里,人人嘴边都挂着这样一句富有讽刺意义的话,'如果隆美尔是在英军服役的话,他将仍旧是一名下士'"。丘吉尔不仅扪心自问:"难道我们大英帝国能埋没这样锋芒毕露的人才吗? 不会的, 至少我在时决不会这样。"

北非阿拉曼前线。

得到了喘息之机的隆美尔稍稍高兴了一点,他让自己尽情享受了两次海水浴,然而,水温太高,根本感觉不到凉意。天气实在是热得过火,再庄重的人也难免要不拘小节了,隆美尔穿上自己略有些长的短裤,慨叹道:"要是我也能像凯塞林那样飞回元首大本营该多好。"但是, 他必须面对现实, 他还在北非。

奥钦莱克显然还不清楚伦敦的态势对他有何重大影响,他完全是按照自己的计划来安排和部署的。这次进攻的目标就很明确,那就是不遗余力地摧毁隆美尔的装

▲　1943 年在悦耳的风笛声中，英第 8 集团军穿过利比亚的边界进入突尼斯。风笛声减少了在寂静的沙漠中行军的枯燥无味。

甲部队。夜晚10时左右，猛烈的空袭开始了，地面上的炮火也毫不逊色，整个战斗的规模比德军想像的要大得多。

新西兰旅从南面插向沙漠中央处的麦尔洼地，拂晓时，奈宁将军不慌不忙地观察着局势的进展。他很自信地对部下说："我们一定要全歼这支新西兰部队。"在做好充分准备后，他命令他的装甲团连续前进3小时，在凌晨4时15分正式发起反攻。

凌晨4点，德军，包括为数不多的机枪和步兵营已经等在洼地周围，他们的手表滴答滴答地接近了进攻的时刻。新西兰人显得很轻松，洼地上可以很清晰地看到他们搭起的帐篷。4点15分，随着信号弹准时划破长空，高爆炸力的炮弹和迫击炮炮弹雨点般地落在新西兰军密集的人群中，接着，装甲车隆隆驶过洼地的边缘，冲入新西兰军的阵地，直到此时英军的装甲部队也没有到达。新西兰步兵首当其冲地成了受害者，奥钦莱克的这一次进攻使他的部队损失了1,000多人和25门大炮。

天亮时，第二阶段的战斗又接着开始了。从英国新派来的英军第23装甲大队投入100多辆坦克奉命前去，在敌军的中间插入一把楔子。然而，这支两星期前还在英国本土的部队，有两个装甲团至今还从未参加过战斗。

上午7时30分，他们虽然突破了布雷区，坦克先头部队也冲到了隆美尔的后方，险些攻破隆美尔的步兵阵地。然而，由于通讯上的混乱，他们在前进中走错了方向，结果，这些可怜的新来者陷入了地雷区，遭到了德军反坦克炮火的袭击。接着，俾斯麦的第21装甲师向英军发起了猛烈的反攻，布鲁尔上校的第5装甲团向英军侧翼发动攻击，从而彻底解决了这支英军大队。

隆美尔的进攻战虽然失败了，但他却在防守战中取得了胜利：那天，德国抓获了1,400多名英军，摧毁了大约100多辆英军坦克。

在这两场战役中，德军的士兵中涌现出了一个叫哈尔姆的19岁小伙子，他是一名炮兵观测手，操纵着一门俄制76.2毫米的反坦克大炮。由于炮手们无法在坚硬

▲ 英国排雷兵正在一片雷区用金属探测器探雷。

的岩石地上安置大炮,于是两名炮手不得不把大炮安置在炮架尾部以便减轻大炮的后坐力。

一支英军坦克纵队呼啸着向他们扑来,两分钟内,哈尔姆便击毁了4辆"瓦伦丁"坦克,其余的坦克顿时停下来,搜索毫无遮蔽的大炮,并向他们猛烈开火。

"当时的情况好险啊,一颗炮弹在我的两腿前方爆炸,紧接着第2颗炮弹炸掉了装填手巴鲁克的双腿,勇敢的雷利立即接替了巴鲁克的位置,一直坚持到最后。"哈尔姆回想起当时的险情,心中仍不免有些后怕。

"后来我们的大炮被打哑了,好在21装甲师及时赶来了,要不然我们真是凶多吉少。"

哈尔姆因为英勇善战,一星期后,很荣幸地接受了隆美尔亲自给他佩戴的"骑士十字勋章"。

隆美尔微笑着鼓励这位年轻的小伙子:"感谢你,勇敢的斗士,知道吗,你是第一个获得这一奖赏的普通士兵。"

▲ 隆美尔（右）和属下一起制定作战计划。

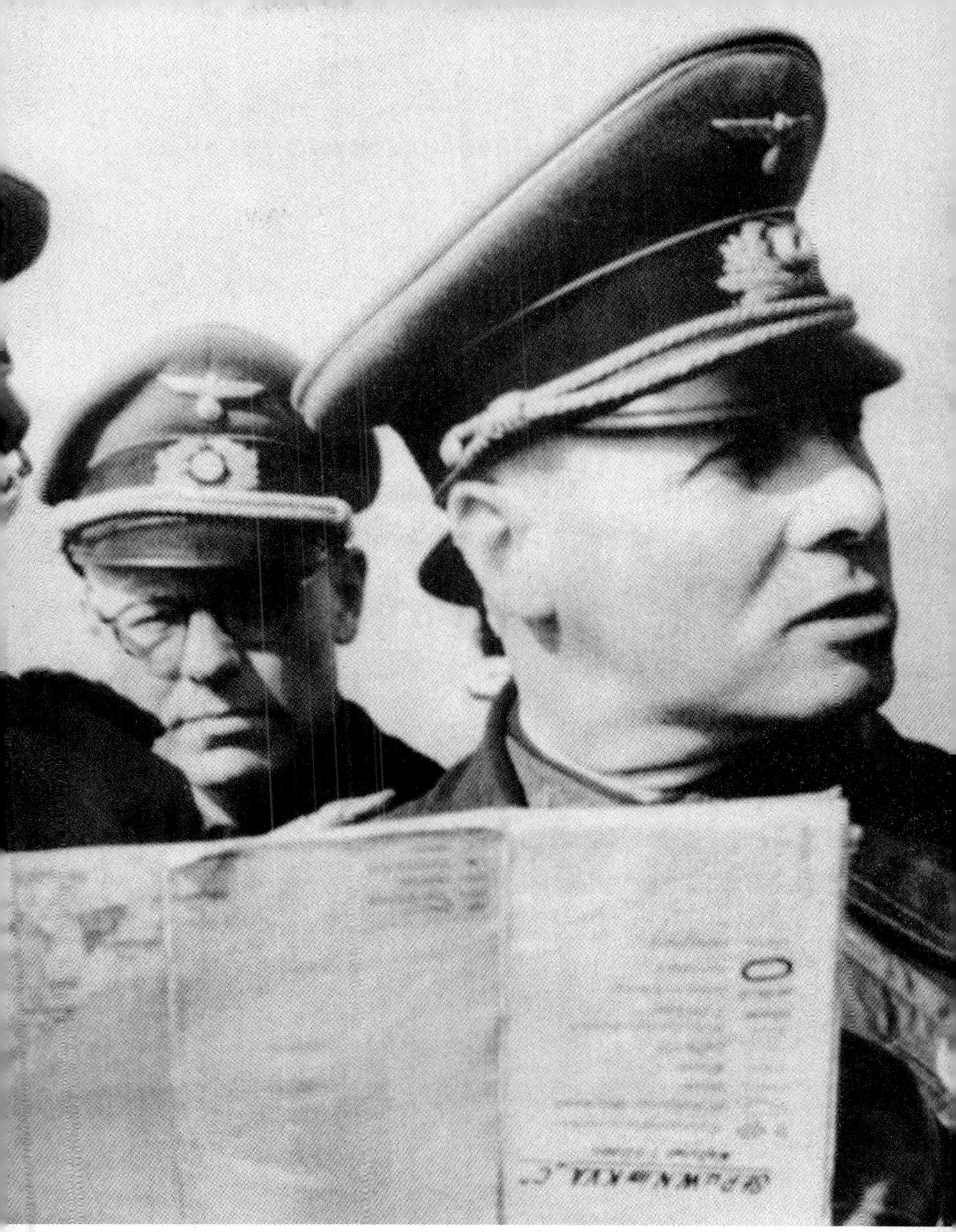

▲ 一名在战斗中侥幸逃离的德国士兵，却在骑着自行车试图赶上撤退的部队的途中被英狙击手击毙。

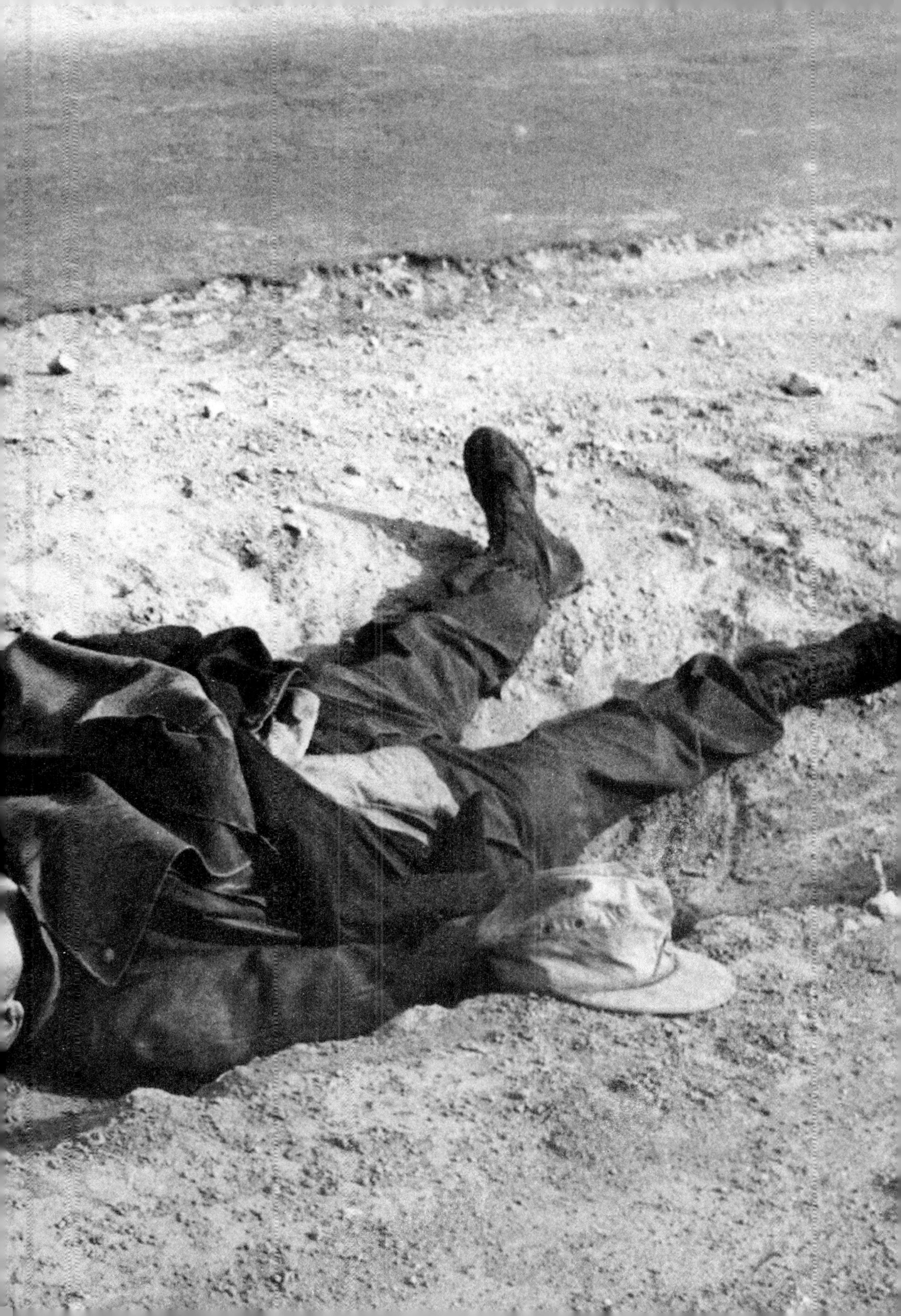

哈尔姆有些受宠若惊，激动的声音显得有些发颤："感谢元帅，我会继续努力战斗，伟大的德意志帝国万岁！"

隆美尔紧接着巡视了一下战场，感谢他的士兵们并给他们颁发了各类奖章，他突然发现，自己的部队虽然人数处于劣势，但士气却十分高昂，他不仅对接下来的战役充满了信心。

7月26日，奥钦莱克将军又试着进行了一次进攻，但结果同样以凄惨的结局而告终。澳大利亚军队虽然突破了德军的防线，但由于坦克的支持力量未能及时出现而不得不退了出来，英军装甲部队指挥官不愿意出动坦克，是他认为步兵在地雷区清除的缺口还不够充分。步兵们孤军奋战，结果可想而知。

隆美尔怀着欣慰的心情给他的爱妻露西写信："当然，要说我们已经越过最困难的阶段那还为时尚早，敌人在数量上远远超过我们。但是两天前我们在阵地前后击毁的146辆坦克对此做了很大的补偿，我们已经给了他们沉重的打击，敌人不会再如此放肆了。"

尽管奥钦莱克知道德军在7月份的这次拉锯战中，损失也相当惨重，隆美尔已经无法再承受更大的损失，但是，同盟国军队接二连三的失败已经在这位大英帝国元帅的心里埋下了阴影，奥钦莱克已下定决心，在做好充分的准备工作前，无论如何也不再行动了。

他在给伦敦上司们的一份战况报告中说道："我很不情愿地得出这样的结论——继续对德国装甲部队采取进攻在目前是不可行的。我们需要新的接受过良好训练的兵员和足以给敌军致命打击的武器，目前看来，这些都是远远不够的。"

接到奥钦莱克这份令人伤感的报告时，丘吉尔首相本来就不太好的心情，此时突然降至极点。面对北非前线的局势，他再也坐不住了，他在伦敦唐宁街10号狭窄的办公室里来回踱步，激动地对接替迪尔的新任帝国总参谋长阿兰·布鲁克大声喊着："中东有75万士兵，都跑到哪里去了？奥钦莱克为什么不继续作战？看来他是对自己中东作战区司令的位置不满意了吧？"

布鲁克知道奥钦莱克这么做肯定会有他的原因,他为了这个昔日的老友尽可能地辩护着:"奥钦莱克将军目前的处境相当艰难,此时任何一次草率的进攻,都会使我们前功尽弃,不如再等一等,待我们再派些兵员之后再做打算。"

丘吉尔显然没听进去他的话,看他拿着雪茄烟深吸的样子,就可以判断出,此时首相的心里是多么复杂。议会里的危机虽然已成过去,但他此时的政治地位却处在摇摆不定之中,随时都可能因为前线战局的不利而下台,公众的不满情绪依旧增长,要想改变也在公众中的"败军之将"的形象,途径似乎只有一个——那就是在北非前线上取得一场辉煌的胜利!

"奥钦莱克以为他带领英军在阿拉曼暂时阻止住德军的进攻就算胜利了吗?还差得远呢!他难道没有忘记在加扎拉,在托布鲁克我们是怎么样的惨败吗?可恶的隆美尔并没有走远,他就站在埃及的大门口,随时都有可能对我们构成威胁,这是多么紧要的关头,他却不可思议地停止了战斗!"

激动的丘吉尔把刚刚吸了两口的雪茄狠狠地扔在了地上,见此情形,布鲁克也不敢再言语些什么,他心里暗暗在想:"奥钦莱克将军,恐怕这次你真的是帅位难保了。"

7月中旬,丘吉尔态度十分强硬地坚持要美国人在北非发动一场大规模作战,以代替原来的横渡海峡的欧洲作战。这引起了美国军方、特别是马歇尔将军的强烈不满。罗斯福总统意识到丘吉尔此时的困境,为了帮助这位私交不错的朋友,他向军方表明:"我们美军必须在1942年与德国人交战,无论是在欧洲还是在非洲。"

一直对非洲不感兴趣的马歇尔将军背地里讽刺说:"看来我们总统的'欧洲第一'的概念还包括北非呀,如果这样,不如连太平洋也加上,那我们还可以对日本人作战了。"

罗斯福听说此言后,大发雷霆,他立刻给马歇尔写了一份备忘录,里面措词严厉地说明了"美军一定要参与非洲作战"的决心,最后的签名,罗斯福用了"三军总司令"的头衔,这和头衔以前他基本不用。

▲ 1942 年 2 月，在卡萨布兰卡会谈中，丘吉尔与罗斯福在一起。

　　丘吉尔在对罗斯福表示不胜感激的同时，心里也越发觉得沉重。他非常清楚，在与美国的联合作战中，英军无论怎么英勇都只能扮演次要的角色，大英帝国首相与美国总统本该有着相同的威望，但此时自己明显感到有些力不从心。即将实施的"火炬"计划，已经确定由英美共同作战，英军不可能在这场战斗中有什么令世人惊叹的表现了，如此说来，纯粹靠英军取得胜利的战役就只剩下一次了，那就是阿拉曼战役。可以说，这是英国留给自己的惟一一次挽回颜面、赢得殊荣的机会了。

　　丘吉尔越想越气，越想越急，他已经不需要再考虑了："一定要撤换掉奥钦莱克！"

　　1942 年 8 月 5 日清晨，奥钦莱克和他的参谋人员在第 8 集团军的机场上，迎接丘吉尔首相的到来。

终于，一个胖胖的身影出现在机舱门口，他向人们挥手致意，浑身沐浴着灿烂的阳光，一步一晃地走下了飞机。

丘吉尔和奥钦莱克站在一起很有一种喜剧的效果：丘吉尔，身材肥胖，面色红润，奥钦莱克身材瘦削，面容疲倦。当两双手亲切地握在一起的时候，谁都会觉得这次会面是那么的充满了热情和真诚。奥钦莱克先是向首相介绍了一下他的军队和下一步的计划，接着丘吉尔便与他就其未来计划进行了深入的探讨。

丘吉尔始终无法掩饰自己进攻的强烈欲望，他站在巨大的地图面前，指指点点，嘴里还总是振振有词地调兵遣将，说某某师在接下来的战斗中应该在某某位置才能更好地发挥作用，在某某重要地点应该再增派某某装甲部队去支援。

奥钦莱克始终默默地听着，在首相滔滔不绝的讲话终于告一段落后，他才说道："首相阁下，现在第8集团军经过长期奋战，急需补充兵员和物资，有些新换防的部队还不会在沙漠里打仗，他们必须做好必要的训练。在这些准备工作没有做好之前，我不能再贸然发动进攻，那样只能是拿士兵们的性命去冒险。"

丘吉尔立刻问道："那你说什么时候才能准备好吧，我要一个具体的时间。"

奥钦莱克虽然看出来首相已经是面带愠色，可想到眼前的形势，他还是说出了这样的话，也许就是这句话决定了他自己被解职的命运。

"最早也要9月中旬，在此之前我拒绝任何行动，因为那些都是徒劳无益的！"

尽管丘吉尔什么也没说，但在他心里，答案早已确定下来。

☆ 第8集团军的新指挥

在吃了一顿很不愉快的早餐以后，丘吉尔带着布鲁克离开了第8集团军司令部。当天晚上，在北非作战的空军部队盛情招待了前来视察工作的丘吉尔首相，在会上，丘吉尔亲切会见了第13军军长戈特中将。

"如果你来做第8集团军的司令，你会怎么办？"丘吉尔试探着问了问这位他已经初步确定下来的人选。

"我当然不会像奥钦莱克将军这样闲等，要是我，我会选择进攻！尽管我知道我们的部队已经深感疲惫，但我相信，狐狸的部队也好不到哪去，他们已经没什么可以抵抗的力量了。"戈特信心百倍地说了这番话。

丘吉尔笑了，就在第2天晚上，一项重大决策出笼了，丘吉尔任命亚历山大将军为近东总司令，任命戈特为第8集团军司令，受亚历山大指挥。

就在丘吉尔等待来自北非前线的好消息时，不幸的事情发生了，他的爱将——新任第8集团军司令戈特将军在8月7日向开罗进发时，他的车被德国战斗机击中，这位将军在帮助营救伤员时中弹身亡。丘吉尔又一次陷入到"选将"的窘境当中，他深深认识到，第8集团军需要一位勇敢的、具有冒险和进取精神的指挥官来让他们重树信心。

经过布鲁克将军的推荐，丘吉尔当机立断，立即下命令调第1集团军司令官蒙哥马利中将出任第8集团军的司令官，尽管蒙哥马利出任第1集团司令官还不到24小时。

如果说在此之前的非洲舞台上隆美尔是当仁不让的惟一主角的话，那么现在，另一位主角粉墨登场了。就是这么一个偶然的机会，一代名将蒙哥马利被推上了历史舞台。

伯纳德·劳·蒙哥马利，1887年10月7日出生于伦敦圣马克教区的一个牧师家庭，1907年以优异成绩考入了英国著名的桑赫斯特皇家军事学校，寒窗4年，毕业后分配了到了部队任步兵少尉。

第一次世界大战期间，他以自己的出色表现而晋升中尉，不过和在一战中叱咤风云的隆美尔相比，蒙哥马利的表现显得有些平庸。由于从小受母亲严格的管教和约束，他养成了一种服从和反叛共存的矛盾性格。他具有清醒果断的头脑和敏锐的

▲ 英军亚历山大将军（左）和蒙哥马利将军（右）在北非战场上。

洞察力,具有一种固执己见的自信和近乎狂妄的勇气。这使他在以自我为中心的表象下面显露出了渴望在军界能够出人头地的勃勃雄心。

到第二次世界大战爆发时,蒙哥马利已经成为驻西欧的英国远征军第3师的少将师长。在德国人出人意料的"闪击战"面前,英法联军遭到了灾难性的失败,而蒙哥马利则是少数几个能在混乱中保持冷静、清醒而富有远见的师长之一。他精力充沛,头脑清晰而且敢于决断并采取适当的行动,这使他赢得了后来担任陆军参谋总长的布鲁克元帅的赏识。

在经历了敦克尔刻那次令人羞愧的大撤退之后,他和他的同僚们遭到了英国人和德国人的双重嘲笑,这使得一向骄傲、自负而且野心勃勃的蒙哥马利感到愤怒,他渴望能够有朝一日再与德国人一较高低。这种孜孜以求的、狂热的战斗精神使他获得了一个大出风头的机会,屡战屡败的第8集团军和广阔无垠的北非大漠为他提供了一个绝好的用武之地。最重要的是,他面临的是一个强大的、被别人神化了的对手——"沙漠之狐"隆美尔。这使他感到亢奋并跃跃欲试,在他的心目中,没有比在全世界的注目之下打败隆美尔这样一个著名的敌人更能让他感到心驰神往的了。

矮小却很健壮的蒙哥马利将军长着一副鸟一般的相貌,他那高昂并带着鼻音的嗓音听起来刺耳而又不友善,他脖子很白,而脸部却粉里透红。蒙哥马利其实在许多方面与隆美尔非常相像,比如说,他们两人都很孤僻,在自己同行的将军中,都是敌人多、朋友少;他们文化素质都不高,对待下属经常表现出超乎寻常的专横和傲慢;他们都怕太多的约束,如果情况紧急,他们都敢大胆犯上而不计后果;在战场上,两人又都是优秀且有独到见解的令人钦佩的指挥官,他们都有足够的智慧和力量去调动官兵们的战斗积极性,并最大限度地发挥他们的战斗力;就连平常的生活习惯,他们两人也惊人地相似,他们都不吸烟,也都不喝烈性酒,而且都喜欢在冬天运动,努力保持自己的身体健康。

然而,他们的不同点也是显而易见的。隆美尔是个尚武的军人,而且使他的战友、上司、对手、敌人都能为之增光。而蒙哥马利却有些不通人情，他命令士兵，无论在哪里，发现德国人就一律打死，不要考虑任何别的东西。隆美尔却在尽量避免着这种残忍，对待战俘，他甚至能置希特勒"把他们全部杀掉"的指示于不顾，尽可能地保全他们的性命。蒙哥马利在作战指挥上，行为有些古怪，而隆美尔却是一个正统的指挥官，并以随机应变的眼光和深邃的洞察力而受到称赞；隆美尔经常跟随部队一起上前线，并在战斗中表现出战士们一样的无畏和勇敢；而蒙哥马利是无论如何也不会亲自率军上前线的，也不会在面临防线被突破时亲自指挥反坦克炮瞄准射击目标，更不会在突袭中与先头部队的士兵一起争夺掩体；隆美尔完全依靠自己的才智，他信不过别人；而蒙哥马利却善于运用别人的智慧，依靠军事力量补偿任何计划中的缺陷。

在北非沙漠这个大舞台上，两个人都是雄心勃勃，都十分蔑视对方，然而在内心深处，他们谁也不敢轻视对手，又都十分谨慎。历史为两个优秀的指挥官提供了一个直接对话的机会和舞台，但结果却注定了这两人的其中之一必将成为未来这场悲剧的主角。因为战争本身就是要决出胜负，它不可能像东方象棋的搏杀那样，出现一种叫做"和棋"的奇妙结局。

在任命蒙哥马利为第8集团军司令的当天，丘吉尔的私人参谋长伊斯梅就来到了蒙哥马利的办公室，按照首相的吩咐，他是来向蒙哥马利介绍近两年北非战况的。

听了伊斯梅详细的介绍后，蒙哥马利不禁感慨万千，他谈到了一个军人一生所能遭遇到的诸多考验和风险："一个人把战斗作为自己毕生的追求，无论遇到什么艰险都始终坚定自己的信念，年纪轻轻就能得到将军的殊荣，似乎胜利和成功永远都会光顾他。就这样，他能被迅速地提升，一次次机会让他声名远扬、世界瞩目，几乎每一个人都在谈论他的魅力和品行。可是，命运之神又来捉弄他了，一次战斗失败就使他一生的成就毁于一旦，这难道真是他的过失吗？不一定，然而，他却一定会被写在一系列军事失败的历史书当中，真是世事难料啊！"

▲ 刚走马上任的蒙哥马利在坦克上遥望着的黎波里的郊区，他深邃的眼睛里流露出对胜利的渴望。

▲ 投入北非战场的新型美式坦克，这种新型坦克给德军和意军的坦克带来了很大的威胁。

伊斯梅没想到这位将军还是个多愁善感之人，于是便给了他一些鼓励的话："怎么，不要这样，还没上阵就说这些不吉利的话。你是英勇善战的英雄，首相对你非常器重，你不用把北非的情况看得过分糟糕，那里是一支优秀的军队，如果加以调教，必成大器。"

蒙哥马利诧异地看着伊斯梅，仿佛一点都没听懂他刚才说的话："你说什么呀，我这是在谈'沙漠之狐'隆美尔啊！"

8月13日天刚刚亮，蒙哥马利便离开了开罗英军总部，驱车前往第8集团军。第8集团军的参谋长德·甘冈已经在那里守候这位新司令的到来了。一阵寒暄过后，德·甘冈取出了他整理的一份材料，准备向蒙哥马利介绍情况。

"我的老朋友，你难道忘记了，我在有关人员亲自向我报告之前，我是从来不看任何文件的。你收起那份材料，随便说说就行。"

德·甘冈笑了："你果真还是老样子！"接着，他就和蒙哥马利详细谈论了作战形势、最新敌情、各个战区指挥官的情况以及他自己对这一切的看法。他头脑灵活，观点清楚，深受蒙哥马利的欣赏。蒙哥马利一边听着一边暗自打量着这位难得的人材，待德·甘冈说完以后，他才问了一句："现在官兵们的士气怎么样？"

"说实话，并不太好，这里最缺乏的是明确的领导和自上而下的强有力的控制。"

听到这些，蒙哥马利不由自主地点了点头，很显然，对于目前的状况，他早已料到了。

蒙哥马利有一个非常坚定的信念：如果要让士兵们使出最大力量，就必须使他们绝对信任指挥他们投入战斗的人。一个指挥官的成败决定于他的能力，即被他的下属所公认的能力。他认为，士兵们想知道的是，领导他们的军官可不可以信赖，他们的生命就掌握在这个人的手里，他能有效地照管他们的生命吗？

针对第8集团军存在的问题，上任之后的蒙哥马利所做的第一件事就是在军团内树立起他的形象，并恢复全集团军人员对集团军高级军官的信任，同时让士兵们树立起必胜的信念。

1942 年 8 月 13 日傍晚 6 时 30 分，蒙哥马利在巡视完沙漠战场后，向第 8 集团军的全体参谋人员发表了他的"施政演说"：

> 我希望同大家见面谈谈。正如你们所知道的那样，我已经发布了一些命令，并且将继续发布命令。"决不后退"的命令意味着作战方针的根本改变。你们必须明白我的方针是什么，因为你们将处理具体的参谋工作……埃及城市的保卫，必须通过这里的阿拉曼战斗来最终实现……我要把我们的松散的装甲部队组成一个强大的第 10 装甲军，实施机动作战。取消分散作战的方针，而是以师为单位作为一个整体进行作战……最后，我要宣布任命德·甘冈为第 8 集团军参谋长，他所发出的命令与我发布的有同等效力，你们都要立即执行，我授权他管理整个作战司令部。

蒙哥马利的一番慷慨激昂、妙趣横生的演说在士兵们当中引起了强烈的反响，这对安定军心、鼓舞士气、树立坚定必胜的信念起到了积极的作用。

接下来，蒙哥马利又开始处理他所说的那些"朽木"，通过仔细审查他的指挥机构，毫不留情地砍掉了那些他认为普遍存在的令人无所适从的中间环节，建立了一个与他的性格和作战理论相适应的指挥系统。他果断公正地撤换了一些人，也补充了一些他认为有能力的人，科贝特、史密斯、伦顿……一个又一个战场指挥官被撤了职。蒙哥马利似乎有些极端无情，但后来的实践证明了他以极大的勇气和超人魄力所做出的这些决策是多么的正确。

在蒙哥马利看来，作战计划慎而又慎，遇险及时化夷，胜利时注意节制这是一个指挥员的指挥要旨。他说："在军事行动方面，总司令必须对自己所设想的战役制定一个总体计划，并且必须预先考虑和计划两次战役——他准备打的一仗和下一仗。前一仗的成功，可以作为另一仗的跳板。"这就把战略需要、战术可能和兵力

▲ 英军坦克部队的军官们在与德军强大装甲部队交战前商讨对策。

三者联系起来，抓住战略枢纽部署战役，抓住战役枢纽部署战斗。在开始攻击之前，往往就决定了战势的发展。"

　　蒙哥马利非常强调作战准备工作，他说："具有忍受痛苦和审慎准备的无穷能力，是卓有成效地从事高级指挥的重要条件。"无论大仗还是小仗，部队训练、物资储备、欺骗伪装及气候等条件，哪一方面不准备充分，他都不打仗。

　　蒙哥马利还改革了第8集团军的司令部，将司令部分为一个小型"作战司令部"和一个"主司令部"。小型"作战司令部"设在离"主司令部"相当远的前沿地域，它是参谋长德·甘冈的活动场所，所有详细的计划和行政管理工作都在那里进行。在"主司令部"，蒙哥马利只保持极少量的参谋、通信、机要人员和联络官。这种做法不仅使蒙哥马利能够摆脱忙碌得如蜂房一样的司令部工作，而且还使他能与实际指挥战斗的将军们保持密切的接触。每当蒙哥马利向一个下属，比如一个军长发布命令时，他总是要给更下一级司令部打电话，以检查对他命令执行的情况。

一切准备就绪，接下来就是考虑如何收拾面前的这个对手——隆美尔了。

对于蒙哥马利来说，正确判明隆美尔的下一步行动方向，将是他赢得下属们尊敬的关键，他认识到：隆美尔将在不远的将来发动一场进攻。虽然隆美尔的空中保护随着大批飞机被调到东线而不复存在，油料和弹药也消耗殆尽，但隆美尔逃不过这样一个铁的事实，那就是希特勒决不允许隆美尔后撤。刚愎自用的希特勒已经将"非洲军团"在北非的存在与苏联方向上的德军南下的战略联系了起来。为了实现希特勒的这一伟大目标，对于隆美尔来说，除了进攻，他没有别的选择。

为了对付隆美尔即将发起的进攻，蒙哥马利向中东司令部申请了1,000门威力强大的远距离大炮，并为此而构筑了科学严密而且伪装良好的大炮阵地。他还以骁勇善战的新西兰师的南侧为基础，在箱形阵地与著名的哈勒法山之间的缺口内部署了精锐的第22装甲旅，把新到达的第44师两个旅配置在陡峭的哈密瓜勒法山脊上，将第23装甲旅置于第22旅的后面，作为一支强大的预备队。蒙哥马利为隆美尔精心设下一个可怕的陷阱，不论隆美尔采取什么样的方法进攻，这样的部署都能够保证将他堵住。如果隆美尔真敢无视对手的充分准备而发动一场进攻的话，等待他和他勇敢的"非洲军团"的将是万劫不复的地狱。

☆ 意志支撑下的隆美尔

露西在给隆美尔的回信中谈到："今天的新闻广播说，你的对手奥钦莱克已经被革职，代替他的是一个名字叫做蒙哥马利的将军。"隆美尔读后并没有什么反应，

▲ 隆美尔晋升陆军元帅后照的第一张标准像。

▲ 在广袤的沙漠中作战，汽油的补给一直是困扰隆美尔的大问题。

▲ 由于英军的轰炸，德军的食物供给也出现了困难。

足以看出当时的隆美尔对这个名字的漠视，或许他没有想到，正是这个人最终改变了他的命运。

8月是一个受人欢迎的月份，又有长达一个月的休战期。双方的部队在到处都是地雷的灼热沙漠里相互对视着，谁也不敢轻举妄动。他们都在忙着重新组合编队。8月初，隆美尔估计，在英军采取另一次行动之前，他可能还有4个星期的准备时间。同时，希特勒在苏联向高加索的大举进攻势必影响英军在中东的兵力部署。他知道目前德军的装甲力量只能抵挡敌军的小规模进攻，但他不得不下达最严厉的命令，以防止7月间那种蔓延于德军各条战线的混乱再度出现。

隆美尔现在回过头来想，当时凯塞林是对的，他是错的，他完全应该在攻下托布鲁克后及时掉转头去攻克马耳他岛，因为"非洲军团"的补给主要依赖海路运输，但是英军控制的马耳他岛却一直在阻挠着德、意的海上运输，给隆美尔部队的补给造成威胁。正是英国皇家空军轰炸机和英国战舰毫不留情地轰击了轴心国的供应船只，才使他们满载汽油和弹药的运输船几乎无法到达目的地就被击沉。6月份英军就击沉了6艘轴心国船只；7月份击沉7艘；8月份击沉12艘。

在沿非洲海岸进行的供应战中，德国人也在输。英国皇家空军对在德军控制的港口和轴心国部队前线之间运载货物的汽车和轮船实施了不断地袭击。有一天，他们竟然先后击沉了3艘海岸运输船。照这样下去，"非洲军团"非困死在沙漠中，更别提去进攻英国人了。

一想到这些，隆美尔就显得不那么信心十足了。德国军队在东线的频频失利使他面临着双重的困难，一方面希特勒希望他能够用一次又一次的辉煌胜利来为第3帝国撑腰打气，一方面他又得不到必要的支援和补充。这些无疑使隆美尔陷入了极端困难的境地。

在这里，有一点是值得一提的，那就是英军的情报来源要比德军占有很大优势。隆美尔与最高统帅部联系的许多绝密电报，几小时后便可在英国情报机关的侦破机那里看到，这使得蒙哥马利能够采取及时有效的防御措施。机智的英军情报机关也知道如何隐藏自己的情报来源，他们故意放出风去让德国人知道，说是意大利人把情报转告了英军，这居然一度使隆美尔和他的高参们信以为真。

> 我要求每一名士兵，军官也包括在内，坚守自己的阵地，决不后退。放弃阵地就意味着被消灭。在夜战中固守住我们的阵地，我们就能赢得少伤亡的有利条件，任何突破阵地的敌军，都必须由附近的后备部队彻底地加以消灭，任何放弃自己阵地的人员都将被指控为临阵脱逃者，并送交军事法庭审判。

从隆美尔的这一命令可以看出，他正准备打一场防守战。

在休战的期间里，隆美尔与英军的力量差距正在缩短。他得到了5,400名新补充的兵员和新组建的第164轻装甲师的两个先头团。8月初，一支空军精锐部队，第1伞兵旅也被派往北非由隆美尔来指挥。这支部队的指挥官赫尔曼·兰克将军是克里特战役中一位灵活好斗的老兵。他镶着一口金属的假牙，原来的牙齿在一次跳伞事故中不小心摔掉了。他手下的伞兵装备精良，身体健壮。然而，由于他们是空军部队，隆美尔很少去看望他们。他们毕竟是德国人，而且受过严格的训练，于是他们全部被填补到隆美尔在大海和大洼地之间薄弱的防御线上。与此同时，炮兵也陆续到达，弹药库也在修建，密集的布雷区和地雷箱已用计划好的方式细致地埋设妥当。

新的意大利军队——弗尔格尔伞兵师也到达了，这是一支第一流的部队。当他们的指挥官喝令立正向隆美尔敬礼时，他们表现出的训练素质足以使一名普鲁士教官为之自豪。然而，隆美尔还是瞧不起意大利的军队，他在一封信中曾这样说："我需要的不是更多的意大利师，更不用说是毫无作战经验的部队了，我需要的是物资和燃料，仅仅靠它们，我也能发起进攻。"

人员的补充算是及时，可供应短缺的问题仍然无法从根本上加以解决。8月初，抵达隆美尔部队的供应品还不足日常所需,新来的部队没有车辆,这给本来已经超负荷的运输大队带来了更大的压力。为了节省军火,隆美尔被迫禁止部下乱开枪,他抱怨说:"意大利的后方部队设备充足,许多卡车和大炮放在意大利的兵站仓库里都积满了灰尘,而前线的轴心国部队却缺这少那,也不知道他们的指挥官整天在想些什么。"

8月中旬,他向柏林报告说:"我的装甲部队缺少50%,反坦克大炮缺少40%,炮弹缺少30%,作战人员也还需要16,000人。"

尽管隆美尔一再求援,希特勒仍然无动于衷,东线的失利已经让这位法西斯头子深感忧虑了,一向被视为次要战场的北非,能坚持到什么程度就算什么程度吧。再说隆美尔此前也同样面临过这样的窘境,不还是凭借他非凡的指挥才能渡过难关了吗?希特勒的这种分析有点"精神胜利法"的味道,可是在这个时候,也只能运用一下"精神胜利法了"。

整个8月,隆美尔的军队都保持原地不动。灼人的高温和接近尼罗河三角洲的不利处境,不仅使装甲军团的士兵付出了高昂的代价,而且使隆美尔自己也病倒了,这对于这个意志顽强的元帅来说,还是来沙漠作战以来的第一次。

8月2日,他就开始感到不舒服,到了月中,他真的病了。事实上,40多岁的军官中他是惟一在非洲坚持了这么久的一个。

8月19日,他的参谋们留意到陆军元帅总是头痛感冒,而且还得忍受喉咙剧痛的折磨。参谋们认为是流感,当他们跑去找隆美尔的私人医生霍尔斯特教授时,他们发现自己的元帅已经只能躺在床上了。

霍尔斯特的诊断报告说:"隆美尔元帅正忍受着低血压的痛苦,而且有昏眩的趋势,这种情况是由于长期的胃病和肠功能紊乱造成的,再加上最近几个星期体力和脑力的过度疲劳,尤其是不利的天气影响,使得这一病情加重了。在目前这种情况下,特别是如果他的负担再进一步增加,要想完全康复是绝对不可能的。康复的惟一希望只能是在德国呆上很长一段时间,并且要有适当的医药和护理。"

▲ 隆美尔头戴"非洲军团"的圆型钢盔正在接受战地记者的采访。

最后霍尔斯特教授还说："在非洲土地上的暂时治疗看来也还是可行的,不过,元帅不能再去考虑那么多问题了,他现在最需要的就是完全的休息。"

不考虑问题了,那怎么可能呢!

隆美尔十分清楚,到了9月份,第8集团军将变得十分强大,远非他的非洲军团所能打败。所以,必须在8月就发起进攻,由于夜间行动更具有隐蔽性,这就需要一个月圆的夜晚,算来算去,8月底是最合适的时机了,这个时机若是再抓不住,轴心国就只能接受兵败北非的结局了,这问题能不考虑吗?

同时,隆美尔还得考虑目前的供应短缺问题,汽油不足,火炮力量也远远不如英军,这就决定了正面突击方案的不可实施性。要想成功,只能对英军实施包围或者迂回,从南端突破,那里是英军防线最薄弱的环节,否则就根本没有胜利的希望，这能不考虑吗？

"可是元帅，距8月底还有一段时间，你可以先让别的将军暂时替你一下，这时的休息是为了决战时候更好地指挥作战呀！"霍尔斯特教授力劝隆美尔。

"好吧，让我再考虑一下。"

8月21日，隆美尔把诊断结果电告柏林，并推荐坦克将军海因兹·古德里安来暂时顶替他的职务，他相信通过自己这段时间的休息，会更加精力充沛地投入到8月底的作战行动中，届时，阿拉曼防线必将会被一举攻破！

可是当他返回自己的活动房里，最高统帅部司令凯特尔的电报已经在等他了。电文说："古德里安不能接替这一职务，因为他的健康情况不能适应热带的气候。"

"见鬼，什么健康原因，怕是这位老兄又把元首给得罪了吧！"

8月24日，隆美尔的病情有了些许好转，在霍尔斯特的陪同下，他乘车去梅沙马特鲁做了一次心电图检查，检查结果还算令人满意。

根据霍尔斯特的建议，在即将发起的进攻中他还可以继续指挥"非洲军团"作战，同时，必须接受适当的药物治疗，在此以后，他将适情返回德国进行治疗，这段时间元首也好考虑一下接替他的人选。

隆美尔又一次对整个战线作了视察。然而，就在他准备向正在集结的大英帝国的军队发起猛烈进攻的时候，他的病情又有所加重了。他虽病着，却被胜利在望和可以返回德国的希望所鼓舞着。

用不了多长时间了，也许9月中旬就可以回柏林了，那样就可以与久别的露西和我的小儿子曼弗雷德在一起至少度过6个星期。我们一家可以去奥地利的山区度度假，那里的水可是清澈透明，我可以好好地洗上一个澡了。到了那旦，也不用整日担心敌人的大炮，就让那该死的声音远远地离开我们吧！

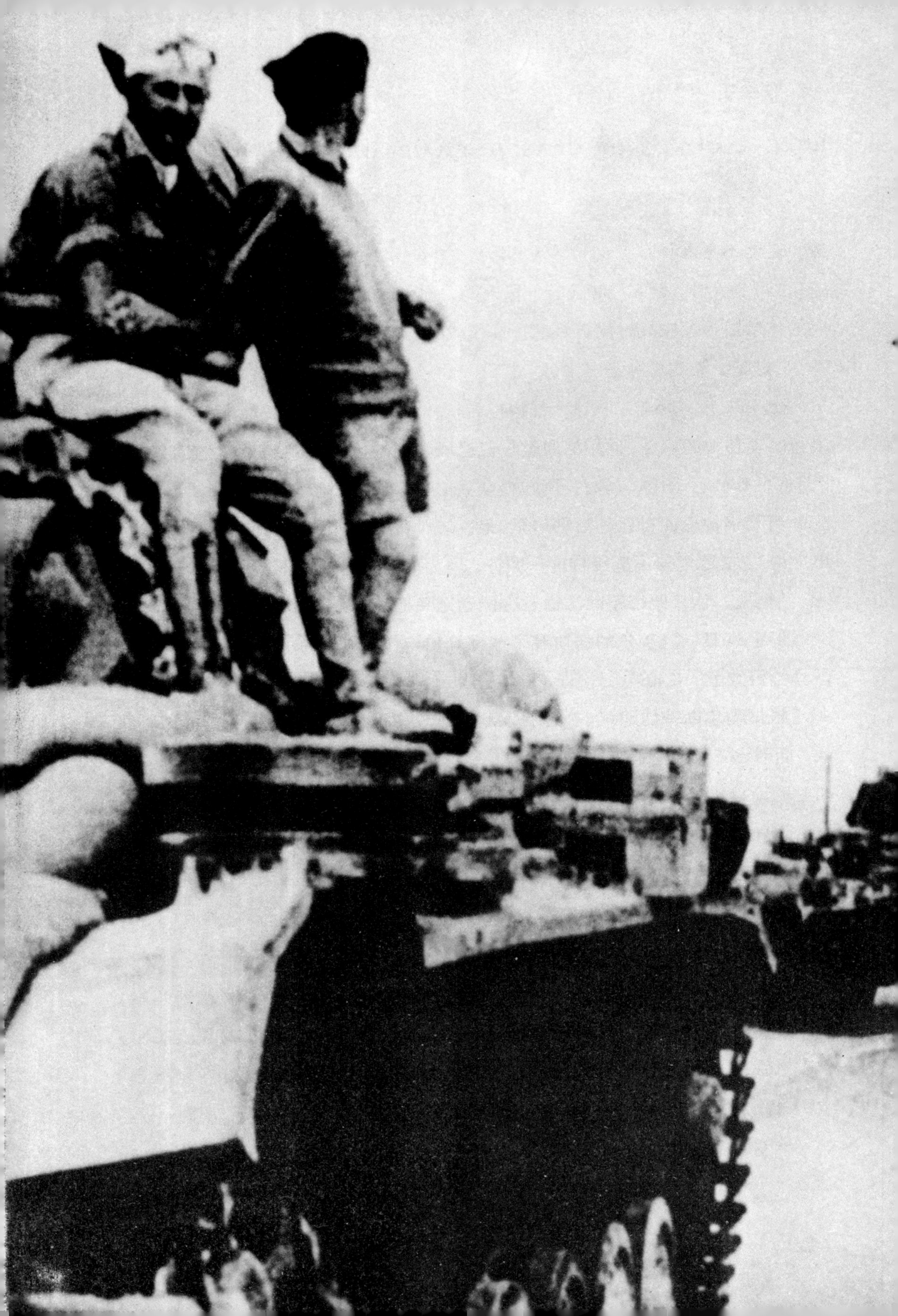

第7章

CHAPTER SEVEN

第8集团军旗开得胜

蒙哥马利命令英军要坚决守住阿拉曼防线，并伺机发起进攻。英国皇家海军利用"超级机密"得到的信息，轻而易举地破坏了德军的供应线，造成了"非洲军团"物资上的极度短缺。"非洲军团"步履维艰地行至阿兰哈尔法山口，却被早已埋伏在那里的英军坦克和大炮打得溃不成军。蒙哥马利在与隆美尔的首次交锋中便旗开得胜，这使同盟国的军队精神抖擞、士气高涨。在接下来的战斗中，他们愈战愈勇，"沙漠之狐"的处境更加艰难。

☆ "超级机密" 显神威

同盟国军队可谓兵强马壮,轴心国军队相比起来则逊色不少。此时隆美尔的部队中有1万多名士兵失去了战斗力,病员的数量也达到了到非洲以来的最高峰——共有9,000多名官兵患上了不同的流行性疾病。

尽管如此,隆美尔还是将8月30日确定为发起进攻的日子。按计划,"非洲军团"将投入200余辆德国战斗坦克,其中包括100辆经过精心改装的高速坦克;同盟国这边,蒙哥马利准备了760辆坦克,并且还拥有120辆能够发射6磅炮弹的新型反坦克炮。双方从实力对比上可以看出,同盟国军队要明显占优。

然而,对于"沙漠之狐"隆美尔来讲,兵力上的劣势并不是作战的主要障碍,因为在此之前,他曾多次取得"以少胜多"战役的胜利。此时,他最担心的是战备物资,特别是燃料的供应问题能否得到及时有效地解决,因为他那两个身经百战的装甲师的汽油,仅够在正常条件下行驶160多公里了。

8月27日清晨,隆美尔的司令部外突然传来一阵熟悉的斯托奇飞机的轰鸣声。当隆美尔快步冲出门去的时候,发现陆军元帅凯塞林正昂首阔步地走下飞机。

隆美尔一见到凯塞林就恼火,在隆美尔眼里,凯塞林跟意大利的那些家伙没什么两样,也是个说话不算数的人,他曾多次答应过要帮助"非洲军团"解决燃眉之急,可他在柏林和北非之间跑了好多趟了,却连一点儿燃料的影子还没看见,也不知道这位陆军元帅整天忙碌些什么。

"元帅阁下,现在'非洲军团'急需燃料和弹药,如果在进攻日前还送不过来,我们就根本无法执行原来的计划。"隆美尔急切地说道。

"意大利统帅部的卡瓦莱罗元帅不是说要给你们解决一部分吗?"凯塞林元帅

倒显得十分平静。

"他是经常来前线视察，而且每次来都一口允诺要帮助'非洲军团'改善一些条件。可是到了他下次来访的时候，他只会哈哈大笑地说，因为他所做的诺言实在是太多了，所以无法使其一一兑现。这个可恶的家伙，打仗的时候一个劲儿往后退，糊弄自己人倒满有两下子。"

隆美尔气愤得几乎想把这许久以来的火都倾吐出来，其实这些话也有指桑骂槐的功用，最后他坚定地说了一句："进攻日取决于运送汽油的船能否按规定日期到达，我的最后期限是30日，我希望元帅您对这次进攻加以重视。"

"好啦，好啦，"凯塞林元帅安慰地拍拍他的肩头对他说，"如果所有的努力都失败了，我就用飞机给你空投700吨汽油。"

第2天早晨，隆美尔仍旧没有做出最后的决定。上午8点30分，他把指挥装甲师的全体将军召集到他的司令部里，又一次重复了自己的计划并警告他们："虽然最后期限是30日，但一切还要取决于燃料的供应情况，凯塞林元帅答应给我们空投700吨汽油，但这也无法从根本上解决问题，我们现在一点储备也没有了，在阿拉曼战役之后我们究竟能走多远，将由燃料和弹药能否及时得到供应来决定。"

为什么非要选择8月30日这一天呢？

作为久经战阵的一代名将，隆美尔清醒地认识到了他所面临的巨大危险。漫长的、脆弱的后勤供应线使他的"非洲军团"几乎弹尽粮绝，而他的对手则在获得了有力的支援后而变得空前强大。现在是个最好的机会，如果等到9月份，双方实力对比将更加悬殊，也许到那时他就永远也没有发动进攻的机会了，而此前的一切殊荣都将因为一次失败而化作烟尘。这使得隆美尔很无奈地作出了进攻的决定。

29日清晨，隆美尔的私人医生霍尔斯特看见元帅的脸色很不好，疲惫、憔悴，而且满是忧郁。

"您感觉怎么样，元帅？这几天都按时吃药了吗？"霍尔斯特担心地问。

"没什么，就是这几天考虑的事情太多，睡得不太好，头感觉稍稍有点晕。医

▲ 1942年，在战场上，戴着双徽贝雷帽的蒙哥马利微笑着站在一辆坦克旁边，对身后不远处爆炸的炸弹毫不在乎。

生，你知道吗，今夜发起的进攻是我有生以来最难做出的一项决定。这次进攻的结果只有两种可能，要么是我们成功到达了苏伊士运河，同时，我们在俄国的军队也成功地占领了高加索的格罗尼兹，要么我们就……"说到这里，他做了一个失败的手势。

医生好生奇怪，元帅今天是怎么了，他怎么突然间变得犹豫不决了，而且言语中透露出一种发自内心的恐慌，这同过去那个趾高气扬的隆美尔可是判若两人啊！

很随意地吃了点早饭，隆美尔又开始给他的爱妻露西写信了，不知为什么，这一天的信，他写得特别长。

"……今天终于到来了。为了这一天的来临我已经等待了太久，并一直担心着我是否能得到再次发起进攻所需的那一切，许多事情都还没有适当地解决好……我们在许多方面还存在着很多不足的地方。尽管如此，我仍旧要冒险行动，因为要等到月圆和力量均衡以及其他条件都再次具备时，又需要一段很长的时间……如果我们的进攻胜利，对于赢得这场将会有很大的帮助，即使我们不能胜利，我也希望能给敌人一个沉重的打击……你在远方为我祝福吧。"

作为一位统帅，隆美尔尽管对他即将开始的这次进攻心中没底，但在士兵面前，隆美尔却始终保持着他那勇往直前的英雄形象。

临行前，他庄严地向"非洲军团"的士兵们宣布："今天，我们的大军又一次向敌人发起进攻了，我们要消灭他们。这是一个永远难忘的时刻，我希望军团里的每一名士兵在这富有决定性的日子里，奋勇前进，尽力冲杀。法西斯意大利万岁！更伟大的德意志帝国万岁！我们伟大的元首万岁！"

话音刚落，隆美尔的副官将刚刚收到的电报递到了他手中，电文上清清楚楚地写着："今晨，6艘运输船中的4艘，被英舰击沉，燃料和弹药全部沉入海底。"

隆美尔此时再也无法保持他那镇定自若的姿态了，他的身体也像刚刚被击沉的船一样，慢慢下滑，几乎要从元帅椅上摔下了来："天哪，这究竟是怎么回事？他们为什么总是提前一步就知道我们的行动计划，难道又是那些可恶的家伙走漏了消息？”

隆美尔本来想说"可恶的意大利人"，可他知道这对即将出征的部队来说毫无益处，于是立马改了口。其实他哪里知道，这些都是英军"超级机密"的作用！

英国记者安东尼·布朗在《兵不厌诈》一书中写过这样一段话：

> 其实阿拉曼战役，从一开始，隆美尔军队失败的命运就已经注定了。隆美尔所采取的每一个重大军事行动，都被"超级机密"暴露，他给希特勒的每一份密报，蒙哥马利都通过"超级机密"了解到了，而希特勒发给隆美尔的答复电，有的蒙哥马利甚至比隆美尔还要早看到。

这"超级机密"究竟是什么秘密武器呢？

在伦敦郊外的一片绿树林中，有一幢维多利亚式建筑——布莱奇雷庄园。这个庄园造型别致，风景如画，四周优美的环境更是叫人叹为观止。令人不解的是，在这座装饰华丽的大厦周围，有许多看上去极不协调的小窝棚。其实，这就是英国密码破译机构的所在地。那些小窝棚是因为破译工作量太大，庄园的房间容纳不下那么多人员和设备而仓促盖起来的。

在这片不起眼的居住区中，聚集了众多的杰出人才。这些人大多留着长发，衣冠不整，上身是破破烂烂的花呢上衣，下身是皱巴巴的灯心绒裤，看上去他们的行为也有些古怪。可别小瞧了这些人，他们之中有数学家、语言学家、围棋大师、还有电气工程师和无线电专家，甚至还不乏银行职员和博物馆馆长。

这是一个充满神秘色彩的地方，除了在这里工作的人员以外，只有英国国家首脑人物和最上层的情报官员才能到这里来。这里工作人员的任务只有一个，就是利用一种先进的机器，破译德军发出的密码电报。因为从这里发出的情报一律使用一个代号——"超级机密"，所以英军便用"超级机密"来代指所有来自布莱奇雷庄园的情报。而正是这些来自布莱奇雷庄园的"超级机密"，使蒙哥马利在阿拉曼战役中大大受益，成为他的得力"助手"。

要了解"超级机密"的情况，还要从二战开始数年前，纳粹使用的一种特殊密码说起。

纳粹在获取德国政权后，使用了一种不同于当时所有国家使用的新的军事密码，这种密码是由一台机器编制的，它虽不是由数学家设计的，但却可以被数学家破译。这台机器被恰如其分地称作"迷"，译音为"埃尼格马"。

1938年6月，英国情报六处的副处长孟席斯接到了他在东欧的一名特工人员的报告，说是一名波兰犹太人通过英国驻华沙使馆同他接触，声称他曾在柏林制造"埃尼格马"机器的秘密工厂当过技术员和理论工程师。后来因为是犹太人，被纳粹驱逐出德国。现在，他提出可以凭记忆为英国制造一部最新式的军用"埃尼格马"密码机，他要求的报酬只是1万英镑外加给他以及他的家人发英国护照。

经过英国情报局为期1个月的调查和辨别，他们认为这个波兰犹太人的话是可信的，因此决定答应他的条件。于是，这个被德军情报人员认为是自己骄傲的密码机，很快就被英军识破了。然而好景不长，仅仅1年以后，即到了1939年夏天，德国人又制造了更加先进和复杂的密码机，这样，英国的情报人员又不得不想尽一切办法破解新的密码了。

正当英国情报人员受到德国新密码机的困扰时，波兰军事情报部门出于战略上的考虑，将他们数年工作的破译成果，以及仿制的样机转让给了英军情报部门。为了对付来自德国的威胁，波兰情报部门很早就开始对纳粹密码机的研究工作了，他们所取得的成果已经远远地超过了英国。

英国情报人员在富于创造性的波兰人员奠定的基础上，向德国情报机构的机密发起了最后冲刺。由于两个关键人物的出色表现，加快解开纳粹谜团的步伐，这两个人一个叫诺克斯，另一个叫图林。他们两个都是世界上第一流的密码专家，是少见的密码破译奇才。

▲ 布莱奇利庄园是英国特工人员破译德军密码的主要基地。

　　经过他们的共同努力，一部"万能机器"研制成功了。这部两米多高，外形像一个老式钥匙孔的机器，实际上是一部最早的机械式数据处理机，它可以把'埃尼格马'的密码解密。随着越来越多数据的输入以及使用人员经验的积累，这种机器解密的效果越来越好。

　　1940年5月的一天，天空明净，阳光明媚。在大选中刚刚获胜不久的丘吉尔首相正在他的办公室里忙碌着，这时，已经提升为情报六处处长的孟席斯走到首相的办公桌前，向他递交了一个字条。

　　丘吉尔接过纸条惊叹道："啊，是'超级机密'吧？"

　　看着孟席斯脸上那自信的表情，首相笑了："它必将在对德军的战斗中发挥巨大的作用！我们有耳朵和眼睛了，而且是千里眼、顺风耳！"丘吉尔一边说着一边指了指自己那肥硕的耳朵。

　　果然，从这一天起，"超级机密"成为丘吉尔及盟国在整个第二次世界大战中的一张王牌。战争期间，丘吉尔无论在什么地方，都要求随时将最新的"超级机密"
传送给他。

在整个第二次世界大战期间，"超级机密"是英国一个最机密、最重要、最可
靠的情报来源，为了保住这一情报渠道的安全，英国情报部门从一开始就采取了一
切极其严格的措施。丘吉尔明确表示，"超级机密"情报只能口头向英军作战的指
挥员传达，不得以任何文字方式出现在战场上，以防止德军缴获"超级机密"的重
要情报。

在以后相当长的一段时间内，这个秘密都没有被泄露。布莱奇雷庄园的这些精
英们，他们是当之无愧的英雄，他们不谈军衔，不谈报酬，不谈职务，只是凭借着
一种对祖国安全的责任感和对纳粹敌人的愤怒而选择这项工作，甚至在战后30年
中也未曾泄露过一丝一毫的内幕，正如首相丘吉尔称赞的那样，他们是"下金蛋的
鸡，从不咯咯乱叫。"直到后来英国政府正式宣布"超级机密"解密期已到时，他
们才有机会向人们说起战争岁月中那段鲜为人知的故事。

☆ "沙漠之狐"的赌注

隆美尔的这次进攻无疑是一场赌博———场孤注一掷的赌博。不过意大利人再
次在一份密码电报中向他保证，第2天将有一艘运送汽油的船到达。5月间在加扎
拉的战斗中，隆美尔也曾面临过相同的困境，那一次都对付过去了，难道这一次就
不能胜利了吗?

隆美尔的战术计划将再次依靠速度和突袭，从而弥补相对的弱点，抵消敌军在
数量上的优势。该计划要求新到来的非洲第164轻型坦克师和拉姆克伞兵大队以及
意大利的几支部队协同作战，从北部和中部困住英军，同时，"非洲军团"进攻南

▲ 一名德军士兵正在排除地雷。

边的卡塔拉谷地附近地区，然后转向英军的左翼。装甲师将以最快的速度向北挺进，攻占第8集团军腹地的一个战略要地——哈尔法山梁。

　　隆美尔指望英军指挥官们会做出很慢的反应，也希望用一条好计迷惑他们，他已命令对前线北部和中部的坦克和大炮阵地实行伪装保护。但是在南边，将要发起进攻的地方，他部署了一些假的坦克，部署的方式很讲究，要让致人通过近距离观察能够认出它们是假的，这一招骗术将使敌人认为，主要进攻可能是在其他地点。

　　1942年8月30日晚上10点钟，一轮苍白的月亮照耀着卡塔拉谷地波浪起伏的沙漠，隆美尔的装甲部队开始朝东向着敌人的布雷区推进。奈宁将军指挥的"非洲军团"的左翼是意大利的装甲部队——利托里奥和阿雷艾特师，右翼是第90轻装甲师。士兵们晃动着小型的手灯，传达着把他们带往自己布雷区缺口的命令，随后他们便踏上了自己的征途。

▲ 德军架设简易木桥，以便让装甲车辆通过。

就在轴心国军队要穿过自己布雷区的时候,传来了一种使许多老兵喉咙梗塞的难以忘怀的声音。俾斯麦将军派第5装甲师的一支乐队奏起了古老的普鲁士进行曲以欢送隆美尔的军团投入战斗, 或许他并不知道这支音乐曾多少次成为灾难的序曲。步兵和坦克手们在高速运转的坦克引擎的吱吱声和履带的轰隆声中只听到难以辨认的断断续续的音符, 然而这声音却是令人难以忘记的。

隆美尔的计划不可谓不周密,不过,事实很快证明,隆美尔的妙计并没有愚弄住任何人。英国特工通过监听无线电话通讯,已知道了隆美尔的主要进攻方向,于是蒙哥马利特别加强了那一地区的力量。

进攻一方立即陷入了困境,他们不得不在沙漠中走了48公里才开始进攻,而这一地区的大多数路段都埋有地雷。他们遇到的地雷比预计的要埋得更多、更密。英军的装甲车,大炮和机枪给正在清除地雷的德意士兵以及紧跟在后面的作战部队予以重创。在照明弹的映照下,英国皇家空军瞄准正在等待着地雷清除的德国坦克,实施轰炸,这表明英国皇家空军的优势在这场战役刚开始时就占据了主导地位。

8月31日凌晨,隆美尔的活动指挥部紧跟着他的军团搬到了克拉克山,他确信英军在这一防区的布雷和防御都很薄弱。然而,情报部门的工作却做得十分糟糕,就在同时,他的士兵们闯进了密集的布雷区。在那里,配备有重型机枪、大炮和迫击炮的顽强的英军步兵扼守着这片布雷区。更为严重的是,凌晨2点40分,整个阵地被英军伞兵的照明弹照得通明透亮,无休无止的空袭也同时开始了。

装甲军团的先头部队被死死地挤在布雷区里,成为飞机轰炸的目标,而地雷工兵们在前面拼命地为德军打开一条狭窄的路。卡车、运兵车和坦克纷纷被炮弹击中,燃起了熊熊的大火。火焰和伞兵部队的照明弹把整个战场照得如同白昼,爆炸声、叫喊声和重机枪的嗒嗒声响成一片。

显然,蒙哥马利一直在等待着德军的这一进攻。也正是在这里,冯·俾斯麦将军被迫击炮击中身亡。几分钟后,一架英军战斗轰炸机袭击了奈宁的指挥车,摧毁了他的电台，他手下的许多军官被子弹打死，奈宁自己身上也尽是弹片留下的窟窿。拜尔林立即换乘另一辆汽车，临时担任"非洲军团"的指挥。

上午8点，隆美尔驱车疾速赶到前线。

"情况怎么样？"他问先行到达的副官。

"很糟糕，司令，英军的雷区出乎意料的既深且密。一夜间，我们的先头部队仅越过雷区13公里，距原计划的趁暗夜前进48公里的目标相差甚远。而且，"非洲军团"司令官身负重伤，冯·俾斯麦将军也阵亡了。"

隆美尔大惊失色，痛苦地低下头。他对这一仗的艰难是有预感的，但没料到情况会如此严重。计划的基础是奇袭，可是，突击的兵力被意想不到的坚强雷阵所阻挡，消耗了太多的时间，完全丧失了突然性。隆美尔此时也弄不清楚是该进还是该退。

看来，隆美尔打算依靠速度来取胜的那份时间表已经不管用了，原计划于黎明后向北进军的部队在太阳升起时仍然困在地雷区。此时，已有了好几个关键部门的德军指挥官倒下，"非洲军团"司令瓦尔特·内林中将受重伤，他的好几位参谋部成员阵亡。隆美尔考虑取消进攻计划。

"元帅，不能停止战斗啊！"风尘仆仆的拜尔林闯了进来，他想让元帅改变主意。

"目前有两个装甲师的坦克已经突破地雷区并在向东推进，他们面前是一片开阔的沙漠，眼下放弃进攻，对那些为突破雷区而牺牲的士兵是一种嘲弄，所以无论怎样艰难，我们毕竟已经冲过来了，应该继续进攻才是，否则会让军心大乱的。"他焦急地等待着元帅的回答，元帅会不会接受他的建议，他心里也没有把握。

隆美尔沉思片刻，最终接受了他的建议："你说的有道理，但我们时间不多了，进攻计划要略作改变，不再绕道迂回哈尔法山梁，让全部士兵此时横跨山脊，全力冲向阿兰哈尔法山。"

此时，英军第22装甲旅正隐藏在阵地上，注视着越来越近的德军坦克。英军

▲ 德军飞机从正在开进的坦克部队上空飞过。

第22装甲旅长罗伯茨准将，后来回忆起那天上午与德军坦克交火时的情景时写道：

　　过了没多久，我们就能够通过望远镜看见敌人了，他们顺着那排直通我们阵地的电线杆上来。敌人先头部队的坦克开了几炮，目标可能是我们的轻装甲连队。所以我命令轻装甲连队后撤，并且撤得离我们远一些，以免把我们的阵地暴露给敌人。

　　它们终于上来了，已经向左转了，面对着我们，开始慢慢地推进。我用无线电预先通知了各个部队，在敌人的坦克进入914米距离以前不允许射击，不久他们就进入这个距离了。几秒钟以后，我们的坦克突然开火，激烈的战斗随之而起。

　　德军的新式75毫米坦克给我们造成了很大伤亡，敌人的坦克也遭到

△隆美尔坐在沙地上与手下一起分析战争形势。

了重创，停止了前进。但情况仍然严重，我们的防御阵地被打了一个大缺口。我立即命令苏格兰骑兵第2团尽快离开他们的阵地来堵这个缺口。这时敌人的坦克又开始慢慢地前进，已经开到了离步兵旅的反坦克炮很近的地方。当德军坦克进入几百米距离以内时，反坦克炮仍然保持沉默，接着突然开火，敌人遭到重大伤亡，与此同时，我军的一些反坦克炮也被敌人碾烂了。

我请求炮兵紧急支援，炮兵立刻向敌人坦克开炮，由于炮兵的威力，加上敌人已遭到重创，进攻被挡住了。

中午的时候，沙漠中的热浪已经开始袭来，云层低垂，干燥的南风掀起一阵沙暴，铺天盖地席卷着整个战场，"非洲军团"行动迟缓，先是沙暴的阻挡，然后是细沙的妨碍，使坦克步履艰难，增加了燃料的消耗。直到下午4点，东进的装甲部队才开始转向北进。

对隆美尔来说，更糟糕的是，新的燃料还不知道在什么地方。

下午6点时，他们不得不停顿下来休整，正前方就是山脊上的据点——132号高地了，此时天已经晴了，集结在山脊上的英军坦克和大炮立即开火。接着，轰炸机也飞来了，对准困在沙漠里的德军猛烈轰炸。很明显，英军事先就知道了德国人的意图，早已加固了那一带的防线，准备了充足的火力。

那一次，大约有400辆坦克集结待命，另外，英军第2装甲师把它的"格兰特"重型坦克隐藏在沙丘后的地洞里。炮兵队已操练了几周时间，已经趁着夜色各就各位了，他们期待着这一重大时刻的到来。他们的新型63磅反坦克大炮首先保持沉默，等敌军进入到366米范围内才开始开炮。

夜幕降临时，德军进攻英军战壕阵地，击毁了几十辆"格兰特"重型坦克，但他们自己也造成了重大伤亡。当时的双方伤亡都很大，但防守者还在顽强坚持，德军只好原地挖掘战壕，忍受着英国皇家空军整整一夜的连续轰炸。

☆ 阿兰哈尔法战役大捷

8月31日的夜晚是属于英军的夜晚。当时，照明弹把撒哈拉大沙漠照得亮如白昼，英国皇家空军的轰炸机又开始对完全暴露的"非洲军团"进行猛烈轰炸，空气几乎令人窒息，冰雹一样打来的致人死命的岩石碎块加大了爆炸的威力。一时间，到处是火光，到处是燃烧的坦克和大炮，英军的大炮发出的怒吼，把炮弹准确地倾泻到德军混乱不堪的阵地上。

9月1日凌晨，缺少燃料的隆美尔只好让第15装甲师一支部队进行有限制的进攻。在同盟军大炮和飞机的强大轰击下，进攻很快减弱下来，密集的炮火使德军坦克和步兵一直无法动弹。由于坦克现在快要用完燃料了，隆美尔知道他的部队不可能再前进了，甚至连生存都很危险。

9月2日，隆美尔决定撤退，但是，燃料的短缺使大规模的撤退都变得异常艰难，兵员和坦克只能逐个地撤退。

隆美尔本人仍然有病在身，那天下午，他在巡视"非洲军团"的阵地时，6次遭受空袭，有一次，他刚走出战壕，就看到在几米远的地方，一把铁锹被一块火红的金属片顿时炸成了碎片，散落在他的脚下。硝烟灼热呛人的气味带着细沙，使人无法呼吸。

夜间，敌人的空袭加剧了。

据隆美尔的私人秘书阿尔布鲁斯回忆道："我们还从未经历过像那天晚上那样猛烈的轰炸，尽管我们已经在92号高地作过十分妥善的疏散，但离炸弹的距离还是很近，我们的战斗梯队有许多士兵阵亡，3门88毫米高射炮和许多弹药车被炸毁。"

当弹片再一次落在隆美尔的脚下时，已是上午8点25分了。隆美尔再也无法忍受这种折磨了，于是他命令装甲军团逐步撤退回 8 月 30 日出发时的阵地。

隆美尔的士兵们无话可说，他们感到万分惊讶。固守在山脊西南面低地的第
104 步兵团的作战日志上记载：

> 今天早晨，我们的司机给我们送来了水，他们告诉我们，阿兰哈尔
> 法已被占领，两小时后我们将向前推进。我们已经开始想到尼罗河、金
> 字塔和狮身人面像，以及那些逗人的舞蹈者和欢呼的埃及人了。大约下
> 午 1 点钟，我们的卡车来了，大伙都上了车，然后车子向西起动。为什么
> 要向西走呢？这是我们对开罗、金字塔和苏伊士运河梦想的终结！原来，
> 阿兰哈尔法战役已经结束了，我们失败了。

在亚历山大的一次晚宴上，蒙哥马利向他尊贵的外国朋友们宣告："埃及已经
没有危险，我将最终消灭隆美尔和他的"非洲军团"，这一点是肯定的。"

9 月 2 日下午 5 时 30 分，当凯塞林来到隆美尔的指挥车上时，他面色严峻，斩
钉截铁地告诉这位军团司令官，这一挫折将破坏元首的伟大战略部署，隆美尔竭力
解释为什么放弃这一进攻，他绘声绘色地描述了敌军空军猛烈可怖的进攻，并请求
"从根本上改善给养状况"。凯塞林私下认为，隆美尔正是利用给养短缺为借口，以
掩盖他自己低落的士气。

就这样，隆美尔的军队开始缓缓地撤退了，到 9 月 6 日时，大多数已退到了原
来的位置。在南边，他们控制着英军的一些地雷区，增强了自己的防御能力，但这
不过是一点小小的安慰罢了，这场长达 6 天的战斗，结果更有利于同盟国一方。

战后，有人曾对隆美尔的这次失败进行过调查分析。失败的主要原因在于德军
的绝密材料被侦破，这一点已经十分清楚；其次，很重要的一点是隆美尔当时过于
疲劳，无法了解整个战斗情况，致使许多措施当时对他十分不利。

凯塞林很无奈地说："这场战斗对于过去的隆美尔来说是不存在任何问题的，

在侧翼进攻敌军的战斗已经取得胜利的情况下，他绝对不会撤退。今天我已经了解到，他的士兵们对他下达的撤退命令永远也无法理解。毕竟他当时已经从侧翼包围了敌军称之为最后希望的防御线。"

就在这年年底，希特勒在他的言谈中也流露出了对隆美尔撤退决定的不满。"无疑，可以肯定他在进攻中撤退的做法是极端错误的。或许是由于受到了4,000吨油船沉没的影响吧。可为什么不继续进攻呢？这对于我们来说简直是个谜。我们已经再次使英军处于溃败的境地，我们只需要追击敌军，并彻底消灭他们就行了。"

希特勒还说："看来，让一个人长久地承担一项重大的职责，这种做法是愚蠢的，随着时间的推移，有必要让他从这种沉重的负担中解脱出来。"

事实上，蒙哥马利之所以打败隆美尔，与其说是物质上的胜利，倒不如说是心理上的胜利。隆美尔利用保留被占领的英军布雷区和重要的卡伦特·希梅麦特高地进一步增强了自己的防御线，这就使他能够清晰地观察到蒙哥马利的南翼。德军伤亡并不算严重，536人死亡，其中有369名德国人，38辆坦克被击毁。而英军，尽管他们牢牢地站住了脚跟，而且处于防御地位，却损失了68架飞机，27辆坦克和更多的人员伤亡。

然而英军能够及时弥补这些损失，隆美尔却无能为力。特别是经过6天的战斗后，他已经消耗了400辆卡车。正如局势表明的那样，11月间他将为运输工具的不足而深感忧虑，而此时英军物资储备丰富，官兵们士气正旺，这样的部队是不可能不取得胜利的。

在隆美尔宣布停止进攻的同时，蒙哥马利也下令停止这次战役。因为他考虑到凭借目前的英军的实力，还无法彻底打败隆美尔的军队。而且第8集团军的士气和训练都较差，装备还没有处于绝对优势，如脱离阵地追击，非但不能追上退却之德军，如德军回头痛击，还有失败的可能。所以没像人们预想的去做，而是让他的部队继续做好准备，在确有胜利把握的时候才会面向隆美尔发起进攻。

巴顿对他如此"保守"的战斗风格作出了这样的评价："他更关心的是不打败

▲ 1942 年 10 月，阿拉曼战役开始的前几天，蒙哥马利在前线慰问官兵，这是他与士兵一起喝酒。

仗，而不是如何取胜。"

艾森豪威尔对此给予了公正的评价，他说："在战争中，评价一位司令官的惟一标准是他胜利和失败的总记录，只要是一个经常打胜仗的将军，他就理应因其才能，因其对事物可能发生的情况表现的判断力，以及因领导能力受到赞扬。有些人指责蒙哥马利，说他有时未能取得最大的战果，但他们至少必须承认，他从未遭到过一次惨败……要好好地记住，慎重和怯懦不是同义词，正如勇敢不等于鲁莽一样。"

战斗结束后，蒙哥马利写信给英国的朋友："我与隆美尔的初次交锋是饶有兴味的，我幸好还有时间收拾这个摊子，进行筹划，因而毫无困难地就把他给解决了。我感到我在这场球赛中赢得了第一轮，这一轮是他发的球，下次该轮到我发球了。"

阿兰哈尔法战役的胜利，是蒙哥马利来到非洲后指挥的第一个胜仗，这一胜利，犹如一针兴奋剂，使英军第8集团军士气空前高涨。与此同时，蒙哥马利也成了英军官兵心目中的英雄，他们对蒙哥马利产生了极大的信任和敬仰。蒙哥马利的指挥车驶向哪里，哪里的官兵们就向他欢呼。他那人们熟悉的戴双徽贝雷帽的身影，足以使官兵们群情激昂。

蒙哥马利在指挥车上，身着长绒衫，脖子上系一条长长的围巾，头戴黑色的双徽贝雷帽，频频向官兵们招手致意，想起贝雷帽上的双徽，蒙哥马利不由得微微一笑。

贝雷帽上双徽的出现，最初是偶然的。阿兰哈尔法战役前夕，蒙哥马利到澳大利亚部队去视察时，戴着澳大利亚的贝雷帽。他的这一做法使澳大利亚部队官兵备感亲切，受到热烈欢迎。当蒙哥马利来到坦克团时，坦克团的官兵开玩笑，把一枚装甲兵的帽徽别在了他的帽子上。

蒙哥马利发现，他戴着这个有两个帽徽的贝雷帽，不仅十分瞩目，而且很受部队欢迎。从此以后，他到部队视察时，就戴上这顶帽子，以便战斗在北非沙漠中的士兵们一眼就能认出他。就这样，双徽贝雷帽成了蒙哥马利的标记。后来的实践证明，戴着双徽贝雷帽，对于缩短蒙哥马利与英军士兵的距离，特别是在艰难时刻鼓

▲ 蒙哥马利与力荐他统兵北非英军的丘吉尔首相在一起。

舞士气，起到了十分重要的作用。

　　为了彻底消灭隆美尔的"非洲军团"，英国政府为第8集团军运来了大批的援军和装备。到10月底，初尝胜果的第8集团军已经成了拥有7个步兵师、3个坦克师和7个旅共计23万人的强大兵团，仅坦克就有1,100辆，其中还包括400辆先进的美制"格兰特"坦克。而此时的"非洲军团"人数尚不足8万，坦克也只有540辆，两相比较，其实力简直不可同日而语。

　　接近弹尽粮绝的"非洲军团"无望而坚决地同英军对峙在阿拉曼一线。在此期间，没有后勤供应之忧的蒙哥马利一直在悄悄地积蓄力量，准备在适当的时候对"沙漠之狐"发起致命一击。由于蒙哥马利采取了一系列近乎完美的战场欺骗行动，使得隆美尔对英军即将开始的大进攻毫无察觉。所以当阿拉曼战场上万炮齐鸣时，"非洲军团"的精神领袖隆美尔正在德国的医院里无奈地养病。

第 8 章

CHAPTER EIGHT

盟军取得压倒性优势

久经沙场的隆美尔决意要打一场步兵防御战。德军在主要的防御地带建造了一个规模庞大的地雷网，也被称作"魔鬼的花园"，英军屡次进攻均遭败绩。尽管如此，严守阵地的德国装甲部队依然没有摆脱物资短缺的局面，墨索里尼对隆美尔的求助不屑一顾，希特勒的承诺也只不过是张空头支票，力量对比上的巨大悬殊让隆美尔只能无奈地慨叹。1942 年 10 月 23 日的夜晚，一轮满月为蒙哥马利照亮了进攻的道路，"捷足"行动在寂静中开始了。

☆ 魔鬼的花园

盟军在阿兰哈尔法的胜利让隆美尔和他的德军指挥部有了一个清醒的认识——随着这次进攻战的失败，轴心国军队夺取苏伊士运河的企图只能是奢望了，很可能他们已经失去了争取荣誉的最后一次机会。

隆美尔对此次失败的原因总结了三点：第一，情报部门工作太差劲儿，他们战前掌握的英军实力与实际情况大相径庭，德军战前准备不够充分；第二，他们没想到英国皇家空军如此轻而易举地就取得了制空权，德军过分依赖曾经发挥过巨大作用的88毫米高射炮，而这一次战斗它却没那么"灵"了；第三，也是最关键的因素，德军的物资和燃料严重缺乏，官兵们持续奋战，却连温饱都不能保证，这怎么能打胜仗呢？

"事情到了这个地步，我们只能先打一场防御战了，进攻的事只能另做打算。"隆美尔长叹过后，很无奈地下达了这样的命令，尽管他一直都不愿意扮演防守者的角色。

根据隆美尔的判断，由于英军无法对战线进行侧翼包围，蒙哥马利很可能会从正面插入。为了减少英军炮火和空中轰炸的影响，隆美尔设计了十分全面的防御系统。他认为，英军的主要攻击目标必将是连绵的德军布雷区战线，因为那里所有的布雷区均无人驻守，所以应该在那里布下成千上万的地雷和陷阱，从而建成一条坚固的防线。这条防线的前沿将由德军战斗前哨部队守卫，每一个步兵营抽出一个连的兵力。

这些主要的防御地带便是有名的"魔鬼的花园"。大多数地雷的威力都足以炸断坦克的履带或摧毁一辆卡车，而其中3%的地雷具有多种毁灭性的杀伤力，或通

▲ 二战期间，隆美尔从战场上回家看望妻子和儿子。

过电线引爆，或是一触即响，接着这些地雷就会迅速爆炸开来，无数的钢球将飞溅到四面八方。在蒙哥马利发起进攻之前，即9月10月间，隆美尔的部队沿着64公里的前线埋下了将近50万颗地雷。在某些地段，地雷分几层埋下，这样可以使英军地雷工兵不知所措。即使他们发现并清除了上面一层地雷，下面还有一层地雷会爆炸。另外，德军还埋设了一些手榴弹和炮弹，与地雷拉线并联在一起，这也成为地雷阵的一部分。在地雷阵的后面，依次部署着步兵、炮兵、反坦克兵和装甲兵。

9月份，同盟国和轴心国的军队似乎形成了难得的默契，他们谁也不主动攻击，数日来硝烟弥漫的北非大漠突然间安静了许多。这个时候最高兴的当然是那些很久都没有休息过的前线官兵，轴心国这边尤其显得热闹。

隆美尔的指挥部想方设法地给士兵们找事做，白天主要是进行必要的体能训练和建造地雷网，晚上的时间则用来举办演讲会、音乐演奏会、棋类比赛等丰富多彩的娱乐活动。为了活跃部队气氛，调整一下紧张的神经，指挥部还特别抽出十几名具有喜剧表演才能、很会逗人笑的士兵组成了一个演出团，在各部队单位进行巡回演出，受到了官兵们的热烈欢迎。另外，各部队还结合实际分别举行了一些有特别意义的纪念活动，最有意思的是第25炮兵团举行的"第8万发炮弹开炮仪式"，第15装甲师的厨师们举行的"第400万个面包烘烤仪式"，从他们那兴奋的眼神和放松的表情上可以看出，这些日子官兵们过得非常愉快。

"都9月4日了，怎么接替我的人还没有来，这一次元首不会又不派人了吧。"隆美尔焦急地翻着日历，自言自语地说。

"别着急，元帅，还是先去洗个热水澡吧，这些天您最重要的是放松心情，毕竟您的健康状况还不是很乐观。"霍尔斯特医生劝隆美尔。

"是啊，都一个多星期了，这个该死的蒙哥马利居然连洗澡的时间都不给我！"

在那个非常简陋的浴室里，隆美尔一边泡着热水一边想："都已经6个多月没有见到我那亲爱的妻子和可爱的儿子了，美丽的露西会不会已经有白头发了，年轻的曼弗雷德不久就会长得和我一样高了，他还会崇拜这个打了败仗的父亲吗？"

洗完了澡，隆美尔立刻回到了他的司令部，他想再看一看那封摆在桌子上的信，那是他可爱的儿子曼弗雷德付出辛勤劳动用打字机打给他的。

亲爱的爸爸：告诉您一件非常有意义的事，我已经学会了用打字机打字，只是还不太熟悉。您不会为我没用笔给您写信而生气吧，您或许不知，这打字可真不容易啊！有这个时间我都能写好10封信了。得知您要回家休假，这可实在是太棒了，我时时刻刻都在盼望着这一天的到来。我正在阅读最近一期的《法兰克福》杂志，里面有一篇文章谈到了您，当记者问您在法国指挥过的那个师的士兵们处境如何时，他们回答说："我们的右翼没有友邻部队，侧翼没有掩护，我们的后方也没有兵力，但是隆美尔元帅始终站在我们的前列！"您知道吗，听到这些话我有多么骄傲。爸爸，我已立下决心要以您为榜样，永远英勇地为德国而战斗！

看着儿子充满温情的来信，想想当前北非战线的局面，隆美尔真有些不好意思了："哎，要不是那些可恶的意大利人不给我送来燃料和食品，我怎么会离开？"

9月19日，接替隆美尔的人终于到了，他就是坦克专家格奥尔格·施图姆将军。

施图姆将军个子高大，脾气很好，没几天就已完全适应了沙漠里的气候。陆军元帅凯塞林很欣赏他，在这位元帅的眼里，施图姆要比隆美尔更能胜任这个职务，因为他很善于调解部队中的种种矛盾，特别是德国和意大利部队之间的磨擦。

9月23日，隆美尔终于可以离开了。可就在动身之前，他还很不放心地对施图姆将军说："我想我有必要再强调一下我们的基本战术计划：先要让敌军的进攻陷入我们的布雷区，然后我们再从战线的北端和南端发起反攻，使蒙哥马利的精锐部队最终落进圈套，这样他们才能必死无疑。"

"元帅阁下，您尽管放心，我一定会坚决完成任务。"施图姆向他保证。

"在阿拉曼防线上必须继续加紧防御工事的建造进度，战斗一旦打响，我将放弃治疗，迅速返回非洲！"隆美尔信誓旦旦地说。

当天，隆美尔先飞到意大利与墨索里尼会面，他抱怨说供给短缺，同盟国占有空中优势，但那位意大利独裁者却没有多少兴趣听他的这番抱怨，他认为隆美尔无论在身体上还是在精神上均已经垮掉。

在柏林，这个希特勒膨胀的帝国首都，隆美尔元帅在戈培尔家里一连做了好几天客。

漂亮的戈培尔夫人整天忙碌在他身边，隆美尔整理着那些他将用来影响元首的

▲ 1942年5月，隆美尔与凯塞林在北非。

地图和计算表。几乎每天晚上，这个家庭都在倾听他那迷人的有关埃及战斗的描述，一直到深夜。渐渐地，他们使隆美尔从沉默中解脱出来。

隆美尔讲述了不少有关意大利贵族和军官们的轶闻趣事，接二连三地详尽地描述了他们的"怯懦"表现和第一次碰到澳大利亚或新西兰部队时如何逃跑的细节。他还告诉他们，他自己如何经常从死亡或几乎被俘的险境中脱身的经历，这常常使得戈培尔和他的家人们发出钦佩和恐怖的尖叫。

作为回报，宣传部长戈培尔给他放映了一些有关北非战役的新闻纪录片。他们一家很清楚地感受到，当隆美尔看见自己率军攻占托布鲁克以及追击第8军进入阿拉曼的情景再现时，一种新的生命和活力已经涌进了他的躯体和血液中。

9月29日，戈培尔还向隆美尔透露，元首一直在考虑在战争结束后让隆美尔担任德国军队的总司令。而他个人也表示坚决支持，他认为："像隆美尔元帅那样的人当然有能力承担起这一职务，他在战场上赢得了荣誉，而且思想鲜活敏捷，并且具有抓住主动权的能力。"

9月的最后一天，隆美尔轻快地走进了帝国总理希特勒的书房，接过了一个里面装有闪闪发光、镶有钻石的元帅官杖的黑皮箱。希特勒身后站着凯特尔，副官施蒙特以及其他聚在那里的官员。隆美尔身后站着他的助手阿尔弗雷德·伯尔恩德。

隆美尔连珠炮似的一口气道出了他所需要的供应物资：9月份需要至少3万吨燃油，10月份需要3.5万吨。他还描述了一种美国制造的新式炮弹，这种炮弹能够穿透装甲车，同盟国军队把这种炮弹用在战机上来对付德国的装甲车，具有很大的摧毁性。

这番描述激怒了赫尔曼·戈林，这位德国空军司令大声说道："这不可能，美国人只知道怎么样制作剃须刀片！"

隆美尔回答道："我们能有一些那样的剃须刀片也行啊，我的帝国元帅先生！"

下午6点，隆美尔成了柏林运动场群众集合的上宾，新闻记录片摄下了他通过党和军队要员密密麻麻的行列来到主席台前受到希特勒迎接的情景，他摆动着元帅杖，接着就用一种近似挥手和行纳粹礼的姿势扬起了手臂。所有帝国广播电台都播送了希特勒赞扬隆美尔的演说。他已经到达了自己成就的最高峰。

几天以后，隆美尔写信告诉施图姆关于他和希特勒的会见。"元首和领袖都已同意我关于固守目前我们在非洲已赢得的阵地的那番打算，在我们的部队充分得到供应和恢复以及更多的部队被派往那里之前，将不发动任何新的进攻。"

隆美尔接着说："元首已经答应我，他将考虑让装甲团尽可能地得到增援，首先是最新的大型坦克，火箭发射装置和反坦克炮，还有大量的火箭弹，260毫米的迫击炮和一种叫做比尔威弗的多管火箭发射器，以及至少500台烟幕发生器。"

隆美尔向希特勒呈送了一连串抱怨意大利人的报告，他说："他们的军官和士兵都没有准备，他们的坦克太缺乏战斗力，大炮的射程还打不到8公里，意大利部队没有战地伙房。常常看到他们向德国战友讨吃讨喝。"他还进一步说："意大利人是我们脖子上的一块磨石，除了防御之外，他们毫无用处，即使英军步兵用刺刀发起进攻，他们也根本不管用。"

隆美尔除了责怪意大利人外，对他们也丝毫不尊重。

"敌人怎么会这么快就知道我病了，毫无疑问是从罗马那里得来的消息。"

很明显，隆美尔一直怀疑是意大利人出卖了他们向阿兰哈尔法山发动过攻的情报。进而，他认为那些运送汽油的船只之所以沉没，也是因为那些意大利的叛徒把船只的动向报告给英军所造成的。

"意大利普通士兵是好的，他们的军官却毫无用处，他们的最高统帅部全是一伙叛徒。"此时，激动的隆美尔做出了一个坚定的手势，"只要给我的坦克3艘船的汽油，那么48小时后我一定能打进开罗！"

10月3日上午，应戈培尔的邀请，隆美尔出席了在宣传部召开的有各国记者参加的新闻招待会。当隆美尔走进会议大厅的时候，所有的眼睛都盯着他。电影摄影机缓缓地转动起来。

"今天，我们已经站在离亚历山大和开罗只有80公里的地方，通向埃及的大门已经掌握在我们的手中，为此我们还准备采取进一步的行动！我们并没有放弃那里，我们还会重新打回去的。有人可以把它从我手里拿走，但我要表明的是，它仍旧牢牢地控制在我们手中！"隆美尔说这番话的时候依然显得那么有底气，也不知是什么让他突然增添了信心。

中午，他的飞机离开柏林，几小时后，他终于又回到了露西的怀抱。

☆ 不打无准备之仗

阿兰哈尔法战役结束后，蒙哥马利就开始研究怎么样才能在阿拉曼彻底击败隆美尔。

通过"超级机密"和各种侦察手段，他对隆美尔的防御部署一清二楚。但是，隆美尔所建立的防线，是一种由工事和爆炸性障碍物组成的绵亘防线，在沙漠作战的历史上，还没有人遇到过这样的防线。如何才能突破这种防线呢？这一直是困扰蒙哥马利的头等问题。

在亚历山大的办公室里。

"蒙哥马利将军，有件事我要同你商量，你看看怎么回话为好？"亚历山大紧接着就拿出了丘吉尔当天的电报，只见电文上写着：

"你部来电提到10月23日发动进攻一事，经与内阁及帝国总参谋长商议确定，进攻必须在9月份进行，以配合俄国人的攻势与盟军于11月初在北非海岸西端的登陆，即'火炬'作战行动。"

蒙哥马利显然不能接受首相的建议，在他看来，这纯粹是从政治因素上考虑的，根本就没把它当成是一项军事行动。

"不行，9月份就发起进攻简直是发疯，如果9月份发起进攻，我们各项准备工作都做得不够充分，即使勉强发动进攻也必将会失败。难道再等1个月都等不了了吗？如果他们非要在9月份采取行动，就请他们另请高明吧！"蒙哥马利丝毫不掩饰自己的气愤。

"我的将军，别忘了，现在你可是重臣，不比阿兰哈尔法战役之前了！我会跟伦敦那边解释的，你现在主要是抓紧时间，把各项准备工作做好，尽可能做到万无

▲ 英军在北非的最高指挥官亚历山大（中）正在视察前沿阵地。

一失。顺便提醒你一下，以后说话可要多加注意，别总是口无遮拦！"亚历山大拍了拍蒙哥马利的肩，微笑着说。

蒙哥马利接下来的工作就是调整一下第8集团军的高层指挥员，把在他眼里认为不合适的将军统统换掉。第一个被革职的居然是就是第30军的军长拉姆斯登将军。

那是一个晴朗的早晨，阳光照耀在空气中散发出一种久违的清爽的味道，拉姆斯登将军迈着矫健的步伐向集团军司令部走来。从他那兴奋的表情上可以看出，这位将军的心情也如这天气一样开朗愉快。

"拉姆斯登将军，怎么这么着急就来领受任务了？现在我并没有说发动进攻

啊！"蒙哥马利开玩笑地说。

"不是，将军，我是想，想和您请个假，自从来到非洲我们就一直战斗在沙漠里，现在形势还不算紧张，我想去亚历山大休息一下，陪一下我的妻子和女儿。"拉姆斯登将军有些不好意思，说起话来也吞吞吐吐。

"好啊，去吧。祝你们一家玩得愉快！"蒙哥马利一脸的真诚。

"感谢将军，回来以后我一定更加精力充沛地参加战斗，您就放心吧！"拉姆斯登将军带着十分轻松的心情离开了蒙哥马利的司令部。

可就在他3天以后再次回到北非战场时，他突然发现，几天前还在英格兰的奥利弗·利斯将军现在已经顶替了他的位置。他急忙来到蒙哥马利将军的司令部。

"将军，我回来了，可是奥利弗·利斯将军他——"

"喔，我想你在沙漠中已呆了9个月了，一定很疲惫，所以决定由他来继续带领你的部队。"蒙哥马利打断了他的话，又是一脸真诚的样子跟他说。

"可是——"拉姆斯登将军似乎还想说些什么。

"可是什么？别忘了，这是战争，战争你懂吗？战争意味着瞬息万变！一刻也不能放松！"蒙哥马利大声喊道，吓得拉姆斯登将军无话可说，灰溜溜地离开了。

一直在蒙哥马利身边的参谋长德·甘冈似乎对将军的决定有些不解："将军，您这么决定是否过于仓促？他也是奋战了多年的将军，总得给他留点心理准备的时间吧。"

蒙哥马利只是重复了刚才的那句话："没办法，这是战争！"

在接下来的时间里，蒙哥马利还任命赫伯特·兰姆斯登将军担任他的精锐部队第10军的军长，这位将军曾经在沙漠指挥过第1装甲师，在中东早已久负盛名，深得蒙哥马利的信任。此外，蒙哥马利还作出了一个惊人的决定，撤换曾经被称作"沙漠之鼠"的英国皇家陆军第7装甲师的师长伦顿。这个决定连他的参谋长德·甘冈都难以理解！

原来，就在阿兰哈尔法战役之前，蒙哥马利曾视察过南翼的阵地，在那里他第一次和大名鼎鼎的铁甲师长伦顿见了面。他们之间的交流看起来是真诚而友善的。

蒙哥马利问他："请问你怎么看待隆美尔即将发动的进攻？"

"我看隆美尔何时发动进攻这并不是个问题，问题是该派谁去率领装甲部队去迎战呢？我们装甲7师一直是隆美尔的克星，如果派我们去的话，我敢保证能够完成这项重任。"伦顿的意图太明显，他认为他有承担这项任务的能力。

"可你不知道吗？我们的装甲部队这一次并不发动进攻，而是驻守在原地，等待隆美尔的到来。"蒙哥马利本以为伦顿能对他的意图有所领悟。可接下来伦顿的表现足以说明他的想法与蒙哥马利的相差甚远。

"您别开玩笑了，坦克和装甲车本来就是发动进攻用的，只有愚蠢的人才会把它们用于防守，无论如何我也不相信这是真的。"也许正是这句话，决定了他的命运。

第2天，这个不开窍的家伙就被解职了，他一直到那时也没有明白蒙哥马利的意思，看来蒙哥马利对他的评价是中肯的："伦顿师长无疑是勇敢的，但他的思想有些固执和僵化，有时并不是那么听使唤，这对接下来的战斗是不利的。"

在做好高层指挥官的调整工作后，经过反复思考，蒙哥马利确定了对付隆美尔的作战方案，准备分三路同时出击：

在强大的炮火掩护下，奥利弗·利斯将军的第30军的4个步兵师将从北边进攻，长达10公里的战线北起海边的特艾沙山，向南一直到来特尔牙山梁，步兵和地雷工兵将清除沿途的地雷，攻下德军步兵阵地和炮火掩体。然后，赫伯特·兰姆斯登将军的第10军的坦克将冲上前去，砸碎轴心国军队的防线。在南边，布莱恩·霍洛克将军的第13军将主动出击，牵制住那一地区的德军装甲部队，进一步使德军搞不清第8集团军的真正目的。

同时，盟军飞机将轰炸德军阵地，袭击轴心国的机场，使敌军飞机在防守中发挥不了作用，这一作战方式被蒙哥马利将军称为"粉碎性作战"。

"粉碎性作战"是蒙哥马利创造的一种新式的沙漠地作战战术。他一改过去的以密集的装甲部队歼灭敌军装甲部队、继而再扑向暴露的步兵的战法，而是首先歼灭德军的非装甲部队，同时将德军装甲部队隔开，不让他们前往接应，最后再来对付失去步兵保护的装甲部队。

对此，蒙哥马利说："过去一般公认的原则是，应当首先着眼于消灭敌军的装甲部队，一旦这个任务完成了，敌人的非装甲部队就很容易对付。我决定把这个原则颠倒过来，先消灭敌人的非装甲部队，暂不打他的装甲师，留待以后再收拾他们。"

这一大胆的不合常规的战术引起英军装甲师及步兵指挥官的担心和反对，几乎所有的师长都对蒙哥马利的这一计划毫无信心，就连丘吉尔首相也不无担心地说："发明坦克的本意就是为了在敌人机枪火力的威胁下替步兵开辟道路，现在却要步兵来为坦克开辟道路，在我看来，这是一项非常艰巨的任务。"

但是，蒙哥马利预计，只有从侧翼和后方对扼守阵地的德军非装甲部队进行夹攻，采用"粉碎性"打击予以消灭，隆美尔的装甲部队就无法守住夺来的地盘，在

▲ 1942年8月，英国首相丘吉尔到北非战区视察。

这种情况下，隆美尔会由于补给不足而始终处于岌岌可危的境地，惟一的出路就只有撤退。

为了保障战役成功，蒙哥马利还进行了充分的"骗敌计划"，它是沙漠战中迄今为止最精巧的欺骗计划，代号为"伯特伦"。

要说这一计划的成功运用，还得感谢伦敦控制处的中东分支机构A部队首脑达德利·克拉克上校。他的部队先是在英国，后来是英美两国专门负责在近东和地中海地区搞伪装欺骗的组织。克拉克上校40出头，精明干练，是专门从事秘密战的专家。他原来曾做过一名陆军炮手，热衷于研究英布战争时期的战术。早在1940年，他就从伦敦来到中东，协助韦维尔将军对意大利的入侵军队实行欺诈战术。

在地中海旁边的伯吉勒·阿拉伯沙滩上，有一幢白色的房子，英国第8集团军参谋长德·甘冈的办公室就在这幢房子里。

那一天，德·甘冈正焦急不安地站在门外张望着，不时地低头看表，大约10点20分左右，他等的人终于来到了，这就是"魔术大师"——克拉克上校。

"参谋长，有什么事这么急？"

"你先看看这个。"德·甘冈递来一张兵力装备统计表。

"兵力22万，坦克1,200辆，火炮2,300门，卡车无数辆——怎么，你是想让我把这些东西都变得无影无踪，开战时再把他们变回来对吗？"

"果然是厉害呀，全被你猜中了！可是还有成千上万吨战争储备物资呢，没想到吧？"德·甘冈笑了笑说。

"你们这些沙漠部队是怎么回事？韦维尔任职时是让我把无中生有的士兵变出来，现在你们又让我把已有的大军变回去。好吧，具体讲讲你们的作战计划吧。"上校严肃起来。

"请看地图，阿拉曼防线全长64公里，北起地中海海岸，南至卡塔腊洼地，这洼地是一大片无法通过的内海沙地。进攻这道防线的惟一可行的办法是在北部实施正面突击，隆美尔当然知道这一点，这样，就增加了我们进攻的困难性——只能正面进攻，无法从南面迂回。整条战线上都有步兵的坚强防守，足以打击正面来犯者。因此，在阿拉曼采取守势要比进攻更有利，守方可以构筑坚固工事，并且利用地雷保护自己。而进攻一方却暴露在守方火网面前，除了向前硬冲以外，没有其他办法攻克敌方阵地。"

"看起来困难确实很大，那么，你们打算怎么办呢？"

"很简单，蒙哥马利将军准备从北部进攻，但是他希望隐藏在那里作战准备活动，而在南方，则要有意识地显示我们准备发动进攻的假象。但是由于北部的集结无法做得不露马脚，他还希望缩小其表面规模。这样，当一切进攻准备就绪的时候，要让隆美尔觉得我们尚未做好准备，他还有一两个星期的时间就要发动进攻了。总之，诈敌计划的目的有2个：一是不让敌人了解我们发动攻势的意图，越久越好；二是如果瞒不住时，要使敌人对我们的进攻日期和主攻地带摸不清楚。”

德·甘冈介绍情况的时候，克拉克上校眼睛盯着地图，头脑在飞快地运转着：阿拉曼一带的沙漠是沙土坚硬、岩石突出、灌木矮小的平原地，隆美尔尽可一览无遗。而我们却要在隆美尔的眼皮下把蒙哥马利的庞大兵力装备隐藏起来，这谈何容易。

“难啊，隆美尔也非等闲之辈，他只需要把一个转筒放到岩石上贴上耳朵就很容易怀疑到进攻准备是在北方。”克拉克面带难色地说道。

“就是因为困难才找你们嘛，尽管如此，你们必须要做好这一切，而且一定要争取瞒过德国人，别忘了，为了这场久违的胜利，伦敦方面，特别是第8集团军已经等了足足两年了。”

“那么我只有尽力而为了！”

“你们一定要成功，记住！”德·甘冈的口气不容商量。

接到这样一个必须完成的任务，克拉克上校自然不敢怠慢，他找到手下的两位伪装专家——电影布景师巴卡斯中校和魔术师马斯基林少校，搞出了这份“伯特伦”的欺骗计划。

他们要做的是将6,000吨储备补给品悄声无息地隐藏在战线方圆8公里的地方。巴卡斯在那里发现了一年前修建的纵横交错的石砌掩壕，他那双经过训练的眼睛马上看出，如果将油桶堆在里面，不会有光线或阴影方面的变化。拍出的航空照片果然证实了他的判断。只用了3个晚上，2,000吨汽油便安全地藏在掩壕里，他们又用了3个晚上将另外4,000吨作战物资堆积成10吨卡车的样子，并且修了顶盖，看上去好像兵营一样。

下一步该隐藏火炮了，蒙哥马利计划要在北部以1,000多门大炮齐射，拉开“捷足”战役的序幕，尽管伪装大炮很难，但专家们还是想出了简单易行的方法，把它们藏在假的3吨卡车下面，仅用了一晚上时间，包括牵引车、前车和火炮在内的3,

000件装备便伪装成1,200辆卡车的样子，开战前夕，火炮进入发射阵地后，1,200辆假卡车要迅速装配起来，以掩饰已经撤走的火炮。

在北方隐藏进攻意图的同时，伪装专家们还在南方装成要发动进攻的样子。在南部地带，他们建立了大型模拟补给仓库，建造加油站和燃料库，铺设油管，而且故意放慢速度，为的是让德国人相信，11月以前英军不会竣工，所以也就无法进攻。

蒙哥马利高度赞扬了克拉克及其手下人的这些杰作，现在他已经一切都准备就绪，就等着隆美尔前来进攻了。

就在10月19日，蒙哥马利还通过"超级机密"了解到，隆美尔的燃料仅够用一周，以目前的情况来计算，"非洲军团"的口粮也只够吃3个星期，轮胎和零件也十分缺乏，约1/3的待修车辆放在修理车间已达2个星期，现在各种弹药加起来也只能打9天仗。这使得蒙哥马利信心倍增。

☆ 蒙哥马利的月亮

隆美尔所担心的盟军空中优势，已变得越来越明显。

连日来，英国皇家空军的轰炸机群排着整齐的队形飞行，场面煞是好看，德军士兵们把它们称作"集合大表演"，因为它们很像战前纳粹集会的飞行表演。这些轰炸机在9月10月两个月里，几乎每天都要骚扰德国装甲部队，给敌人的心理造成一定的压力。

最多的一天是10月9日，英国皇家空军先后出动了500余架飞机，而深受燃料缺乏之苦的德国空军只出动了100多架。德军的神经都给炸麻木了，竟然有一名炮兵下士在背上挂着一个牌子，上面写着，"别开炮！"

▲ 德军士兵正在抓紧时间挖战壕。

▲ 一颗炮弹落在意军第4步兵团士兵附近。

10月下旬，英德两军在空中力量的情况是：英军有605架战斗机和315架轰炸机，德军有347架战斗机和243架轰炸机，连隆美尔都不得不承认："已经没有真正的回应力量，来对付敌军的空中优势了。"

与此同时，"魔鬼的花园"后面的步兵仍然什么东西都短缺，他们需要坦克、大炮、弹药、卡车、食品，当然还有燃料。

其实早在前去度假之前，隆美尔就向德军最高统帅部打过报告："元首阁下，有一点是很清楚的，如果没有足够的供应品及时运抵北非，要继续维持'非洲军团'在战争舞台上的胜利几乎是不可能的。"然而，希特勒给"非洲军团"9、10月份运来的燃料总共还不到他们所需要的最低数的一半。最要命的是，"非洲军团"此时还缺少食品，因为为了腾出地方放置更多的武器，食品的装运量被大大削减了。截至10月下旬，只有不到一半的食品运来，蔬菜更是成了严重短缺的奢侈品。由于吃不饱饭，再加上营养不良，致使许多士兵得了肝炎和痢疾等疾病。施图姆将军感叹道："我们还没止住一个漏洞，结果却又撕开了另外一个。"

最终运抵的少量军备物资使德军两支装甲师在10月份分别增加了约100辆坦克，但这数目远远少于蒙哥马利囤积的军备物资。由于收到了大批美制"谢尔曼"坦克，大量反坦克大炮和榴弹炮，英国第8集团军现在的装备无论在质量还是在数量上都占有绝对优势。蒙哥马利利用这段空隙集结了一支不可抗拒的部队，并对他们进行了很充分的训练，到10月中旬时，他们和敌军在力量对比上的优势已大致达到了二比一甚至更好的比例。

1942年10月23日的夜晚，广袤的北非大漠上皓月当空，微风习习，月光下的大沙漠像镀上了一层银箔，泛着一种幽幽的白光，给人一种强烈的荒凉、肃穆之感。突然间，大地发出了一阵剧烈的颤抖，炮弹呼啸声瞬间便撕碎了静谧的夜空。英军阵地上的1,000多门大炮同时向德军的炮兵阵地、堑壕、碉堡和地雷场展开了猛烈的炮击。一时间，大地震动，铺天盖地的炮弹挟着尖锐的啸声冰雹般地砸向德军，炽热的炮火把整个地中海海滨的天空映得火红。

在二战史上具有重要意义的阿拉曼战役打响了。

在等待冲锋的短暂时间里，阿拉曼战场上的英国第8集团军全体官兵在震耳欲聋的炮火声中聆听了他们的司令官蒙哥马利将军发布的第一份私人文告：

第8集团军的官兵们，你们是大英帝国的战狮，你们热切期盼的一个光辉的时刻即将来临了！你们要像狮子一样勇敢地扑向敌人，消灭他们。在非洲这个广阔的舞台上，无论在哪个角落，一旦发现德国人，就打死他！勇敢和胜利自古就是一对孪生兄弟。我热切地希望你们拿出皇家军人的自豪和无畏来，在这一场决定性的战役中让自己的名字写进史册。

——伯纳德·劳·蒙哥马利

1942 年 10 月 23 日

在强大的炮火掩护和空军飞机支援下，英国第30军和第13军的士兵们冒着战场上令人窒息的烟雾尘埃，向德军阵地发起了潮水般的进攻。月光下，一排排头戴钢盔的士兵，随着尖厉而急切的风笛声向前挺进，只见刺刀闪光，发出逼人的寒气。在战斗开始阶段，训练有素的德国士兵以其特有的顽强和勇敢的牺牲精神抵消了英国士兵在数量上所占的巨大优势。然而，在英军突如其来的猛烈炮火之下，"非洲军团"遭到了可怕的损失。

22时，炮火目标移向隆美尔的"魔鬼的花园"，地雷、炮弹竞相爆炸，阿拉曼阵地很快变成火光冲天、硝烟弥漫的地狱。零时，英国第30军的7万余名步兵和600辆坦克，借助探照灯和轻高射炮对固定战线发射的炮弹，开始向轴心国防线靠左边的中央地域发起攻击。与此同时，第13军在南部也发起佯攻，一时间，整个战线成为一片火热的海洋。

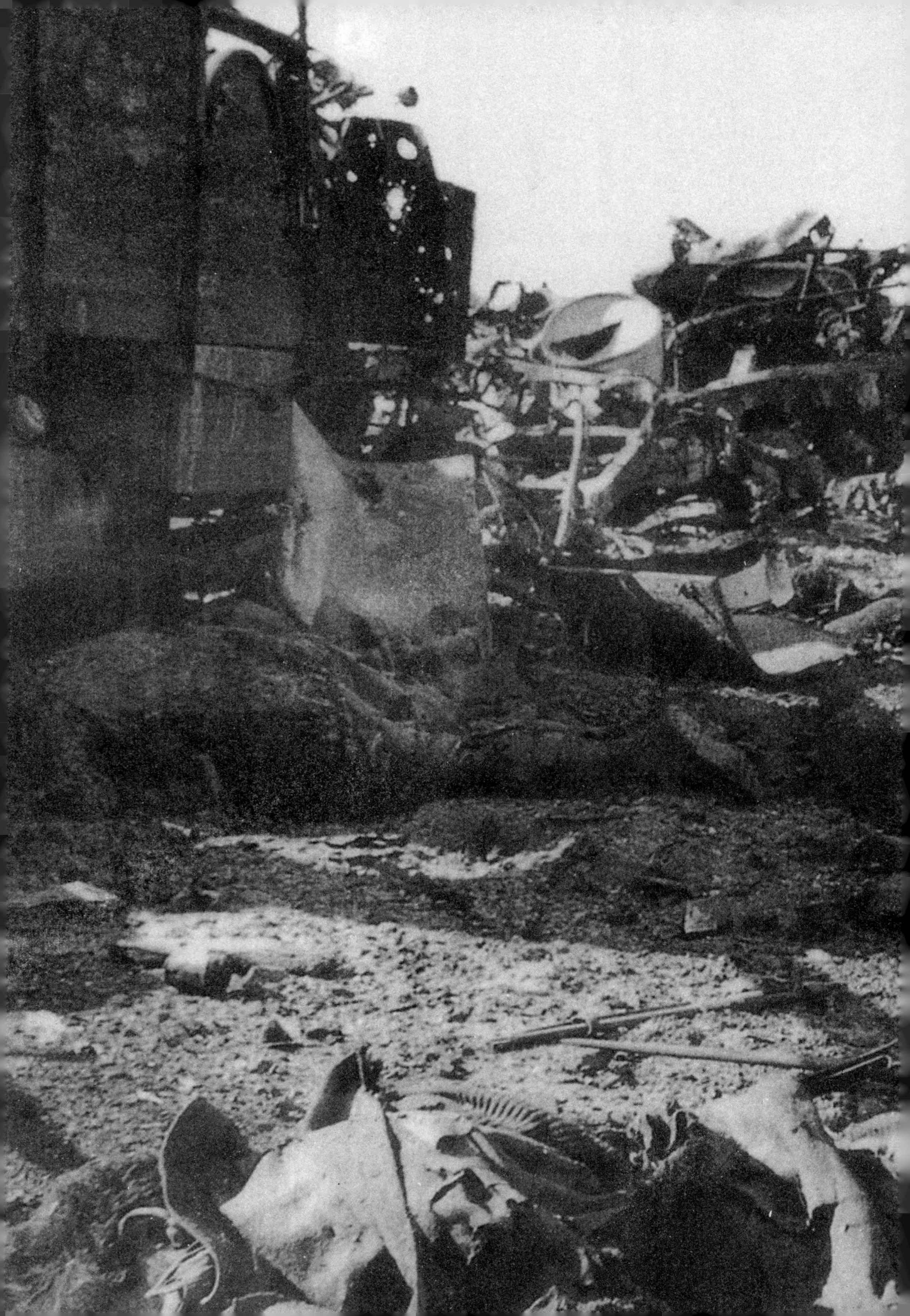

▲ 戈壁上到处可见意大利士兵的尸体和遗弃的装备。

"司令，司令，快醒醒。"酒足饭饱的施图姆将军正在酣睡，被一阵急切的呼声唤醒。

"前线来电，英军发起强大的炮火攻势，其意图不太清楚。"代替负伤离队休假的高斯担任参谋长职务的威斯特法尔上校手里攥着一纸电文，向施图姆报告。

威斯特法尔的话像一针清醒剂令施图姆睡意全无："怎么，英军已经发动总攻了吗？这怎么可能呢？他们不是还在修水管吗？"

"从炮火的强度来看，不像是普通炮轰，估计每分钟发射炮弹达数千发。"

像是要证明威斯特法尔的估算，远处闷雷似的炮声滚滚连成一片，几乎听不出间断，施图姆和他的司令部军官们深感震惊和意外。英国人是何时集结并藏匿了如此强大的炮兵部队？怎么一点风声都没有泄露？虽然他估计英军有可能提前发动总攻，但怎么也没想到会在一点蛛丝马迹都没有的情况下发生这一切。施图姆将军有点茫然不知所措。

"英军的主攻方向在哪里？"施图姆稍稍稳了稳神，问他的代理参谋长。

"根据炮声判断，有可能是在北部。不过，还需要前线的报告加以证实。"

话音刚落，电话铃声响了，威斯特法尔急忙过去接。

"将军，是第21装甲师师长打来的电话，他说他们驻守在南部的部队也遭到了猛烈的轰击，主攻点可能在南部。他请示您是不是动用我们的大炮进行还击？"

"告诉他，在搞清楚真正的主攻方向之前，严禁进行炮击，我们的炮弹不多了，这个情况他应该知道。"

德军司令部一片忙乱，电话呼叫声，电传打字声夹杂着叫骂声此起彼伏。开始，来自前线的报告就支离破碎，数量很少，越往后就几乎没有任何报告送回了。显然，在英军的猛烈炮击下，德军通讯已被扫平了，午夜已过，施图姆仍然没有摸到头绪。

此时，地中海海岸观察哨来电，电文上讲："在强大的轰炸机力量支援下，英国军舰正在炮击位于达巴和西迪阿布代拉赫曼之间的第90轻装甲师。在此之前，英国重炮已对我阵地进行了炮袭，英国鱼雷快艇正沿海岸线向前推进，马上就要进抵我们的防御区域。"

"将军，快下命令吧，如果英军登陆兵从我军后方登陆成功，后果可就不堪设想了。"作战参谋催促道。

事不宜迟，施图姆果断地命令轰炸机和战斗机投入战斗，并且指示第90轻装甲师的后备力量进入作战地域，粉碎英军在德防线后方登陆的企图，大炮和坦克开始扫射海面。

黎明时分，英军在穿越"魔鬼的花园"时，步兵的推进不得不缓慢下来。因为防守炮火十分顽强地抵抗，新增援的第164非洲轻型坦克师在发动局部的反攻战。第443炮兵营在视野空旷的条件下开火，封住了英军的一次突破包围。

施图姆将军此时仍然不是十分清楚战斗的情况，就在他决定带领一名参谋开车亲自看看时，他的指挥车遭到了澳大利亚机枪手的袭击，那名参谋军官被打死在车里，在司机开足马力急速调头时，施图姆因心脏病突发而死，而且被抛在了车外，恐惧的司机根本没有注意到这一切，所以德军一度认为施图姆失踪或投降了，而不是阵亡。他的无法解释清楚的消息使德军指挥部再次陷入一片慌乱中。

激烈的战斗持续了一天一夜，意大利"利托里奥"师和德国第15装甲师竭尽全力顶住英军对28号高地的压力，这个重要的山头尽管比周围的沙漠平地只高出几米，但却控制着整个战场。由于轴心国军队的顽强抵抗，双方伤亡人数都在急剧上升，装甲部队相互也攻打得十分激烈。两天内盟军就损失了250辆坦克，而德军的第15装甲师也损失了它的119辆坦克中的88辆。无时不在的英国皇家空军向轴心国军队的阵地投掷了雨点般的炸弹，前不久刚刚接管"非洲军团"的里特·托马将军继任了施图姆的全部指挥权。

第9章

CHAPTER NINE

决战阿拉曼

英军在阿拉曼战线展开了全面进攻，希特勒命令正在休假的隆美尔火速赶赴前线。蒙哥马利采取"增压行动"，英军数百门火炮和成群的轰炸机对"非洲军团"展开了地毯式轰炸，顷刻间，"魔鬼的花园"已完全落入英军之手。隆美尔企图实施边打边撤的计划，然而希特勒"不成功，毋宁死"的命令只能令他的计划胎死腹中。当生存的希望变得日渐渺茫之时，隆美尔终于下定决心违抗一次元首的命令，幸存下来的部队开始向富卡防线缓缓撤退。

☆ "非洲军团" 最后的疯狂

当蒙哥马利的进攻打响时,隆美尔还在奥地利的山庄里养病,与他的妻子和儿子呆在一起。他们正为远离斯大林格勒,远离惨遭轰炸的鲁尔城市,远离埃及而感到庆幸。

隆美尔悠闲地徘徊在他的屋子里,偶尔读一点统计报告,诸如有关美国的军事力量以及施图姆将军从阿拉曼前线送来的信件。就在10月24日,他还派遣年轻的副官伯尔恩德中尉携函前往罗马。柏林和总参谋部曾估计埃及战场将会安静一段时间,可是下午3点左右,山庄里的电话铃声急促地响了起来。伯尔恩德从罗马打来电话:"蒙哥马利昨天夜里开始进攻了,施图姆将军已经失踪,不知去向。"

隆美尔长期以来认为罗马隐藏着敌人的怀疑加剧了,他们为何一直把他蒙在鼓里?他要通了德国最高统帅部的电话,几乎与此同时,统帅部也给他打来了电话,他发现跟他讲话的是希特勒,元首的声音有些沙哑:"隆美尔,非洲的消息很不妙,施图姆将军下落不明。"

隆美尔急忙说道:"元首,让我立即飞回北非吧!"

希特勒关切地问:"你的身体能支撑得住吗?"

"完全可以,已经好多了。"隆美尔求战心切。

"那么你就先到维也纳·诺伊施塔特机场待命吧,"希特勒接着又说:"我要弄清楚他们是否迫不及待地需要你去。"

事实上,希特勒正在犹豫不决,与其让隆美尔在身体尚未痊愈的时候过早地飞回北非,不如留住他,日后用于东部战线,这样对德国会更有利。

晚上9点30分,他命令驻罗马的德军高级将领冯·林特伦将军收集当天下午

3 点的最新战局分析报告，以便能最后做出决定。

隆美尔却已经在机场等待了，直到夜幕降临。这时因天色太黑，亨克尔飞机不能起飞。大约 8 点 30 分，驻在维也纳的德军司令部给他送来了有关装甲军团最新情况的报告："蒙哥马利发动的主攻在北部防线突破了一个缺口，预料次日将在阿拉曼战线展开全面进攻。施图姆将军于 24 日清晨驱车奔走前线的途中遭到伏击，9 点 30 分失踪，虽然经过极力寻找，还是没什么线索，估计是受伤被俘。冯·托马将军已接替装甲军团的指挥权。"

希特勒终于来电话了："装甲军团判断蒙哥马利的总攻已迫在眉睫，这将是一场旷日持久的艰苦鏖战，看来你必须立即回到前线，重新指挥战斗。"

清晨 7 点 50 分，亨克尔飞机载着隆美尔起飞了，10 点钟已飞抵罗马。林特伦在机场等着他。陆军元帅凯塞林已飞往战场。林特伦汇报说，装甲军团剩下的汽油只够 3 天战斗消耗，这消息弄得隆美尔目瞪口呆。

隆美尔咆哮道："我离开非洲时，部队的汽油还够用 8 天，现在至少也得用 30 天的汽油才行！"

林特伦抱歉地说："您知道，几天前我才休假回来，在我休假期间，后勤补给工作没有受到足够的重视。"

隆美尔越发扯开了嗓门："那些意大利人就得采取一切可能的措施，包括动用潜艇和海军，把给养物资迅速运给装甲军团。现在就开始行动。"

早晨 10 点 45 分，他再次登上了飞机。下午 2 点 40 分，在碧波起伏、浩淼如烟的地中海上，一架亨克尔轰炸机正在低空飞行，这是专门提供给隆美尔旅途换乘的 DH-YA 型专机，飞行员赫尔曼·吉森中尉宣布："5 分钟后飞机将在克里特岛着陆。"

2 点 45 分，克里特岛的海拉克利恩机场已映入隆美尔飞机的圆形舷窗。他走下飞机，一辆刚刚加过油的坦克迎上来，目前指挥空军第 10 军的冯·瓦尔道将军在跑道上等待着他。他脸色阴郁，将一份阿拉曼战线的最新报告呈交给这位陆军元帅。

▲ 德军隆美尔元帅（左）到达的黎波里的一个机场。

▲ 正在轰击中的德军88毫米口径大炮，在阿拉曼地区配备75毫米口径坦克炮的谢尔曼坦克成为这种非洲军团主要武器的天敌。

"战线的北部和南部地段此时遭到英军坦克的猛烈攻击，再次搜索战场时，找到了施图姆将军的尸体，死亡原因是心脏病突发。"

隆美尔转身正准备登机，瓦尔道将军上前阻止道："我不能允许您大白天乘坐亨克尔飞机，这样会很危险。"于是隆美尔乘坐一架漂亮的高速的多尼尔217新式轰炸机马上飞往埃及去了。

5点30分，多尼尔轰炸机在飞沙走石的卡沙巴机场着陆。隆美尔的斯托奇飞机已经等待在那里，他继续向东飞行，直到天黑才着陆，接着又乘车沿海岸公路往前急驰。此刻，前方的地平线被炮火映得通红，他反复地自问："难道真的已经输掉了这场战役？"

他回到了装甲军团司令部，又见到了那些熟悉的面孔和战斗车辆，那遍布石头的荒凉沙漠和依旧令人窒息的热浪，以及无所不在的苍蝇和蚊子，还有他离开了32天的那些营养不良但却骁勇善战的士兵。

前线的将士们看到隆美尔回来了，不住地呐喊："总司令，您总算又回来了！"此时阿拉曼战役已进行了48小时。前线依然炮声隆隆，听起来战斗十分激烈。

"报告司令，英军以排山倒海之势轻而易举地冲过前沿阵地，占领了我军的布雷区。"托马将军报告说。

"为什么当英军集结时你们不用炮火轰击？"隆美尔质问托马。

托马看了一眼身旁的威斯特法尔上校，代理参谋长立即上前一步解释说："施图姆将军下令严禁进行炮击，以免浪费炮弹。"

隆美尔大发雷霆："你们这样做简直铸成了致命的大错，知道吗？缺乏弹药不等于在关键时候也不用，这个施图姆，怎么会这样带兵打仗，我就知道他这样一个毫无沙漠作战经验的指挥官是根本不行的，唉！"他紧接着长叹了一口气。

隆美尔沉默着，看得出，他对目前北非前线的局面很是痛心。

威斯特法尔小心翼翼地汇报："司令，我们只剩下最后3座油库，其中一处位于800公里外的班加西港。"

"我知道了，"隆美尔挥挥手，"你们听着，我们今后几天之内的目标就是要不惜一切代价把敌人逐出我方主阵地，重新恢复我们原有的阵地，以避免敌人自我们的防线中间构成一个西向的突出地带。"说着，隆美尔飞快地写下一行字，交给代理参谋长，"马上下达给全体官兵。"

字条上写着："我再次担任全军总指挥。隆美尔。1942年10月25日夜11时25分。"

托马认为英军的进攻重点在北部，由于装甲军团炮火的猛烈还击，才使他们遭到重创，从而被迫小心翼翼地前进。英军的意图显然是以步兵为突击队，在浓郁的烟幕掩护下从布雷区杀开一条通道，以便坦克能够突破防线。在这些通道之间，兀立着可作为炮兵观察所的光秃秃的28号高地。但这个高地夜间也落入了英军手里。

10月25日的夜晚，英军密集的炮火始终没有间断过，最后炮声汇集成一阵持续不断雷霆般的轰鸣。隆美尔只睡了几个小时，凌晨5点就回到了指挥车上。他火速赶往前沿，用望远镜观察英军的调动和部署，清楚地看到英军正在28号高地挖掘工事。此后的几天里，隆美尔向这块高地发起了殊死的反攻，贫瘠的土地上，血

▲ 英军火炮正向德军阵地轰击。

流成河。

隆美尔也已确信蒙哥马利企图在北部发起主攻。他在10月26日下午，将后备队从南部防线调集过来，包括第21装甲师和炮兵主力部队。这是一场孤注一掷的大赌博。如果他的判断失误，部队就再也调不回去，因为装甲车的汽油已濒临耗尽。结果证明他是正确的，第2天，隆美尔挫败了英军的一次突破企图。

下午3点，隆美尔投入装甲和步兵主力向28号高地发起反攻，反攻未能得手，在根本无法隐藏的地段上，德军进攻部队遭到英军空军的无情轰炸。隆美尔灰心丧气地回到指挥车上，他在给露西的信中悲伤地说："谁也不了解压在我肩上的这副重担，没有一张称心如意的牌可以打，尽管如此，我还是希望我们能够渡过难关。"

有一项战术措施本可以击退一部分敌军，这就是后撤几公里，退出敌军炮火射程之外，再诱敌深入，使对方的坦克卷入激战。但可惜空军无能为力，插不上手，而且隆美尔没有足够的汽油将此抉择付诸于实施，继运载汽油和弹药各1,000吨的"特吉斯蒂"号被击沉后，载油2,500吨的"普罗塞比娜"号又告遭难，这无异给了隆美尔当头一棒！无怪乎那几天夜里总也无法入睡，白天从望远镜里看到的景象有如噩梦一般折腾了他整整一夜。

隆美尔似乎感到绝望了，他在给露西的信中这样写道：

　　亲爱的露西，我是否还能在安宁之中给你写信，只有天知道了，今天还有这样一个机会。战斗打得正紧，但敌人已经以绝对优势压了过来，我们的物资少得可怜。倘若战败，我的生死只好全凭上帝的安排了。战败后的那一切实在叫人无法忍受。但我深信我已尽了自己最大的努力去争取胜利。我并不怜惜自己的身体。倘若我回不去了，我将从内心深处为你的爱情和我们的幸福向你和我们的孩子致谢。在这短短的几个星期里，我深深体会到他们两个对我来说意味着什么，我在最后一刻将会十分想念你们。我死后你们千万不要悲伤，要为我感到自豪。几年以后曼弗雷德就会长大成人，愿他永远保持我们家的光荣！

随后，8点50分，他向濒于绝境的指挥官们发布命令，指出这是一场生死存亡的搏斗，必须绝对服从命令，每一个人都必须战斗到底："凡是临阵脱逃或违抗命令者，无论其职务高低，一律军法论处。"他让指挥官们记住命令，然后将其毁掉。

他确信蒙哥马利将进行大规模突破的尝试，所以他把南部的德军全部调往北面，仅把意大利人和不能打仗的德军留了下来。当天下午，他看到一张缴获的英军地图，证实了蒙哥马利的意图是突破北部角落的主要防线，然后长驱直入，打到达巴海岸。隆美尔在赶往前线途中，从望远镜里看到密密麻麻的英军经过惨重的伤亡之后，方才楔入德军布雷区。晚上9点时，震撼大地的炮击开始了，10点钟，总攻的序幕拉开了。

突击28号高地北部的英军部队是莱斯利·莫西德将军率领的身经百战的澳大利亚第9师，这支部队在1941年4月间曾使隆美尔的部队在托布鲁克港吃过苦头。正如隆美尔所预料的那样，英军的进攻被迫转向靠海岸北部的布雷区纵深地带，扼守这一地段的德军是125坦克步兵团第2营，这支部队厮杀了整整一夜，显示了极强的战斗力。此外，隆美尔还在这一地段设置了强有力的反坦克屏障。黎明时分，澳大利亚师的进攻被阻挡住了，这使得蒙哥马利被迫考虑新的战略部署。

☆ 英军采取"增压行动"

和隆美尔一样，那一天，蒙哥马利在司令部里同样度过了一个阴郁的日子。

经过5天的战斗，英军伤亡几近一万人，被摧毁的坦克约有300辆，超过隆美尔拥有坦克的数量总数。坦克兵只剩下 900 多名，更成问题的是步兵，由于打的是一场步兵消耗战，蒙哥马利实际上已没有步兵后备队，所有的步兵师都部署在前线了，特别是新西兰师和南非师，几乎没有得到兵员补充，最糟糕的是，尽管付出如此惨重的代价，仍然未达到预定的在 24 日要实现的目标，也就是说前线的进攻似乎并未超过先前的战略突破点。下一步该怎么办？蒙哥马利也觉得有些不知所措了。

丘吉尔在伦敦与英国总参谋长阿兰·布鲁克交谈时说："如果蒙哥马利的全盘计划就是打一场掉以轻心的仗，他为何还对我们讲只需要7天就可以获得胜利？难道我们找不出一个能打赢一场战斗的将军来了吗？"他宣布，中午召集一次参谋长联席会议。

在这次会上，布鲁克声辩说："蒙哥马利正在策划一次新的更大规模的进攻。"其实他很清楚，这纯粹是自圆其说，事实上蒙哥马利已被狠狠地揍了一顿。

蒙哥马利在这一时刻能够得到一位关心自己前途的参谋总长的支持，不是依靠运气，而是依靠战绩。在敦刻尔克的那些日子里，以及在敦刻尔克以前和以后的日子里，布鲁克一直都对蒙哥马利极为信任。

蒙哥马利作为一个战场的指挥官，无论过去和现在都只按"军事需要"来考虑问题和采取行动，对处理各种"关系"却考虑不够，这自然会使人们对他产生误解并对他的能力失去信心，他的某些未经说明的行动使别人对他产生怀疑和不良的看法，但他缺乏移情能力或直觉，未能预见到这点而采取预防措施。他万万没有想到，他自认为是完全合乎逻辑的军事行动，竟会以截然不同的面貌呈现在伦敦的焦急不安的上司们面前。

经过连夜的深思熟虑，蒙哥马利决定改变计划，实施大面积的机动，并通过重新部署部队来建立一支强大的预备队，以实施猛烈的最后打击。他下令第 1 装甲师撤出战斗，重新编组，第 30 军也暂时退出战场。将这次战役打响后尚未参加过激烈战斗的南非师和第 4 印度师从侧翼调到右边，替下精锐部队新西兰师，让他们作

▲ 亚历山大将军（右）正在观看缴获的老式的意大利步枪。

一次短暂的休整。蒙哥马利的这一决定还没有实施，伦敦方面就派人来了，显然，丘吉尔对他目前的表现并不十分满意。

那是一个阴沉的上午，德·甘冈突然推开了蒙哥马利的门："将军，中东部队总司令亚历山大将军和他的参谋长麦克里里少将，还有国务大臣凯西一行前来视察。"

正在忙于制定"增压"行动计划的蒙哥马利感到有些诧异："这么突然，怎么事先没有通知一声？"

"看来对于我们重新调整部署，伦敦方面很不放心。"

"有什么不放心的、由我来说服他们吧，要是实在不同意就请他们找别人好了！"蒙哥马利对伦敦方面的这种做法感到有些不快。

尽管如此，出于礼貌，蒙哥马利还是亲自出去迎接了亚历山大等人，并对他们的到来表示热烈欢迎。

亚历山大开门见山："将军，还是先介绍一下目前的战况吧。"

蒙哥马利也直接切入主题："根据战斗的进展情况，我已于27日开始抽调一些师留做后备队。具体做法是，让开战以来一直担负主攻的新西兰师撤到休整区域，把本战役中尚未参加过激烈战斗的南非师和印度师从侧翼调往北边补充缺口。由于隆美尔已将其全部装甲部队调到我们的北部走廊对面，为减少伤亡，我已把该地区作为防御正面，那里的第1装甲师也抽出来作为预备队，诸位想必急于知道，我重新部署部队加强后备力量的目的吧？"

蒙哥马利继续说道："我是想实施最后一次决定性的打击，我把这个新计划叫做'增压'行动。澳大利亚师在30日夜至31日凌晨之前向北猛烈攻击，到达海边，把德意军队的注意力引向北面。然后，在10月31日夜至11月1日凌晨前，在北通路北面，以新西兰师为主，在第9装甲旅和2个步兵旅增援下，向意军发起强大的攻势，打开一个深远的缺口。之后，第10装甲军通过缺口，穿过开阔的沙漠，绕到德军阵地的后面并将其消灭。"

亚历山大听了蒙哥马利的介绍后，一直没有表情的脸上顿时出现了笑容。

麦克里里还提出了自己的见解："我看，突破点可以再往南一些，避开敌人组织严密的防御阵地，这不更好？"

蒙哥马利对他的建议表示接受。

凯西似乎还是没太弄清楚这些将军们的意图，他还是把伦敦方面的担忧对蒙哥马利表明了："首相认为将军的这次行动进展并不顺利，而且在实力明显占优的形势下似乎有些迟缓误事。"

听到这里，还没等凯西把话说完，蒙哥马利就急忙插上一句："我本来就说是打10天，现在只不过才过了一半，首相急什么？"

"你的意思是你的'增压'行动可以在4天内可以完成？"凯西似乎觉得这个

有点不太可能。

"对，这个绝对没有问题。"蒙哥马利向他保证。

听到这两个人的话明显充满火药味，亚历山大将军忙着劝道："别说了，蒙哥马利将军，就按你想的去做吧，我们都会支持你。"然后，他又对凯西说："您也不用着急，伦敦方面由我来解释。"

凯西说："好吧，尽管这样，我还是需要给首相发封电报，让他也在思想上做好失败的准备。"

"可以发，但是我敢断定，如果那样，你的政治生涯会提前结束的。"蒙哥马利毫不客气。

凯西无奈地走了。

通过"超级机密"，蒙哥马利获悉28日夜与澳大利亚师交战的德国部队是第90轻型装甲师的第155战斗群，这不仅表明隆美尔的全部精锐部队已投入了北面作战地段，而且还表明隆美尔在手头已没有德军预备队了，在这次战役开始之前，蒙哥马利曾经说过，德国部队和意大利部队是交错地配置在一起的，如果能够把他们分开，那么突破由意大利部队构成的正面就不成问题了。现在看来，德军和意军完全分开配置了，这种情况的出现，为集中力量攻击战斗力较弱的意军提供了绝好的机会。蒙哥马利决定抓住这个机会。

夜色朦胧，淡淡的月光洒在海岸公路上，十几辆大小汽车正轰鸣着沿公路向西驶去。隆美尔坐在他的指挥车上，浓眉微锋，双唇紧闭，嘴角边的线条更深了，显出一副严厉的神态，坐在一旁的威斯特法尔上校知道，元帅的心绪很乱。

自昨天中午起，隆美尔就获悉英国装甲部队在腰子岭一带集结。他估计，蒙哥马利再度企图取得决定性的突破。可是，整个下午没有什么动静，隆美尔想先发制人地发起反击的企图也被英国空军的一通轰炸给粉碎了。

晚上9时，来势凶猛的英国炮火开始轰击腰子岭以西地段，紧接着数百门火炮又集中轰击腰子岭以北地区。一小时后，英军沿海岸线的进攻开始了。据前线部队

▲ 德军大炮正向英军阵地开火。尽管如此德军最终也未能阻挡住英军的进攻。

报告，进攻部队是澳大利亚师，这是曾死守过托布鲁克的作战英勇的英军精锐部队。隆美尔把剩下的所有火炮都集中起来使用，才暂时打退了这次进攻。然而，异常激烈的战斗持续了6小时后，德军终于被打垮了。与此同时，隆美尔同他的集团军司令部不得不踏上西撤的道路。

这一夜，隆美尔和他的司令部官兵是在海岸公路上度过的。这里离前线已有一段距离了，但仍然能看到炮口连续不断地发出闪光。炮弹在黑暗中爆炸，雷鸣般的炮声不断在耳边回响。英国夜航轰炸机编队一次又一次地出现，把炸弹用到德军头上。降落伞照明弹照亮了整个战场，就像白昼一样。

司令部一行抵达原作战指挥部旧址时，已是午夜过后了。隆美尔全无睡意，一个人来到海岸边踱步，他要好好理一理思绪，战局会如何发展变化？下一步该怎么办？在英军进攻的压力下，能否继续抵抗一阵？对此，隆美尔是有疑问的。英军真正的大规模进攻还未开始，压力会继续增加，难道就这样坐以待毙吗？当然不行，要寻找一条生路，怎么办？只有主动向西撤退。

隆美尔头脑中第一次想到撤退，他试图想点别的办法，但是，撤退这个字眼的诱惑力实在是太大了，无法把它从脑子中驱逐出去。

不过，撤退必要丧失大部分非机动化步兵兵力，其原因一方面是摩托化部队战斗力有限，另一方面，所有的步兵都已经卷入战斗，难以迅速脱离战场。那么，就打消这个念头，再试着以顽强的抵抗迫使英军自动放弃攻击？这根本是不可能的啊！

又是一阵沉闷的炮声传来，将隆美尔的思路拉回到眼下面临的实际情况上来。如果今天上午他们就发动起大规模强攻呢？所以还是做两手准备为好。撤退时要尽量把坦克和武器装备撤出来，以利于再战。

权衡再三，隆美尔决定，假如今天上午英军压力过大的话，就要乘战斗尚未达到高潮时，向西撤退到富卡防线。

此时东方已经破晓，隆美尔不觉一阵倦意袭来，可是他不能睡了，谁知道白天等待他的将是什么呢？

☆ 为了生存的撤退

上午，英军在强烈炮火的掩护下，继续进攻德军阵地，并取得了小范围的胜利。但隆美尔所预料的主要攻势在 29 日这一天并没有到来，于是，隆美尔抓紧时间，小心翼翼地瞒着他的意大利上司，开始策划西撤的计划。

下午，隆美尔把威斯特法尔召到他的司令部内，一言不发地用红笔在地图上圈了一道。

威斯特法尔马上心领神会："您是说我们将撤退到阿拉曼以西的 100 公里处的

富卡防线？"

"是的，因为眼下阿拉曼防线北部已经不在我们手中了，所以，我们必须在富卡为部队准备另一条防线，以便伺机撤到那里，你看怎么样，上校？"

"我看是可行的，富卡像阿拉曼一样，也是一个理想的防御地域，特别是南边的卡塔腊洼地的倾斜度较大，英军绝不可能从侧翼突破。"

"对，我也是这样考虑的，另外，所有非作战部队可以撤退到富卡以西更远的地方，比如梅沙马特鲁地区。"

威斯特法尔惊讶地看了一眼元帅，他是怎么了，准备更远的撤退，要一撤到底吗？这在元帅的经历中可是前所未有的啊，他的信条一直是"向前，向前，再向前"的呀！

"撤退的事宜是否需要向最高统帅部或元首本人报告？"威斯特法尔小心翼翼地提醒道。

"不必了，作为战场指挥官，我完全有权力根据战局的发展做出自己的决定，你就准备拟定一个撤退的时间表吧。"

"是，将军。"

也许是由于这两天前线相对平静无事，也许是由于安排好了退路，也许是由于一艘意大利船历尽坎坷终于运来了600吨燃料，隆美尔精神状态好一些了，也能睡着觉了，他或许在想："看样子，我又能渡过难关了！"

不出预料，11月1日至2日夜间，蒙哥马利惊天动地的进攻开始了，夜里10点左右，200门大炮同时向隆美尔的防线的一段狭窄地带齐轰，构成了一道密集的火力网，成群的重型轰炸机潮水般地向该地区和后方目标狂轰滥炸，在那个漫长寒冷的夜晚，这位陆军元帅看到了挂在沙漠上空的一颗颗照明弹；托马的非洲军司令部被炮弹击中，他本人受了轻伤；无线电波遭到干扰，失去了作用。

次日凌晨5点，隆美尔驱车到前沿，了解战事进展的情况。他得到的消息说：凌晨1点，英军的坦克群和步兵在900米宽的战线上突破了28号高地西面的防御

▲ 英军装甲部队与德军激战，这是一辆中弹后爆炸起火的装甲车。

工事，此刻正长驱直入，通过布雷区，企图打开一条通道。

就在白昼与黑夜交替之际，一场血战在激烈地进行。

天刚放亮，隆美尔看见布雷区里有20辆英军坦克的残骸，但紧跟在后面却有100多辆坦克排成纵队滚滚而来，涌向突破口。有20辆英军装甲车实际上已冲破防线，这是大坝崩溃前从裂缝中喷出来的水花。这些装甲车随即在黎明前消失在隆美尔防线的后方，它们在那里横冲直撞，向防守薄弱的给养部队射击，大坝终于崩塌了。

上午11时，电话响了，隆美尔接到了早已预料到的报告：英军坦克群已突破了28号高地西南2公里的地段，正在向西推进。

隆美尔仓促地吃了几口饭，接着便赶去指挥他的一生中最后的一次沙漠坦克大战，他明白，这也许是决定命运的时刻了。

隆美尔多次立在一座大山上审视着这场大战。他抓住几分钟的时间给他的家人写信："亲爱的露西，形势对我们越来越不利，敌军以十分强大的兵力一步步地粉碎着我们的阵地。这意味着我们末日的来临，你可以想像我现在的境地。"

从中午到下午1点，整队的轰炸机对28号高地以西的残余防线进行了7次轰炸，288野战医院虽然挂有红十字的旗帜，但同样不能幸免，有3名军官丧命。隆美尔命令将英军军官作为人质扣押在那里，以便引起敌人的注意。

下午1点30分，无线电情报部门截获了蒙哥马利给坦克部队的命令，表明英军打算转向东北，逼近嘎沙尔海岸，以便从突进去的北部切断隆美尔的部队。隆美尔当机立断，调出南线的最后预备队，他命令意大利阿里艾特装甲师和它剩余炮兵朝阿卡克尔北面移动，因为这个地方明显是蒙哥马利的临时目标。

战斗持续打了整整一个下午，使德国人惊恐万分的是，英军坦克主力部队使用了数百辆从未见过的美制坦克，这种坦克远比德军的坦克厉害，它可以在900米的距离外开火，而口径88毫米的德国高射炮几乎连它的装甲都无法穿透。

下午3点30分，隆美尔决定当天晚上就开始从前线撤退，一小时后，他向参

266

谋人员宣布了自己的决定。要把部队撤退到富卡防线。他的这个最后决定一直保留到当天托马将军打电话向他汇报战斗进展情况时为止。

托马说:"我们已尽了最大的努力,将防御线连成一体,战线现在已经稳住,但很薄弱。明天能够作战的坦克只有30辆了,至多不会超过35辆,就连后备队也全部出动了。"

这使隆美尔下定了决心,他对托马说:"我的计划是要全军边打边撤退,退到西线,步兵今天夜里开始行动,非洲军的任务是坚守到明天早晨,然后撤出战斗。但要尽量牵制住敌军,给步兵赢得脱逃的机会。"

傍晚7点,隆美尔询问最近的弹药和汽油贮存位置,回答是:"情况不明。"其实,部队现在甚至没有足够的汽油把弹药从达马运到前线。

20分钟后,隆美尔的参谋人员用电话通知下一步撤退的命令。截至晚上9点5分,装甲军团的最后一支部队接到了这项命令。

隆美尔知道希特勒和墨索里尼都会对这次撤退不满,所以他想尽可能长时间地对他们隐瞒这次撤退行动。那天下午送出的临时战报居然没有提到他们撤退的意图。

罗马最高统帅部还是察觉了此次行动。隆美尔在此之前曾向利比亚的马尔马塞蒂求援,向他借运输车辆撤退意大利步兵,但马尔马塞蒂拒绝了他的要求,他立即通知了曼西尼上校:"请转告隆美尔元帅,领袖认为必须不惜任何代价坚守现在的防线,我们将千方百计地立即从空中和海上两条路增援给养物资。"

隆美尔那天下午发出的一无所用的临时报告,几小时后被送到了东普鲁士的最高统帅部,电文上写着:

虽然我军在今天的防御战中获得了胜利,但面对占绝对优势的英空军和地面部队,经过10天的艰苦奋战,全体将士已经筋疲力尽。预计强大的敌军坦克群可能于今晚或明天将再次突破战线,我军部队确实已尽

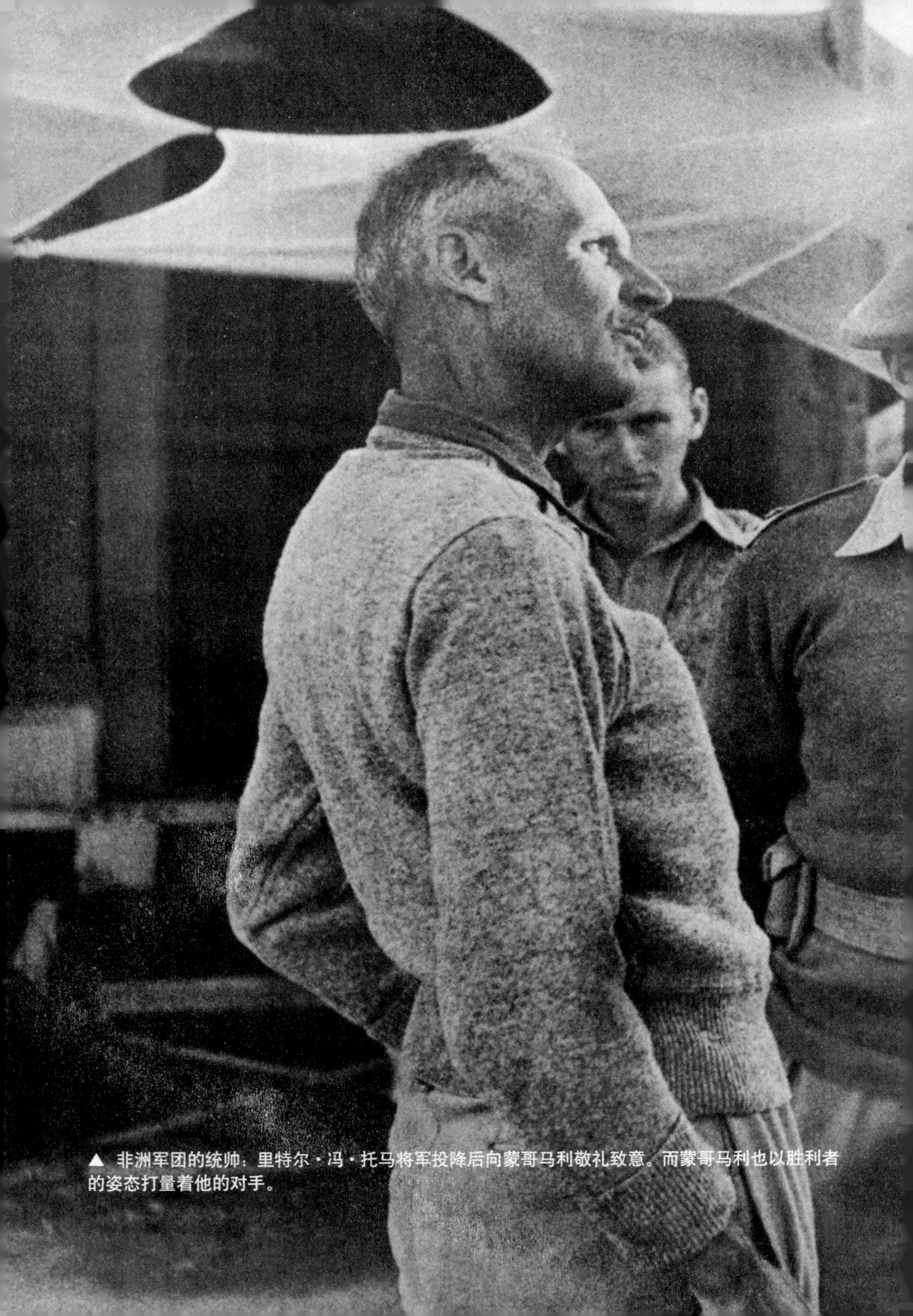

▲ 非洲军团的统帅：里特尔·冯·托马将军投降后向蒙哥马利敬礼致意。而蒙哥马利也以胜利者的姿态打量着他的对手。

全力，由于缺少运输工具，无法将意军的6个非机械化师和德军的两个非
机械化师顺利撤出阵地。大批部队将被敌人的摩托化部队牵制。目前，我
军的机械化部队正在浴血奋战，但预料仅能有一部分兵员能够摆脱敌军
纠缠……尽管我军部队进行了英勇顽强的抵抗，显示了大无畏的精神，
但鉴于此种形势，全军覆没的危险仍然不可避免。

几乎就在同时，英国人也通过"超级机密"获取了这则电报的全文，专家们迅
速开始翻译并分析电文，几小时后，蒙哥马利就已获悉，隆美尔确实是不行了。

子夜时分，希特勒亲自打电话给最高统帅部的参谋人员询问情况："隆美尔还
有消息来吗？"当他得知没有时才如释重负，回去睡觉了。

第二天，即11月3日早晨8点30分，陆军元帅凯特尔急匆匆地跑进希特勒的
地下避弹室，要求面见元首。他气急败坏地把隆美尔夜间的报告交给希特勒，希特
勒这才知道，昨天夜里，隆美尔已率部队撤出了防线。是值夜班的军官没有注意到
这句关键性的措辞，把电文当作日常公文处理了。一会儿又有一则电文发过来："撤
退正按计划进行！"

希特勒气愤得直抓自己的头发："在这关键时刻，隆美尔求救于我，求救于祖
国，我们应该给他最大鼓励，给他强大的支持力量，要是我知道的话，一定会全
力支持，命令他坚守阵地，可是当隆美尔向我求救时，我们居然还有人在坦然地
睡大觉！"

接下来，希特勒发出了一封电报，电文如下：

      隆美尔元帅：我和全体德国人民，怀着对你的领导能力和在你领导
下的德、意部队英勇精神的坚定信念，注视着你们在埃及进行的英勇防
御战。鉴于你现在所处的形势，毋庸置疑，只有坚守阵地，决不后退一
步，把每一条步枪和每一名士兵都投入战斗，除此别无他路。大批空援

将在未来几天内到达南线总司令凯塞林那里，领袖和意军最高统帅部必将竭尽全力积极增援，以保证你能继续战斗，敌人虽占优势，但已是强弩之末，意志的力量能够战胜强大的敌人，这在历史上已屡见不鲜。你可向你的部下指明，不胜利，毋宁死，别无选择。

阿道夫·希特勒

隆美尔接到电文后，精神几近崩溃，他的部队一直处于空袭的恐怖中，已经形成了撤退的混乱局面，意大利人和德国人你推我挤，争先恐后地逃离阿拉曼战场，而就在这个紧要关头，元首却不允许撤退。他该怎么办？

在此后的一小时内，隆美尔写了一大堆回电，其中有一则是这样的："我的元首，我永远遵从您的旨令，但在盲目服从和责任感之间我无所适从，我几乎不能拿我下属的生命做赌注，这次战役已经彻底失败，如不撤退，后果不堪设想。"但是，这个电文并没有发出去，隆美尔在关键时刻仍然屈从于希特勒的指令了，接下来的事实证明了他的忠心。

隆美尔给非洲军司令托马将军打电话："我现在命令，所有部队一律停止撤退，要继续不遗余力地继续战斗，元首马上就给我们运来物资和燃料，我们一定要坚守到底。"

听到这个命令后，隆美尔的参谋们特别是拜尔林，激烈地反对这项命令，但他们的元帅还未学会去违抗元首的特别命令。

当时，步兵、反坦克兵和工程兵的伤亡数已达一半多，炮兵将近40%，非洲军现在只剩下24辆坦克，第20军的利特里奥装甲师和德里斯特机械化师事实上已不复存在。

然而，这些仍然没有使希特勒收回他的那项灾难性的命令，隆美尔也只好惟命是从，他大喊着："我要求你们在力所能及的范围内，竭尽全力取得当前战斗的胜利，要做战场的主人，元首的命令已排除了任何撤退的可能，你们必须守住现在的

▲ 为鼓舞士气，凯塞林元帅飞抵北非，图为他正在为一名德国飞行员佩带勋章。

阵地，绝不能后退！"

11月4日早晨，陆军元帅凯塞林来到部队打气，当他得知隆美尔的部队只剩下22辆坦克时，他立即改变了自己的想法："隆美尔元帅，我看我们不能把元首的电报当作一成不变的命令，它应该更是一种呼吁。"

"可我认为元首的命令是绝对不可以更改的！"隆美尔依旧坚定。

"但也要随机应变呀！你迅速给元首拍电报，就说现在部队损失如此惨重，人员剧减，不可能再守住防线，要在非洲立足，惟一的机会就是全面撤退然后再等待机会反攻，其他工作我来跟元首说！"

隆美尔尽管听从了凯塞林的指令，给希特勒发了电报，但在等待回话的时间里，他仍然固守着元首的命令，指挥部队"尽最大的力量守住阵地！"

对于隆美尔的决定，托马将军简直气疯了，他怎么也想不通，为什么明知道要去送死，却还要主动向枪口上撞，这是什么逻辑？他亲自挂上自己所有的勋章，乘着坦克赶到前线最激烈的地方去了，当英军的坦克迎上来的时候，他手里拿一个小小的帆布包，向英军投降了。

就在那一天，非洲军们仍然执行着隆美尔"不许撤退"的命令，导致第20军遭到了全军覆没的厄运。隆美尔终于不再等待希特勒的命令了，他断然地把命运操在自己手中，下令撤退。

晚上8点50分，希特勒终于同意撤退了："既然木已成舟，我同意你的要求。"

就这样，隆美尔7万人的部队开始了艰难的撤退，开始了一场3,200公里长的奥德赛式的远征，也可以说是溃逃，尚不知道前面等待他们的将是什么危险？

第 10 章

C H A P T E R   T E N

"沙漠之狐"千里大溃逃

为了不给隆美尔喘息之机,蒙哥马利率领士气正旺的第8集团军对其展开了猛烈追击。然而,令人匪夷所思的是,狡猾的隆美尔每次都耏找到机会奇迹般地逃脱。恼羞成怒的蒙哥马利决定从大漠中直插隆美尔的必经之路——扎维尔,无奈之下,被逼上绝路的隆美尔只好悲伤地告别了那块曾给过他元限荣耀的土地——利比亚。随着美军在北非的成功登陆,"非洲军团"的日子更加艰难,连战皆北的命运终于迫使这支队伍以极不光彩的方式退出了历史舞台。

☆ "逐次抵抗大师"

获准撤退的隆美尔率领着"非洲军团"幸存的那些残兵败将踏上了一条漫长的撤退之路，在这以后的将近3个月的时间里，他开始尽情施展那动若脱兔的"沙漠之狐"的风采。

至此，历时12天的阿拉曼战役最终以同盟国军队大获全胜而告终。这场战役是德意法西斯在非洲末日的开始，是整个第二次世界大战北非战场的转折点。此役，德意军队共阵亡1万多人，伤1.5万多人，被俘8万多人。从此，一度纵横大漠的"非洲军团"一蹶不振，而英国第8集团军则赢得了全面的胜利。

阿拉曼一战得手，使得一直渴望打败隆美尔的蒙哥马利梦想成真，一夜之间他成了大英帝国的英雄和救星。因为一直急切地盼望一场久违的胜利，面对大获全胜的蒙哥马利将军，丘吉尔首相的声音竟有些颤抖，他握着蒙哥马利的手动情地说："蒙蒂，大英帝国的全体臣民感谢你和你英勇的军队。"

作为一名久经沙场的老将，在品尝了胜利的果实之后，更主要的是能够在胜利面前保持清醒的头脑和理性的思维，在这方面蒙哥马利堪称典范。他并未因为自己的一场胜利就忘乎所以，相反，他很清楚，不可一世的隆美尔是被他击败了，但那只狡猾的狐狸还远没有被击垮，更没有被消灭。此时，他正率领着他的残兵败将一路狂奔，妄图挣脱死神的阴影，一旦假以时日，他完全有可能重整旗鼓，卷土重来，这绝不是蒙哥马利所希望看到的。

为了不给隆美尔以喘息之机，蒙哥马利决定立即率领士气正盛的第8集团军对隆美尔和他的"非洲军团"展开持续而猛烈的追杀。

与士气高昂的英军相反，阿拉曼之战的创伤深深地印在了每一个"非洲军团"

官兵的心头。这对于一支习惯了胜利的军队来说无疑是一次致命的打击，它极大地动摇了士兵们对自身和对他们指挥官的信任。

随着一系列防御战斗的失败，他们从阿拉曼到卜雷加，从卜雷加到布厄艾特，一个个本属于自己的阵地不得不放弃了，一座座美丽的城市和港口不得不失去了，昔日的辉煌刹那间变成了每一个士兵痛心疾首的回忆，而就在他们还未从回忆中醒来时，现实又不得不逼着他们踏上了前途未卜的撤退之路。

如果说，隆美尔此前在人们心目中的印象是一位"极擅进攻、同时防御也很在行"的将领的话，那么此次"非洲军团"长达上千里的大撤退，则集中体现了他"沙漠之狐"的风采。每次蒙哥马利都觉得"非洲军团"已成为他的囊中之物，可每次隆美尔都能奇迹般地得以逃脱，并且还能在撤退的同时，不失时机地对追击中的英军反戈一击。因此，后来的军史家们很形象地给隆美尔戴上了一顶颇为受用的桂冠——"逐次抵抗大师。"

应该说，很少有哪种环境竟然能在一支军队撤退时，还如此恶毒地消耗着它的能量和精髓。然而，隆美尔却依旧表现出了他身处逆境时那种惊人的狡诈。虽然疾病缠身，头晕目眩，但他率领着7万德意联军，历尽千辛万苦，终于穿过了北非海岸线几百公里荒无人烟的沙漠。

这支首尾长达100公里、由坦克、大炮以及各种载人车辆拼凑起来的队伍，一路上忍受着热带白昼酷热的煎熬，经受着黑夜疾风暴雨的吹打，同时还经常遭到同盟国军队无情的空袭。有好些日子，由于缺乏燃料，整个撤退行动不得不瘫痪下来。但是，隆美尔那些身经百战、忠诚不渝的士兵们却仍然在为掩护撤退做着殊死顽强地抵抗。

在竭尽全力地应付蒙哥马利一次次"欲置'非洲军团'于死地"的侧翼包围行动的同时，疲于奔命的隆美尔还不得不应付来自希特勒和墨索里尼的要他死守到底的荒谬命令。在他的心目中，待在后方指挥部里的大人物们，根本无视"非洲军团"和第8集团军之间实力对比近于1比10这一令人寒心的数字，而是一味地从政治甚至面子的角度来盲目地命令他死守到底。

▲ 隆美尔对他的士兵们训话：旦然我们失败了，但是仍然要坚定最终能取得胜利的信心。

连年苦苦征战却得不到有力支持的隆美尔，再也掩饰不住自己内心的愤懑，他不禁仰天长啸："到底什么叫'到底'？难道说让'非洲军团'在这场毫无希望的厮杀中全死光了才叫'到底'？难道在敌人迂回包抄的情况下也不考虑后撤，宁可坐以待毙也要抵抗，这才叫'到底'？"

无人理解的隆美尔，只有在给妻子露西的信中才能说出自己真实的感受："在这个舞台上，我所做的一切都是徒劳无益的。老实说，我已经鞠躬尽瘁，作出了非凡的努力，结果却落得了这种凄惨的下场。"

面对来自敌人和自己上司的双重压力，隆美尔陷入到一种极其复杂的矛盾之中，经过反复的斟酌和思谋，一个职业军人的良知让他作出了这样的决定——宁可抗上，也要尽量挽救每一个"非洲军团"士兵的生命！墨索里尼听到这个消息时，肺都快气炸了，他声嘶力竭地叫嚷："不许撤退！非洲是属于我们的！"

然而，早已立下横心的隆美尔已经顾不上这么多了，他对参谋长德·甘冈说："不能再犹豫了，多一分犹豫就多一分全军覆灭的危险！你把我的命令传下去，让大部队迅速撤退，一切后果由我隆美尔一人承担。"

▲ 德军撤退中遗弃的装备一片狼藉。

　　11月4日黄昏过后，隆美尔的司令部已安全撤离。在右面海岸线的公路上，燃烧的车辆喷着烈焰，火光冲天，大部队仍然在穿越无垠的沙漠。蒙哥马利依仗其雄厚的兵力和充足的后勤供应，对隆美尔的残兵败将展开了无所顾忌的步步紧逼式追杀。他费尽心机地为已成惊弓之鸟的德国人设下了一个又一个的陷阱，但每一次都在他认为大功即将告成时，被隆美尔这只狡猾的狐狸奇迹般地逃脱。

　　6日凌晨，隆美尔的部队终于穿过黑暗，开始向梅沙马特鲁进发，那些依稀可见的阿拉伯村庄没过多久就深深地沉睡在了后面的夜幕中。在出人意料地挨了隆美尔的几次回身一脚之后，蒙哥马利的行动变得谨慎和小心起来。天亮的时候，蒙哥马利集中兵力在梅沙马特鲁正东方向收紧罗网，他暗下决心："这次决不能再让隆美尔跑掉了！"然而，隆美尔的表现再一次让他失望了，这次隆美尔要感谢的是一场突如其来的大雨，它使沙漠变成一片泽乡，从而成功阻止了英军迂回的企图。蒙哥马利气得脸色苍白："这只狡猾的狐狸！"

得以逃脱的隆美尔利用两天时间对他的部队进行了调整。此时，摆在他面前的无疑是个烂摊子——装甲军团的战斗力已经微乎其微，仅剩下了十多辆坦克，部队有1,000多人阵亡、近4,000人负伤、近8,000人失踪；意大利第10军被留在阿拉曼防线，没有车辆，没有燃料和淡水；第21军特兰托的半师人马于10月24日被英军赶上，而另一半则和博洛尼亚步兵师一起遭到了噩运——听候命运之神的处置；最悲惨的是第20军，他们于11月4日全军覆没；第19轻装甲师只有1个营的兵力；虎口脱险的第164轻装甲师也只留下了1/3的兵员。原本庞大的"非洲军团"此时仅剩下了一个团的架子。

惟一令隆美尔感到欣慰的是，11月7日，兰克将军和他属下的800多名空降部队奇迹般地出现在他的指挥车旁。隆美尔兴奋地问："你们怎么赶到这里来的？"

兰克将军对隆美尔意见很大，因为11月4日隆美尔下达撤退命令时，并没有及时通知到他的部队。

听到元帅的问话后，他很冷漠地行了个军礼，尖酸刻薄地回答道："我们当然是指望不上别人的，只是运气稍好些，依靠自己的力量伏击了一支英军运输队，偷到了汽油，这才能追上您的部队呀，看样子，你们跑得还是不够快！"

隆美尔知道他心里不顺，便没说什么，毕竟在这个关键时刻，能搞到些汽油是非常令人振奋的，从这点来讲，兰克将军也算是立了一功。

对于隆美尔来说，这种脑袋屡屡被别人套进绳索，每一次都是在最后一刻才能幸运地挣脱出来的遭遇，让他感到沮丧万分。他很清楚，假如哪一天不走运的话，他和他的这支曾经能征善战的队伍，就有可能和他过去取得的所有辉煌一起，被深深埋葬在这残阳如血的茫茫大漠中。

由于失去了制空权，讨厌的英国轰炸机像影子一般追踪着这支仓皇奔逃的疲惫之师。它们肆无忌惮地把炸弹倾泻到"非洲军团"的头上，使隆美尔的逃跑之路逐渐转变成了一条名副其实的死亡之途。

看到道路两旁那熊熊燃烧的车辆和士兵们血肉模糊的尸体，一向意志坚定的隆美尔不禁悲从中来。他站在布满灰尘的敞篷车上，大声地向士气低落的士兵们喊话："抬起头来，勇敢的'非洲军团'的士兵们，蒙哥马利那个浑蛋是追不上我们的，一旦元首给我们送来了援兵和汽油，我们就会像从前那样狠狠地教训一下可恶的英国人。"

然而，元首真的会派兵来救援吗？隆美尔没有把握让官兵们相信，事实上，连他本人也不相信。

11月8日，雨后初霁，隆美尔决定再次转移。他不得不放弃梅沙马特鲁，进一步撤退。在部队向西移动之前，隆美尔与几位装甲师指挥官碰了一下头，最后他们达成了这样一个共识——必须让部队按先后顺序有条不紊地沿公路开拔，这样才不至于被敌人一网打尽。

这一招果然奏效，隆美尔和他的部队很快就撤退到边境上去了。在去往利比亚边境的途中，隆美尔与伯尔恩德意外地相遇了。

伯尔恩德曾于11月4日晚些时候晋见过希特勒。他把希特勒的重要命令原原本本地转达给了隆美尔："元首指示，此时惟一要做的就是在非洲某个地方重新建立起新的战线，而且要选择在不太重要的地方。元首答应要让你的装甲军团恢复元气，重整旗鼓。你们很快就能得到最近生产的新式武器，其中包括具有大杀伤力的88毫米大炮以及41型高射炮，还有新出厂的十几辆巨型坦克、新式4型坦克和'虎'式坦克，要知道，它们每一辆都有60多吨重。"

然而，刚刚因为受到点鼓舞而增添了一点信心的隆美尔，被接下来的消息惊呆了。战场指挥官威斯特法尔打来电话："元帅，大事不好，一支庞大的、拥有10万人的美军部队已在阿尔及利亚和摩洛哥登陆了，他们会从另一方向向我们逼近。"

隆美尔拿着电话愣在那里，过了一会儿才反应过来："好，我知道了。"

此时的隆美尔已经对留在非洲彻底失去了信心。他很清楚，如果没有轴心国的其他部队作掩护，要想建立一个新的立足点是不可能的，看来的确是该撤出非洲的时候了。

☆ 告别的黎波里

已下定决心撤离非洲的隆美尔开始给希特勒写报告：

> 未来的形势很明显，敌军将从内陆向我们包围，几天之内残余的部队势必被围歼。单靠我们的剩余部队和为数不多的武器是不可能守住昔兰尼加的。我们必须立刻着手从昔兰尼加撤出，加扎拉防线对于我们也毫无帮助，因为我们已不可能把所剩无几的部队调到那里去。再者，我军很快就会遭到夹击包围，我们从一开始就该后撤至布雷加一线，在那条防线的后方或许能够有喘息的机会，部队若是不能大规模地休整，不能设置一条防线阻止住从西面向我们推进的敌军，最好的办法就是撤至昔兰尼加的群山之中，形成守势，然后再用潜艇、小船和飞机在夜间尽量把大批训练有素的士兵运回欧洲，以便投入其他战场。

然而，希特勒却另有想法。他认为隆美尔一旦从非洲撤退，必将导致墨索里尼的垮台，一旦墨索里尼垮台，一个反法西斯的意大利必然对德国产生严重的后果。

他在给隆美尔的回信中写道："我百分之百地相信你和你的部队在阿拉曼已尽了全力，而且对你的指挥也十分满意，撤退是可以的，但只有在阿拉曼防线的北部地区完全落入敌军手中时，才应该考虑这个问题，现在考虑显然为时过早。"

隆美尔看完信后，感到心已凉了半截："事到如今，只能采取自救的办法了，我的元首，您也未免太残忍了！"显然，隆美尔已决定再次违背元首的命令。

很快，"非洲军团"在隆美尔的指挥下，一路狂奔直趋突尼斯。他们先是放弃

▲ 这是战地记者在后面的吉普车上拍下的开往德军防线方向的美军 M3 轻型坦克。

了极具战略意义的阿兰哈尔法山口,接着又丢掉了曾经凝聚过他们荣誉和辉煌的托布鲁克。当隆美尔率军撤退到著名的卜雷加防线时,后勤供应军官向他报告了一个灾难性的消息:

"元帅阁下!我们的部队目前只剩下10吨汽油了,而且这些汽油还存放在远在80多公里以外的地方。"

隆美尔闻言,不由得倒吸了一口冷气。他明白,整个军团的燃料供应已经完全陷入了死胡同,他就是再有才华,也难以带领这支失去了动力的军队走出困境。

正当隆美尔因奄奄待毙的"非洲军团"缺乏燃料而一筹莫展之际,一个几乎是上天恩赐的机会突然来到了他的面前。他不仅惊呼一声:"奇迹真的出现了。"

伴随着一阵飞机引擎的轰鸣声,一架德制斯托奇式飞机降到了离他指挥所不远的草坪上,飞机停稳之后,从上面走下了身材矮胖的空军指挥官赛德曼将军。他扭动着肥胖的身躯,一路小跑来到隆美尔的跟前,声音颤抖地说:"报告元帅阁下!我们发现离我们不远的海岸上漂浮着成千上万的箱子和油桶,这是遭鱼雷袭击的'汉斯阿尔普'号油船上的货物,命运之神将它们送到了我们的脚下。"

凭着侥幸得到的这批燃料,隆美尔又一次开始了死里求生的大逃亡。

11月23日,隆美尔和他的部队安然无恙地撤出了阿杰达比亚,把装甲军团带到布雷加防线。事实上,他是在没有遭受什么损失的情况下从阿拉曼一直后撤了1,200多公里。

到达布雷加防线后,隆美尔对该地随即进行了视察。他认为这不是进行防御的好地方,并急于再次向西移动,可是墨索里尼命令他坚守在那里,希特勒也不允许他再撤退。

11月24日,为了撤与不撤之事,隆美尔、凯塞林、卡瓦利诺和巴斯蒂柯4位陆军元帅召开了一次长达3小时的会议。

会上,隆美尔态度粗暴地说:"我觉得完全没有必要在布雷加死守这条防线,你们应当清楚,我的部队只有35辆坦克和57门反坦克炮了,而蒙哥马利手中却有

420辆坦克和300辆装甲车。"他不容别人插话，"要是在布雷加防线失守，在的黎波里前面作任何抵抗都将无济于事。"

尽管如此，会后不久，墨索里尼还是要求隆美尔向英军发动进攻。在绝望中，隆美尔采取了最后的步骤：回德国向希特勒呼吁。

11月28日，希特勒以极不友善的态度接见了他。隆美尔得到的结果是，希特勒派遣戈林作为全权大使和他一起到罗马进行另一轮毫无成果的谈判。

隆美尔在日记中这样写道："在飞回非洲的时候，我明白只能依靠我们自己手头的资源了。"然而，在物资方面，特别是油料和食品，德国装甲集团依然摆脱不了饥饿的状态。

隆美尔一次又一次地化险为夷，使经过旷日持久的长途追击，昔日士气高昂、兵精粮足的英军也开始感到一些不妙。官兵们开始对艰苦的沙漠之战产生一些抱怨。尤其是兵强马壮的第8集团军竟然始终追不上几乎快要溃不成军的"非洲军团"，这使蒙哥马利意识到这样下去的可怕后果——阿拉曼战役给他带来的巨大声誉有可能化为乌有。

为此，他作出了一个大胆的决定：在德军布防的布厄艾特一线发动一次牵制性进攻，尽量拖住妄图在此抵抗一阵的"非洲军团"，另派一支强有力的装甲部队从远距离迂回，从隆美尔认为几乎不能通行坦克的大沙漠里直插他后退时的必经之路——扎维尔，一举切断"非洲军团"的后退之路。如果此战成功，隆美尔要么逃进大漠，要么被赶下地中海，除此别无选择。

当时，第30军已接替第10军担任先头部队。蒙哥马利与利斯一起侦察了阿盖拉的阵地后，决定于12月5日发动进攻。蒙哥马利计划由弗赖伯格率领新西兰师迂回到敌人的南侧，奔赴马腊达北面的阵地，再从那里袭击隆美尔部队的后方，同时由第51高地师和第7装甲师从阿盖拉正面发起进攻。

阿盖拉从表面上看是一个很难攻的阵地，但它有一个致命的弱点：它的南翼侧是开放的。虽然南翼侧通行困难，但毕竟是可以通行的。尽管隆美尔十分清楚他的

▲ 几名美军士兵正在观看一辆被炮弹击中燃烧的德军装甲车。

翼侧所面临的危险,但可怜的是,他缺乏汽油,以致于不能用坦克去攻击蒙哥马利可能向南面纵深开进的任何部队。无疑,英国人进攻的最好时机到了。

蒙哥马利发现阿盖拉之战的准备工作需要大大提前,因为第8集团军的巡逻报告表明,隆美尔从12月6日夜间起,已开始把他的非摩托化的意大利部队向后撤了。为了防止隆美尔不打一仗就溜掉,蒙哥马利决定提前发动进攻。他立即下令第51高地师从11日晚上起,就对主阵地猛烈袭击,而全面攻击则定于14日开始。

第51高地师所进行的最初几次袭击以及炮兵的火力支援,很快就使隆美尔深信末日到来了。隆美尔后来写道:"很快一切都清楚了,敌人的进攻已经开始。"因此,他急忙把残余部队从阵地上撤出,向暂时还安全的埃尔穆格达的防坦克壕开去。

当时,一切都取决于新西兰师的进展情况。新西兰师当时驻在离英军前线很远的地方,其任务是从埃尔哈塞特进行一次480公里远的包围行动,并于12月15日夜间到达迈拉一线,在第4轻装甲旅的配合下,与正面攻击部队形成夹击敌军之势。

尽管弗赖伯格率领全师昼夜兼程,但却由于油料缺乏和第4轻装甲旅迟迟不到而无法采取行动。到12月15日傍晚,弗赖伯格才把他的两个步兵旅调到了海岸公路区域。但遗憾的是,它们依然相隔10公里。结果,包括坦克在内的小股敌军很快从旁边绕过,急忙向西撤去。

12月16日,战斗较为激烈,有的地方整个一天都在混战,形成了持久的拉锯局面。隆美尔的坦克部队最后突围到了西面,但又遭到英空军的袭击和新西兰师的重创,伤亡惨重。英军在阿盖拉之战中俘获敌军450名,大炮25门,坦克18辆。

此时,一向沉着冷静的隆美尔再也坐不住了。蒙哥马利如此远距离的迂回,不仅将迫使他放弃眼前的阵地,就连利比亚的首都,德意帝国在利比亚存在的象征,有地中海畔明珠之称的的黎波里也必须放弃。

一声令下,疲惫的"非洲军团"又踏上了漫漫长路,隆美尔站在敞篷车上,目睹着各式坦克、汽车和摩托车组成的庞大车队浩浩荡荡地驶离利比亚,他不禁潸然泪下。

在蒙哥马利的猛烈追击下，隆美尔又一口气撤退了 1,200 多公里，赶在第 8 集团军"关闭大门"之前，"非洲军团"又一次溜掉了，其令人瞠目的撤退速度让蒙哥马利都感到震惊和钦佩。

☆ "非洲军团"退出历史舞台

隆美尔的撤退决定又一次遭到了意大利人的嘲笑和斥责，这使隆美尔感到费解。意大利的领导人空有一番雄心壮志，他们那支糟糕的军队也堪称胆小如鼠，不堪一击。隆美尔弄不明白墨索里尼凭什么坚持认为利比亚天经地义地属于意大利。他认为，为了防守一个在军事上几乎毫无价值的的黎波里，而不惜让历经千辛万苦才勉强保存下来的"非洲军团"拼个精光，这种赌法太不值得了。

果然不出隆美尔所料，第 8 集团军在蒙哥马利的率领下很快逼近的黎波里。为了使部队振作精神，为最后"跃进"到的黎波里做好准备，蒙哥马利决定让第 8 集团军就地休息，圣诞节后再发动攻势。他要求部队在沙漠条件许可的情况下，尽可能地以最愉快的方式度过这个特别的圣诞节。当时气候寒冷，火鸡、葡萄干、布丁、啤酒等全都要到埃及订购，但在参谋人员的努力下，这些东西全部都按时运到了。

圣诞节那天，蒙哥马利向第 8 集团军全体官兵发布了圣诞文告，祝愿大家圣诞快乐。在文告中，他引用了约克郡一位名叫赫尔的姑娘寄给他的圣诞贺信，使整个文告充满了亲人般的温情，令全体官兵备感亲切。圣诞节过后不久，他收到第 8 集团军一名士兵的信。这封来自普遍一兵的信，使蒙哥马利非常高兴。他一直珍藏着这封信，并将它一字不落地引用在他的《回忆录》中，因为它最真实地说明了他在第 8 集团军官兵心目中所树立的形象，以及他的演讲在士兵精神方面所产生的巨大影响。

圣诞节之后，蒙哥马利的先头突击部队于 12 月 29 日，逼近了德军在布埃拉特设置的阻击线。开罗的广播电台说：隆美尔的集团军已被装进蒙哥马利的瓶子，瓶塞即将盖上。但隆美尔却对参谋人员说："只要坦克能加满汽油，瓶子里的军队很快就会跑掉。"

实际上，无论是隆美尔还是巴斯蒂柯元帅，都不认为布埃拉特阵地能够长期坚守，隆美尔甚至已经在考虑往突尼斯撤退，并考虑到，英美部队可能通过夺取加贝斯隘口来切断他的退路。然而，墨索里尼对德意军团申请撤退的答复却是："要尽力抵抗！我再重复一遍，要用布埃拉特阵地上的全体德意军队尽力抵抗！"

这正中蒙哥马利的下怀。

蒙哥马利对部下说："我不要敌人撤退，我要敌人坚持在原地打。假如敌人这样做，多半会被我消灭……当我袭击布埃拉特阵地时，一定要确保我军能长驱直入的黎波里，不能让敌人延迟或阻止我军行动。"

然而，隆美尔是一个强有力的雄辩者，他终于迫使意军最高统帅部在12月31日授予巴斯蒂柯这样的权力：如果他受到严重威胁，可自行决定是否撤退。实际上，隆美尔已开始撤退他所指挥的意大利军队了。当英军后来向布埃拉特发动进攻时，德意装甲集团军已经多少有点分散了，并且由一个仍然企图保全加贝斯隘口的人负责指挥。

蒙哥马利认为，突破隆美尔的布埃拉特防线需要速度，而进军的黎波里，关键则在于后方的勤务。从班加西到的黎波里为1,086公里，从布埃拉特到的黎波里为370公里。因此，进攻前必须集结足够的供应物资，以保障部队能够有充足的燃料进军的黎波里。

蒙哥马利下令尽快备足供10天战斗用的汽油、弹药和供应物资。参谋人员报告说，必要的军需品的集结可望在1月14日前准备就绪。于是，蒙哥马利决定于1月15日凌晨发动攻势。

攻向的黎波里的行动按计划于1月15日开始，蒙哥马利最后选择了沿海岸推进的方案，并亲自指挥，结果一切顺利。先头部队于1943年1月23日凌晨4时进

▲ 隆美尔将军（中）在撤退途中与下属商量对策。

▲ 盟军在北非战区的统帅：哈罗德·亚历山大上将。

入的黎波里，当天中午，蒙哥马利在的黎波里正式接受了意大利副总督的投降。

第8集团军攻占的黎波里之后，为防止部队沉湎于大都市的物质生活而腐化变质，蒙哥马利禁止使用宅邸、大楼等作为指挥部和营房，所有人员必须住在沙漠或田野里，以使部队保持坚忍不拔的战斗力。

要完成下一个重要任务——突破马雷斯防线，第8集团军必须依赖的黎波里港供应作战物资。因此，占领的黎波里后，蒙哥马利便致力于使港口畅通，以便船只进港后每天都能卸下大批物资。在第8集团军的协助下，英国海军创造了奇迹。虽然港口设施被彻底破坏，港湾完全被堵塞，但在官兵们的共同努力下，第一艘船于2月3日到达，第一个护航船队于2月9日到达。到2月10日，港口日卸货量就超过了2,000吨。

2月3日和4日，英国首相和帝国参谋总长到第8集团军视察。蒙哥马利为他们举行了隆重的阅兵式。参加检阅的有苏格兰师、新西兰师、皇家装甲部队和皇家陆军后勤部队。部队精神饱满，威武雄壮，给丘吉尔留下了深刻的印象。

隆美尔把他的集团军从的黎波里周围的复杂地形中解脱出来后，到2月初，德军大部分已在马雷斯防线站稳了脚跟。隆美尔与突尼斯德军指挥官冯·阿尼姆之间的责任界限正好定在加贝斯隘口的北面。此时，第21装甲师已经进入冯·阿尼姆的辖区之内，这样，两条战线就互相交错起来。按道理讲，它们彼此靠得越近，就越能从"内线"的运用中得到好处，但不幸的是，由于隆美尔撤出的黎波里过于突然，使意大利人十分不满，结果意大利人、凯塞林和希特勒的参谋机构全都反对他，反而使德军的力量被微妙地削弱了。

然而，盟国军队对隆美尔后方的威胁一直是长期存在的，并随着时间的推移而日益增大。但此时德国人却把物资供应重点从第8集团军当面的德军转向第1集团军当面的德军，因而使德国"非洲军团"在最危难的时刻得不到物资供应。这样，这2个以前本来相互独立的战场便开始相互产生直接的影响。

2月17日，亚历山大被任命为在法属非洲作战的盟国部队副总司令。3天后，

▲ 成千上万的轴心国军队战俘被囚禁在突尼斯的战俘营里。

他一接管新职务，就使第8集团军和第1集团军成为了一个不可分割的整体。2月20日，隆美尔发起卡塞林战役，在卡塞林隘口大败美军，但总的战况仍不乐观。

蒙哥马利说："那天，亚历山大给我发来一份紧急求援的电报，强烈要求我采取行动以减轻敌军对美军的压力。"当时，蒙哥马利的部队已经进入了突尼斯，第7装甲师和第51师的一个旅已经到达了本加尔丹。因此，蒙哥马利能够很容易地加快行动的速度，到2月26日，他的军队所施加的压力明显使隆美尔停止了对美军的进攻。

隆美尔从第1集团军的正面撤走后，蒙哥马利估计他很可能转过身来向第8集团军发起攻击。在2月28日至3月3日这段时间，蒙哥马利感到十分焦虑，因为他在前线还没有足够强大的力量来对付隆美尔可能发动的反攻。

马雷斯战役很快就要打响，这是一项艰巨的任务，必须进行十分复杂的准备。但那时他主要考虑的却是离他很近的梅德宁。梅德宁是他的集团军的前哨，他估计敌人任何时候都可能向那里发动进攻。果然，蒙哥马利很快就得到了敌人向第8集团军正面调动军队的情报。

但是，蒙哥马利并没有慌乱。他决定采用阿兰哈尔法山战役的战法来对付隆美尔。他把新西兰师从的黎波里调来，负责保卫梅德宁地区。第7装甲师则部署在该师的右翼。第25近卫步兵旅暂时置于第7装甲师的指挥之下，占领了一座叫做塔杰拉基尔的小山，来填补第7装甲师与新西兰师之间的缺口。

3月5日晚上，所有的迹象都表明隆美尔将于明晨发起进攻。果然不出所料，英军在3月6日清晨的薄雾中看到两群德军坦克从马雷斯防线内陆一端的群山中开出来了，沿着梅德宁与图坚之间的公路摸索前进。大约在同一时刻，第51高地师面临着德军第90轻装甲师和意军斯皮齐亚师步兵的攻击。

英军的野战炮和中型炮向推进的轴心国部队进行了无情的轰击，而反坦克炮则尽可能地直到最后一刻才开火。英军发现，敌人的坦克和步兵之间的协同很差，"非洲军团"已丧失了它往常所具有的冲劲。

实际上，英军的阵地没有遭到任何突破，到中午时分，敌人就向后撤退重新编组了。3 个装甲师指挥官在一起协商后，决定派步兵在坦克前面推进。这是一种绝望的行为。敌人的步兵被英军的炮弹打得焦头烂额、人心慌乱，敌人的坦克进攻也是半心半意的。于是，隆美尔在下午 8 时 30 分下令结束他在非洲进行的最后一场战斗。

在这一天的持续战斗中，英军损失轻微，而隆美尔则伤亡了 653 人，更为严重的是，损失坦克 50 多辆。

1943 年 3 月 9 日上午 7 时 50 分，心情沉重的隆美尔元帅终于在他的众多将军的欢送下，含泪登上了飞往罗马的飞机。

在飞机上极目远眺、苍山如刃，大漠苍茫，昔日的战场依稀可辨，昔日的辉煌则如过眼烟云，烟消云散了。

别了！这片熟悉的土地！

别了！勇敢的"非洲军团"士兵！

这一年的 5 月 13 日，继隆美尔负责整个指挥的意军总司令梅塞陆军元帅向第 8 集团军投降，至此，非洲战争全部结束，德意军队以惨败告终。

第 8 集团军对北非战场最后的胜利所做的贡献是巨大的。它把隆美尔和他的军队赶出埃及、昔兰尼加、的黎波里，然后协同第 1 集团军将他们全歼在突尼斯。从阿拉曼到突尼斯相距大约 4,800 公里，第 8 集团军却在短短 3 个月内拿下的黎波里，6 个月内拿下突尼斯，创下了史无前例的光辉业绩。

6 月初，英国首相丘吉尔在蒙哥马利的纪念册上题词：

敌军在突尼斯全军覆没，最后投降总数达 24.8 万人。这标志着阿拉曼战役以及进军西北非这个伟大业绩的胜利结束。祝你们在以往的成就和新的努力的基础上，取得更加辉煌的胜利。

温斯顿·丘吉尔

1943 年 6 月 3 日于阿尔及尔